Egon Kayser

Psychologie

Idstein 2003

Bibliografische Information Der Deutschen Bibliothek

Die Deutsche Bibliothek verzeichnet diese Publikation in der Deutschen Nationalbibliografie; detaillierte bibliografische Daten sind im Internet über http://dnb.ddb.de abrufbar.

Besuchen Sie uns im Internet: www.schulz-kirchner.de

2. Auflage 2003
1. Auflage 2001
ISBN 3-8248-0361-5
Alle Rechte vorbehalten
© Schulz-Kirchner Verlag GmbH, Idstein 2003
Lektorat: Doris Zimmermann
Layout: Petra Jeck
Druck und Bindung: Difo-Druck GmbH, Bamberg
Printed in Germany

VORWORT DES HERAUSGEBERS

Die Reihe „Basiswissen Therapie (BWT)" vermittelt grundlegendes Wissen für Ausbildung und Beruf in den Fachbereichen Ergotherapie und Logopädie sowie in den dazugehörigen Grundlagenwissenschaften (Medizin, Psychologie, Pädagogik, Linguistik, u.a.). Themen der Reihe sind also alle Bereiche der Ausbildung sowie des Berufsalltags.

Fragenkataloge sowie weiterführende Literaturangaben sollen die Verwendung der BWT-Bände im Unterricht erleichtern, aber auch eine Hilfe für das Selbststudium sein.

Die Autor(inn)en der Reihe sind nicht nur kompetente Fachleute, sondern haben auch reiche Erfahrung in der Ausbildung von Studierenden unterschiedlicher Fachrichtungen.

Mit dem Buch von Dr. Kayser liegt eine sachkundige Arbeit vor, die nicht nur in der Ausbildung von Ergotherapeut(inn)en und Sprachtherapeut(inn)en, sondern auch für Berufstätige von Nutzen ist, wenn es um grundlegende Fragen der Psychologie geht.

Wir hoffen, dass Ihnen der vorliegende Band gefällt, und wünschen eine interessante Lektüre.

Prof. Dr. Jürgen Tesak

INHALTSVERZEICHNIS

VORBEMERKUNG

Psychologie im Rahmen der Ergotherapie oder Logopädie bedeutet immer zweierlei:

- Psychologie interpersonaler Beziehungen: Was geht zwischen den beiden (Therapeut, Patient) vor sich? Wie ist die Beziehung „eingebaut" in das sonstige personelle und institutionelle Umfeld?
- Psychologie der Person: Gegebenheiten und Prozesse im Menschen, z.B. sein „kognitiver Apparat", aber auch Störungsformen und -bedingungen in der Person; innerpersönliche Vorgänge im Therapeuten.

Beides ist untrennbar miteinander verbunden. Therapie mit dem „Objekt" Patient gibt es nicht. Therapie ist Interpersonalität, und es bedarf neben dem Fachwissen über Störungen und ihrer medizinischen Grundlagen auch des Wissens über psychologische Gegebenheiten und Vorgänge in der Person und zwischen den Personen. In Abbildung 1 wird das schematisch dargestellt. Während die Fachgebiete im Kasten links wohl geläufig sind, dürften die Konzepte im Kasten rechts zunächst noch fremd erscheinen. Es sind Konzepte, anhand derer interpersonale Aspekte der Therapie (aber nicht nur der Therapie) untersucht werden können.

Was das vorliegende Buch betrifft, so werden die Aspekte der Interpersonalität vor allem in den Kapiteln über Persönlichkeit, über Kommunikation und über die therapeutische Beziehung erläutert. In den Kapiteln über Wahrnehmung, Lernen/Gedächtnis oder Kognition/Den-

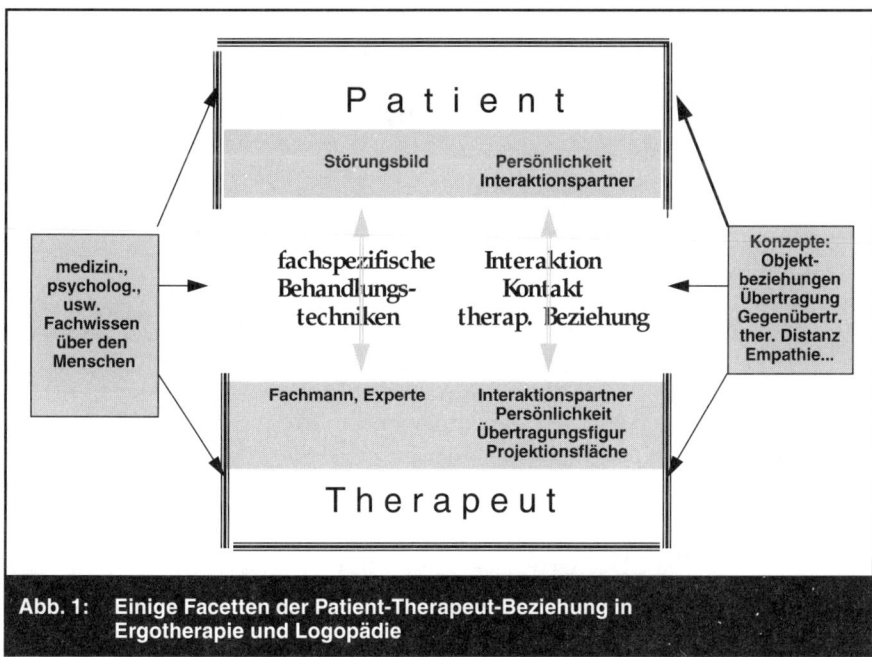

Abb. 1: Einige Facetten der Patient-Therapeut-Beziehung in Ergotherapie und Logopädie

9

ken geht es dagegen um Teilgebiete der Psychologie, die nicht primär mit Interpersonalität zu tun haben, sondern mit (normalen und gestörten) Vorgängen innerhalb der Person. In der Abbildung sind dies Fachwissensaspekte, die im Kasten links angedeutet sind und dort z.B. neben medizinischem Fachwissen (Anatomie, Neurologie, HNO, Phoniatrie, Pädaudiologie usw.) vertreten sind.

Die Abschnitte über Sprache in diesem Buch können teils dem linken, teils dem rechten Teil der Abbildung zugeordnet werden: Bei der Kommunikation handelt es sich ja um ein zwischenmenschliches Geschehen (Interpersonalität, rechter Teil der Abbildung); ein Sprecher aber „produziert" Sprache in seinem Inneren – natürlich mit Bezug auf den Hörer – und auch Sprachwahrnehmung und Sprachverstehen vollziehen sich – wieder auf interpersonaler Grundlage – im Inneren des Hörers.

Es war nun kurz von Wahrnehmung, Denken, Lernen/Gedächtnis, Persönlichkeit/Psychopathologie und Kommunikation/Sprache die Rede; im vorliegenden Buch wird dies alles Thema; aber großer Wert wird auch darauf gelegt, was sich über deren Entwicklung sagen lässt. Das ist zum einen wichtig, um das „Endprodukt" beim Erwachsenen besser verstehen zu können, zum andern, weil ja ein erheblicher Teil des Klientels von Ergotherapeuten und von Logopäden Kinder sind.

1 ALLGEMEINES ZUR PSYCHOLOGIE

1.1 Definition

Relativ griffig ist die Definition von Psychologie als der Wissenschaft vom menschlichen Verhalten und Erleben und deren Bedingungen.[1] Derartige Definitionen haben den Nachteil, so allgemein zu sein, dass sie fast alles und damit zugleich nichts mehr aussagen. Psychologie befasst sich weitestgehend mit dem Verhalten - natürlich einschließlich des zwischenmenschlichen - und mit dem Innenleben von Menschen, wobei bei Letzterem vor allem gemeint sind: Wahrnehmungsprozesse, Gefühle, gedankliche Vorgänge und motivationale Bedingungen für das Verhalten. Beim äußerlich sichtbaren Verhalten kommt noch die Motorik hinzu, die natürlich durch Wahrnehmung, Gefühle und Gedanken mitbeeinflusst ist, so dass man vom <u>Handeln</u> sprechen kann.

> [1] Die griechischen Wörter, die diesen Begriff bilden, sind Psyche („Seele", „Atem", „Hauch" oder „Leben") und Logos (Lehre).

Von Interesse ist nicht nur das **normale**, **reibungslose**, sondern auch das **gestörte Funktionieren**. Klinisch gesehen ist es natürlich relevanter, wenn jemand sich in Partnerschaften immerzu so verhält, dass ihm der Partner wegläuft als wenn er in der Partnerschaft prima zurechtkommt. Welche Arten von Störungen gibt es? Wie stehen diese Störungen mit Auffälligkeiten in der persönlichen Entwicklung in Zusammenhang? Insgesamt hat man es mit Versuchen der **Beschreibung** von normalem/gestörtem Verhalten und mit solchen der **Erklärung** (und damit auch der Vorhersagbarkeit) zu tun. Neben dem Forschungsinteresse gibt es verschiedene **Anwendung**sfelder für psychologische Erkenntnisse.

> Aufgaben der Psychologie:
> - Beschreibung
> - Erklärung
> - Anwendung

- Die **Klinische Psychologie** befasst sich schwerpunktmäßig mit Fragen psychischer Störungen (Störungsbilder, gestörte Prozesse und Funktionen, deren Diagnose und Behandlung) und auch mit Fragen, was „Normalität" ist, wie menschliche Urteile („krank", „normal" etc.) über Gesundheit/Krankheit zustande kommen. Die Psychopathologie steht in enger Nachbarschaft zur
  - ▶ Psychiatrie, aber auch zur
  - ▶ Persönlichkeitspsychologie, zur
  - ▶ Neuropsychologie, innerhalb derer die Zusammenhänge zwischen Verhalten und zentralnervösem System (ZNS) untersucht werden und zur
  - ▶ Entwicklungspsychologie (Wie wurde man der, der man ist?).
  - ▶ Mit Sozialpsychologie hat Klinische Psychologie insofern zu tun, als die Patient-Therapeut-Beziehung und -Interaktion sowie Zuschreibungsprozesse untersucht werden. (Welche Merkmale schreibt man einem anderen zu und wie reagieren beide auf diese Zuschreibungen?)

  In der **Psychotherapie** geht es darum, vorab diagnostizierte psychische Störungen zu behandeln, sei es
  - ▶ in Einzeltherapie, am Verhalten ansetzend, z.B. Verhaltenstherapie
  - ▶ in Einzeltherapie, an inneren Konflikten ansetzend, z.B. tiefenpsychologische Therapie oder Psychoanalyse

▶ in Einzeltherapie, am aktuellen inneren Erleben ansetzend, z.B. Gestalttherapie oder Gesprächspsychotherapie

▶ in Gruppenpsychotherapie, z.B. Gruppenanalyse oder Psychodrama

● In **Betrieben** z.B. sollen Psychologen Menschen trainieren, um einander besser zuzuhören; oder sie sollen sie trainieren, um etwas besser zu verkaufen, also etwa als Verkäufer glaubwürdiger zu erscheinen.

● In der **Werbung** geht es darum, Plakate, Anzeigen oder Radiotexte so zu gestalten, dass der Kunde auf das Produkt aufmerksam wird.

[1]⇒Kap. 2 über Wahrnehmung, Kap. 3 über Kognition, Kap. 8 über Lernen, Kap. 5 über Persönlichkeit

[2]Zu „Konsequenzen" ⇒ Kap. 8, insbesondere Kap. 8.2.3: „instrumentelle Konditionierung"

Wesentliche Aspekte und damit Teilgebiete der Psychologie sind in Abb. 2 dargestellt. Dabei ist der Ausgangspunkt das Verhalten eines Menschen. Ansonsten geht es um innere Vorgänge, die sein Verhalten bestimmen, und deren Entwicklung.[1] Andererseits hat Verhalten auch Konsequenzen (z.B. Erfolg/Misserfolg).[2] Letztere wirken sich natürlich wieder auf das Gefühlsleben, die Motivation usw. und damit letztlich wieder auf das Verhalten aus.

1.2 Zur Geschichte der Psychologie

Psychologische Themen wurden in der Literatur seit der Antike behandelt; recht tiefgründige Gedanken über die menschliche Psyche, die Motive unseres Handelns oder die Verbindung von Leib und Seele haben sich Philosophen seit jeher gemacht. Ursprünglich gab es eine enge Verbindung zwischen philosophischem Diskurs und ärztlichem Tun.

Ein sicher wichtiges Datum in der Geschichte der Psychologie ist das Jahr 1879. Damals erfolgte die Gründung eines psychologischen Instituts an der Universität Leipzig (empirisch-experimentelle Psychologie) durch Wilhelm Wundt.

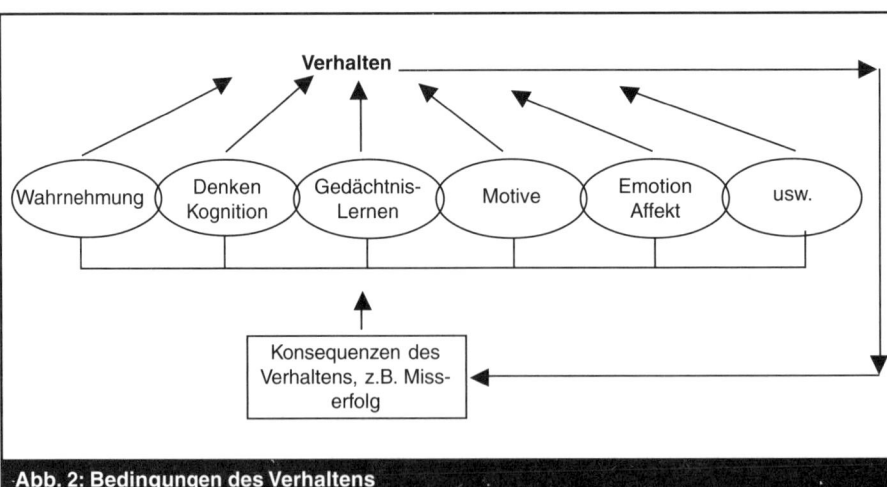

Abb. 2: Bedingungen des Verhaltens

Wenn wir über Psychologie im klinischen Zusammenhang sprechen, insbesondere über Therapie, therapeutische Beziehungen (auch außerhalb der Psychotherapie), so kann der Name Sigmund Freud (1856-1939) nicht außer Acht gelassen werden. Damals war es keineswegs üblich, anzunehmen, dass leibliche Vorgänge von seelischen ausgelöst oder verursacht (und somit auch psychotherapeutisch beeinflusst) werden können.

Die Psychologie ist also insgesamt beeinflusst von geisteswissenschaftlichem, medizinischem und naturwissenschaftlichem Denken, heute auch insbesondere von der Soziologie, Anthropologie, Biologie, Physiologie.

1.3   Paradigmen

Es ist wichtig, sich zu vergegenwärtigen, dass eine Wissenschaft ein Konglomerat nicht nur verschiedener Themen oder Teilgebiete ist, sondern auch oft ganz unterschiedliche Denkansätze, Perspektiven, Betrachtungsweisen beinhaltet. In der Psychologie verbinden sich damit oft auch ganz unterschiedliche Menschenbilder. Damit sind auch unterschiedliche Vorstellungen über Normalität, Pathologie und Therapie verbunden. Aus unterschiedlichen Gesichtswinkeln heraus ergeben sich auch unterschiedliche Fragestellungen (denen man dann in der Forschung nachgehen könnte). Die Fragen, die einem unter der einen Perspektive einfallen, kann man manchmal in der anderen Perspektive gar nicht stellen. So ist es mit den Instrumentarien der unten genannten behavioristischen „Schule" in der Psychologie nicht sinnvoll möglich, die Frage nach der Wirkung des „Unbewussten" zu stellen, denn Letzteres ist ein Konzept aus dem tiefenpsychologischen Ansatz. Paradigmen sind also Denkansätze, Perspektiven oder „Glaubenshaltungen" innerhalb eines wissenschaftlichen Faches. Sie existieren teils nebeneinander, teils werden sie im Verlauf der Geschichte von anderen Paradigmen abgelöst. - Dieterich (1992, S. 261) spricht darüber hinaus sogar von dem „persönlichen Paradigma" (subjektive Sicht) des Klienten.

Die im Folgenden aufgeführten wichtigsten Paradigmen in der Psychologie liefern also zugleich einen Überblick über die Psychologie und, wenn man so will, eine „etwas andere" Definition von Psychologie.

Tiefenpsychologisches Paradigma   ⇒ Kap 5.6, 6 und 9
- Vertreter: Freud, Jung, Adler, Reich, Kernberg
- bewusste und unbewusste Faktoren beeinflussen unser Verhalten; psychische Strukturen Es, Ich, Überich
- Triebe und ihre Entwicklung, besonders: Sexualität, seit 1920 bei Freud auch der „Todestrieb"
- innerseelische Triebkontrollmechanismen
- Triebe und deren Schicksal: wichtig sind die früheren („Objekt"-) Beziehungen
- frühere Objektbeziehungen beeinflussen heutige
- in der Therapie: Übertragung; Couch

⇒ Kap. 8

Behavioristisches Paradigma

- Vertreter: Watson, Pawlow, Skinner
- Verhaltensursprünge: angeboren oder erlernt
- Lernprinzipien (man denke z.B. an den berühmten „Pawlow'schen Hund" - siehe das Kapitel „Lernen")
- Verhaltenstherapie
- zunehmende Mitberücksichtigung der verhaltenssteuernden kognitiven Prozesse im sog. „neobehavioristischen Ansatz"; entsprechend „kognitive" Ansätze in der Verhaltenstherapie

⇒ Kap. 9

„Humanistisches" Paradigma

- Vertreter: Rogers, Maslow
- Basisannahme eines menschlichen Bestrebens zur Selbstaktualisierung, also zur Nutzung von in uns angelegten Potenzialen
- Notwendigkeit von unbedingter Wertschätzung in der Kindheit für Erreichung eines unbefangenen Zugangs zu innerpersönlichen Potenzialen
- Akzeptanz, Empathie, Kongruenz als „therapeutische Haltungen"
- nondirektiv; klientzentriert

⇒ Kap. 3.2

Kognitives Paradigma

- kognitive Prozesse wie: Informationsverarbeitung, Problemlösungsprozesse
- geistige Entwicklung
- Untersuchung des „Alltagswissens" von Leuten; z.B. subjektive Erklärung eigener und fremder Erfolge und Misserfolge, oder der „Scripts" - z.B. innere „Fahrpläne" über all das, was zum Einkauf einer Zeitung an einem Kiosk gehört, oder der „kognitiven Schemata"
- Prozesse bei der Sprachverarbeitung

Systemisches Paradigma

- auf allgemeinster Abstraktionsebene: Das Ganze ist mehr als die Summe seiner Teile
- wechselseitige Bezüge und Beeinflussungen zwischen Menschen und Gruppen, Handlungs"gewebe"
- der Einzelne als „Symptomträger" für die Gruppe
- Therapieformen, die „Systeme" im Auge haben: analytische Familientherapie; die auf das interpersonale Verhalten ausgerichtete 'Systemische Therapie'...

Wenn man sich diese Vielfalt anschaut, sollte man ergänzend auf eine bis heute fortbestehende Polarität in Psychologie und Psychotherapie hinweisen, nämlich die zwischen einem verhaltensbezogenen (ursprünglich „behavioristischen") Ansatz und einem tiefenpsychologischen Ansatz.

„Tiefenpsychologie" ist ein etwas umfassenderer Ansatz als die Psychoanalyse, dazu zählen auch C.G. Jung oder A. Adler; ich fasse hier zunächst einmal den tiefenpsychologischen und den psychoanalytischen Ansatz zusammen. Gemeinsam ist diesem Paradigma die Annahme, dass das meiste, was wir tun, nicht nur von uns bewussten Motiven, sondern auch von unbewussten bestimmt ist. Diese unbewussten Motive unseres Handelns haben oft ihre Wurzeln in dem, was wir als Kinder und Heranwachsende erlebt haben.

> Das kommt oft schon in ganz banalen Alltagshandlungen zum Ausdruck. Der eine isst ein Brot bis zur letzten Kruste auf, selbst wenn diese schon hart oder gummiartig geworden ist, der andere wirft den Rest weg und wendet sich genussvoll etwas Neuem zu. Ein Grund mag in der aktuellen Situation liegen (der eine kann sich mehr leisten als der andere, der eine hat schlechtere Zähne als der andere usw.). Ein anderes Motiv mag aber lange zurückreichen in die Zeit der Botschaften der Eltern („eine Sünde, Brot wegzuwerfen") oder in Zeiten der Knappheit am Tisch mit vielen Geschwistern etc. Dem einen fällt es leicht, mal später zur Arbeit zu kommen, wenn er weiß, er wird nicht beobachtet, der andere bringt es nicht fertig. Dem einen wird es ganz mulmig oder gar übel, wenn zwei sich streiten, der andere wird dadurch erst richtig wach und ergreift vielleicht sofort Partei und mischt mit. Die meist unbewussten Wurzeln solcher Verhaltensweisen reichen nach tiefenpsychologischer Auffassung weit zurück in die eigene Kindheit. Beispielsweise hat man dort erfahren, dass der eher ungehemmte Ausdruck eigener Genussfreude nicht erwünscht oder gar verpönt war, oder man hat erfahren, dass man die Eltern nicht durch den Ausdruck entgegengesetzter Interessen belasten darf.

Nach dem damit verbundenen Menschenbild beherrschen über weite Strecken Triebregungen und innere Konflikte unser Verhalten - und sind auch für das Entstehen seelischer Beschwerden (Ängste, Depressionen usw.) zentral. Triebwünsche werden vielfach ins Unbewusste abgelenkt. Diese Abwehrvorgänge selbst werden uns in der Regel auch gar nicht bewusst („unbewusstes Ich"). Dass wir derart abwehrend damit umgehen, liegt teils an der aktuellen Situation, die Triebbefriedigung nicht erlaubt oder bestrafen würde, teils an Kindheitserfahrungen, die zur inneren Abwehr drängten und dauerhaft in uns fortwirken. - In der modernen Psychoanalyse werden weniger (wie noch in der klassischen) der Sexualtrieb und die Konflikte, die der Mensch damit hat, als zentral angesehen. Betont werden vielmehr die Erfahrungen des Kindes damit, wie in den frühen Beziehungen mit seinen narzisstischen und Sicherheitsbedürfnissen, mit dem Bedürfnis nach Anerkennung und danach, ein „Objekt" zu haben, umgegangen wurde. Hierin wurzeln die späteren Fähigkeiten, beiderseits befriedigende Beziehungen einzugehen oder sich aus Beziehungen zu trennen und neue einzugehen oder auch einmal allein zu bleiben.

Im anderen Denkmodell (ursprünglich „behavioristisch", was eigentlich heißt: „verhaltensmäßig") geht es nicht um innere Konflikte, unbewusste Triebregungen oder unklare Selbstrepräsentanzen etc. Abgehoben wird vielmehr darauf, dass Verhalten gelernt ist (soweit es nicht auf angeborenen Mustern beruht wie Schlucken oder die frühen Greifbewegungen). Gelernt sind auch „innere Verhaltensweisen" wie: Mit panischer Angst auf bestimmte Situationen zu reagieren, welche für andere Menschen eher harmlos sind; bestimmte Denk- und Erwartensmuster wie z.B. das, von anderen abgelehnt zu werden, in Leistungssituationen Misserfolg zu haben oder, im Fall einer Panikstörung, erhöhten Pulsschlag als Zeichen eines bevorstehenden Infarkts oder Todes zu interpretieren. Lernen kann auf unterschiedliche Art stattfinden. Teils beruht es schlicht darauf, dass man mit bestimmten Verhaltensweisen Erfolg hatte oder darauf, dass man bestimmte Verhaltensweisen von jemandem übernimmt oder nachahmt. Solche und andere Lernprozesse bilden unser Verhaltensrepertoire (einschließlich der Fühl- und Denkmuster). Durch (Um- oder Neu)-Lernprozesse lässt sich das Verhaltensrepertoire auch wieder ändern, so dass man nicht mit depressivem Rückzug oder mit ängstlichem Vermeidungsverhalten auf einen Konflikt oder Anforderungen von außen reagiert, sondern auf eine Weise, die sich für einen selbst auf andere, neue Weise positiv auszahlt. So begründen sich verhaltenstherapeutische Verfahren. Etwas polemisch ausgedrückt wird der Mensch hier nicht als jemand gesehen, der „eigentlich" ganz andere (ihm selbst nicht bewusste) Motive hat, als er meint oder sagt, sondern als jemand, der nach recht schlichten Lernprinzipien funktioniert und „dressierbar" ist wie ein Zirkuspferd. Positiver gesehen: Man braucht kaum besonders zu begründen, dass wahrscheinlich beide Paradigmen wesentliche Grundlagen unserer menschlichen (aber auch animalischen) Existenz erfassen.

Das Etikett „humanistisch" für den dritten Ansatz ist sicher ganz problematisch; sind denn die anderen Ansätze irgendwie inhuman? Es ist auch schwierig, einen gemeinsamen Kern aller der hier mitgemeinten Ansätze zu beschreiben. In der Psychotherapie meint man meist den gesprächspsychotherapeutischen Ansatz[1], auf den die Stichworte in der obigen Zusammenschau abheben, ferner die Gestalttherapie[2], die Transaktionsanalyse[3], das Psychodrama[4] und andere. Letztlich geht es darum, eigene Potenziale zu befreien, Gefühle freier ausdrücken zu lernen und sensibler zu werden für das eigene Erleben und dafür, was man beim anderen auslöst. - Ich gebe aber gern zu, dass es mir sehr schwer fallen würde, zu begründen, inwiefern das bei den zuvor genannten Paradigmen denn nicht der Fall sein sollte; gerade in der Psychoanalyse befasst man sich auf sehr differenzierte Weise mit innerem Erleben und der „Befreiung von den Eierschalen" der Kindheit. Es ist auch gar keine Frage, dass mit theoretischen Konstrukten der anderen Ansätze (Tiefenpsychologie; Lerntheorien) auch in den „humanistischen" Verfahren gearbeitet wird.

[1] Der Therapeut „folgt" dem Klienten insofern, als er ihm widerspiegelt, welche Gefühle („emotionale Erlebnisinhalte") bei dem, was er sagt, mitschwingen. Der Therapeut bemüht sich um Akzeptanz, Einfühlung, Echtheit.

[2] Es handelt sich hier ebenfalls um ein Psychotherapieverfahren, bei dem sehr auf das Erleben im Hier und Jetzt abgehoben wird.

[3] Zu diesem Psychotherapieverfahren, bei dem man im Übrigen auf Methoden der Gestalttherapie zurückgreift, siehe Kap. 9

[4] Dabei werden z.B. psychische Konflikte mit verteilten Rollen zur Darstellung gebracht.

> So weit entfernt voneinander sind Forderungen wie „Selbstaktualisierung!" (Rogers, Tausch) und „Wo Es war soll Ich werden!" (Freud) nicht; die Vorstellungen über Kontaktvermeidungsmechanismen in der Gestalttherapie basieren ganz klar auf denen der Abwehrmechanismen in der Psychoanalyse; die Instanzen des Eltern-Ich, des Kind-Ich und des Erwachsenen-Ich der Transaktionsanalyse basieren ganz klar auf dem Instanzenmodell - Überich, Es, Ich - der Psychoanalyse. Die Betonung der „Empathie" in der Gesprächspsychotherapie ähnelt sehr der in der psychoanalytischen Selbstpsychologie Kohuts usw.

Es gab eine „kognitive Wende" in der Geschichte der Psychologie, nämlich als man begann, die im Menschen ablaufenden geistigen Prozesse zu untersuchen. Das vollzog sich teilweise noch innerhalb des behavioristischen Paradigmas („Neo-Behaviorismus"), teils auch außerhalb der Vorstellung, dass Verhalten durch Belohnung usw. gelernt wird. Man untersuchte z.B. wie Menschen innere Einstellungen und Überzeugungen mit ihrem Verhalten in Einklang bringen[1] oder wie das Alltagswissen des Menschen sein Verhalten und seine inneren Reaktionen z.B. auf Erfolg oder Misserfolg mitbestimmt[2]. In dem Terminus „kognitive Wende" kommt zum Ausdruck, dass sich eine Reihe von Psychologen von einer reinen Verhaltenslehre („behavioristisch"), aber auch von Triebvorstellungen nach Art der Psychoanalyse abwenden wollte. Dadurch wurde die Bandbreite der wissenschaftlich untersuchten Phänomene ungeheuer erweitert.

Eine „systemische" Betrachtungsweise schließlich sorgt für eine neuerliche Erweiterung des Blickfeldes. Natürlich wird schon in der Psychoanalyse das Augenmerk auf zwischenmenschliche Vorgänge gelenkt. Dabei ist der Mensch aber immer noch in seinen inneren Konflikten recht eingeklemmt gesehen. In systemischer Sicht stehen wir aber stets in einem engen Wechselspiel mit anderen Menschen und Institutionen. Dass der Alkoholiker vielleicht meint, er trinke, weil seine Frau ihm dauernd Vorwürfe mache, die Frau aber meint, sie mache nur Vorwürfe, weil er trinke, macht ein Teil des Problems aus, vor allem, wenn man meint, eine der beiden Aussagen sei wahr, die andere falsch. Richtig ist, dass sich zwischen Menschen, die häufig in Kontakt sind, recht stabile Muster des Miteinanderumgehens entwickeln, aus denen die Beteiligten vielleicht allein nicht mehr raus können. Bei systemischen Therapieansätzen wird Kommunikation beobachtet, teils werden eingeschliffene Muster angegangen, so dass das System sich sozusagen etwas Neues ausdenken muss, eine neue Art der Balance finden muss. Teils bezieht man sich auch weniger direkt auf das manifeste Verhalten, es wird (bei mehr analytisch orientierten Familientherapeuten) auch damit gearbeitet, was die einzelnen Beteiligten von ihrer jeweiligen Geschichte her (auch aus den frühen Erfahrungen mit z.B. den Eltern) an unbewusstem und bewusstem Material mit in die aktuellen Beziehungen einbringen; dies beeinflusst, was man vom aktuellen Lebenspartner erwartet, sich sehnlichst wünscht, vielleicht nicht zum Ausdruck bringen kann usw. - So gibt es auch hier innerhalb des systemischen Ansatzes wieder eher verhaltensbezogene oder eher analytisch orientierte Perspektiven oder auch solche, die eher aus der „humanistischen Ecke" kommen (d.h. den systemischen mit dem gesprächspsychotherapeutischen Ansatz verbinden, z.B. Schulz von Thun, 1981).

[1]Theorie „kognitiver Dissonanz", Festinger, 1957, vgl. auch Irle, 1975

[2]„naive Psychologie", Heider, 1958

17

1.4   Zu den Methoden in der Psychologie

Im Grunde bauen die Methoden, die in der Psychologie zu „Daten",
also zu irgendwie verwertbaren Angaben über Menschen, führen, auf
Methoden auf, wie sie ohnehin im Alltag verwendet werden. Auch im
Alltag stellen wir Verhaltensbeobachtungen an; auch im Alltag befra-
gen wir andere Menschen (was in Interviews und Tests in der wissenschaftlichen Psychologie ebenfalls geschieht). Und auch im Alltag gehen wir gelegentlich sehr systematisch vor, um vor voreiligen oder „un-
logischen" Schlussfolgerungen sicherer zu sein; in psychologischen
Experimenten geht es genau darum, nämlich sicherzustellen, welche
Gegebenheiten z.B. ein bestimmtes Verhalten hervorbringen und welche nicht.

Verhaltensbeobachtung

Interview, Test

Experiment

Zunächst zu den **Interviews**: Es handelt sich stets um asymmetri-
sche Gesprächssituationen: Der eine ist als der Fragende definiert, der
andere als der, der zu antworten hat; der eine soll über sich (Meinungen, Einstellungen, Gefühle, Lebensgeschichte usw.) Auskunft geben,
der andere hält sich bedeckt.

> Der Interviewer hält sich bedeckt, schon um dem Befragten keine An-
> haltspunkte zu geben z.B. über erwünschte Antworten. Dies ist natür-
> lich ein Stück weit Illusion: Wir kommunizieren über unsere Kleidung,
> unsere Lautstärke, unsere Gestik, Mimik, Sprechweise, usw. Es ist
> unmöglich, nichts über sich mitzuteilen, wenn man jemanden befragt,
> aber man kann dies zumindest in Grenzen halten (vgl. Kap. 4.1.3).

Der Interviewer hat also den Balanceakt zu vollbringen, den Befragten einerseits anzusprechen und zum Antworten zu motivieren,
andererseits ihm nicht zu viele Hinweisreize zu geben. Es gibt verschiedene Sorten von Interviews. Man kann sie nach dem Grad der Strukturiertheit unterscheiden. Die Rolle des Interviewers kann sehr stark vor-
strukturiert sein, indem er Fragen genau verliest. Er kann sogar Ant-
wortmöglichkeiten vorgeben, wenn der Spielraum des Befragten, z.B.
um die Antworten quantitativ leichter auswerten zu können, eingeengt
werden soll. Bei weniger standardisierten, also freieren Interviews haben der Antwortende wie der Fragende Spielräume. Z.B. ist es im Klinischen Interview üblich, dem Antwortenden inhaltlich folgen, d.h. noch
genauer nachfragen zu dürfen. Das ist unumgänglich, wenn man z.B.
eine biografische Anamnese erheben will, denn jede Lebensgeschichte
ist anders. So geht man einerseits auf den Befragten ein, passt sich ihm
ein Stück weit an, berührt andererseits aber auch die von vornherein für
relevant erachteten Bereiche.

Interview: asymmetrisch;
mehr oder weniger vor-
strukturiert

Tests sind wichtige „Arbeitsmittel" von Psychologen und aus einer
modernen Psychodiagnostik nicht mehr wegzudenken. Es wird für Sie
wichtig sein, mit Testergebnissen von Patienten, die Ihnen mitgeteilt
wurden, umzugehen und ein gewisses Grundverständnis dessen, was
ein Test ist, zu haben. In Kapitel 7 finden Sie daher weitere Angaben
dazu.

Test: ein schriftliches Experiment ⇒ Kap. 7

Experimente sind die wohl wichtigsten Forschungsinstrumente in der wissenschaftlichen Psychologie. Man kennt aber auch aus dem Alltag das Prinzip des experimentellen Vorgehens.

Ein Beispiel: Nehmen Sie an, Sie sind in eine für Sie neue Umgebung gezogen und testen Ihren Weg zur Arbeit; Sie stellen fest: Stau. Dann bedenken Sie aber: Bei diesem Test war Mittagszeit (andere Verkehrsverhältnisse), Sie wollen ja aber doch morgens zur Arbeit. Vielleicht testen Sie darum noch mal, wie es denn morgens ist. Sie haben also den Faktor „Tageszeit" in Ihrem Experiment auf zwei Stufen variiert (morgens, mittags), um zu prüfen, ob dieser Faktor vielleicht die Fahrtzeit beeinflusst. Im Experiment würde man das, was Sie variiert haben (Tageszeit), „unabhängige Variable" nennen, das, was Sie messen wollen (Fahrtzeit) hingegen die (davon ja vermeintlich abhängige) „abhängige Variable". Als unabhängige Variablen kämen z.B. noch in Frage die Art der Strecke (Autobahn gegenüber Landstraße) oder auch das Verkehrsmittel (Auto, Fahrrad, öffentliches Verkehrsmittel). Als abhängige Variable könnte man noch interessiert daran sein, wie anstrengend die Fahrt für einen ist, wie viel man sich ärgert, inwieweit die Strecke landschaftlich reizvoll ist oder wie viel Geld die Fahrt kostet.

Nehmen wir als Beispiel ein Kontrollgruppen-Experiment, und hier exemplarisch die Fragestellung: Wirkt sich ein neues Erkältungsmedikament auf die Konzentrationsleistung aus (relevant für Nebenwirkungsangabe auf Beipackzettel)? Die Hypothese sei: Die Einnahme des Medikaments X verringert die Konzentrationsleistung (gleichermaßen von Männern und von Frauen, Alter 18 bis 78). Als Stichprobe wären angemessen: jeweils gleich viele Männer und Frauen, jeweils gleich viele je Altersklasse (z.B.: 18-33, 34-49). Abb. 3 zeigt das Grundgerüst des Versuchsplans.

Laborexperimente: streng kontrollierte und standardisierte Bedingungen (Wiederholbarkeit!)

Bei gründlicherem Vorgehen: Jede Versuchsperson durchläuft in der Experimentalbedingung die Abfolge Konzentrationstest → Medikamenteneinnahme → Konzentrationstest; in der Kontrollbedingung die Abfolge Konzentrationstest → Placeboeinnahme → Konzentrationstest; so können die Veränderungen in den Konzentrationsleistungen (nach der Einnahme gegenüber vor der Einnahme) miteinander verglichen werden.

Bezieht man in die statistischen Vergleiche die Geschlechter ein (untersucht also einen eventuellen Unterschied zwischen Männern und Frauen) und vergleicht man die Effekte auch für die verschiedenen Altersstufen, so gelangt man schon zu einem mehrfaktoriellen Versuchsplan.

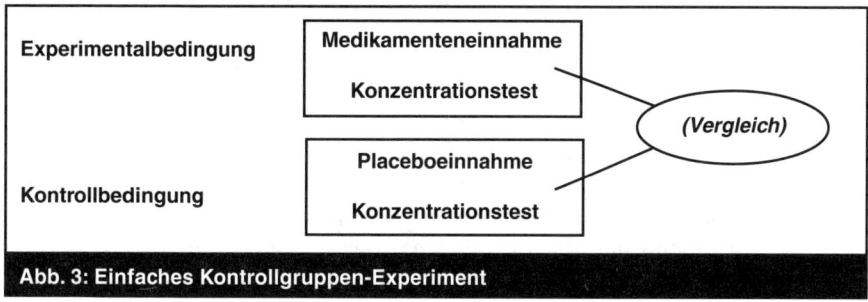

Abb. 3: Einfaches Kontrollgruppen-Experiment

In einem solchen Falle hat man also schon einige möglicherweise das Ergebnis beeinträchtigende Faktoren experimentell kontrolliert (Alter, Geschlecht, Medikament = unabhängige Variablen). Man begnügt sich normaler-weise auch nicht damit, die Konzentration nur vor und nach Einnahme des Medikaments zu messen, um eine mögliche Veränderung zu erfassen; man nimmt zum Vergleich die erwähnte Kontrollgruppe, deren Teilnehmer ein „Placebo" erhalten, d.h. einen chemisch neutralen Stoff. Weder Versuchsperson noch das die Versuchsperson ansprechende Personal wissen im Idealfall, was die konkrete Versuchsperson nun gerade eingenommen hat (aber natürlich muss es irgendwo registriert sein) - man spricht dann von einem „Doppelblindversuch". So werden den Versuchspersonen auch nicht nonverbal bzw. unbewusst irgendwelche unterschwelligen Zeichen gegeben, was jetzt an Verhalten erwartet wird. Mithilfe des vollständigeren, mehrfaktoriellen Versuchsplanes kann man auch Geschlechts- und Alterseffekte statistisch herausrechnen. Vielleicht unterstützen dann die schließlich erhobenen Daten wirklich die Hypothese.

zur Validität als Gütekriterium eines Tests ⇒ Kap. 7

Das heißt: Die abhängige Variable kann ein zu beobachtendes Verhalten von Personen sein (einschließlich der Reaktionen auf Testmaterial). Mit Letzterem muss natürlich ein Verhalten erfasst werden können, über das man letztlich eine Aussage machen will. Im Grunde geht es auch hierbei um eine Art „Stichproben"-Problem: Ist das vom Test herausgeforderte Verhalten repräsentativ für das Verhalten, über das eine Aussage gemacht werden soll? Wichtig ist, wofür denn der hier verwendete Konzentrationstest eigentlich „valide" ist. Man müsste also (natürlich vor Beginn des Experiments) sehr genau in die Manuale verschiedener Konzentrationstests schauen und bräuchte einen Test, bei dem Vorbefunde darüber vorliegen, dass die Testleistung in deutlicher Weise z.B. mit Fehlern beim Autofahren zusammenhängen.

„Manual": Testunterlagen für den Testbenutzer

Will man im obigen Experiment nicht eigentlich eine Aussage über die Konzentrationsleistung machen, sondern speziell übers Fahrverhalten, könnte man daran denken, die Versuchspersonen, statt sie einen Konzentrationstest machen zu lassen, in einen Fahrsimulator zu setzen. (Dann stellen sich aber neue Probleme wie die experimentelle Kontrolle der Fahrerfahrung.)

Feldexperimente: Untersuchung von realen Situationen, nicht alle Einflussgrößen sind kontrollierbar

Will man Verhalten in realen Alltagssituationen untersuchen, lassen sich die verschiedenen potenziell wirksamen Bedingungen nicht so sauber und systematisch kontrollieren - z.B. wenn man jemanden in einer Straßenbahn zusammenbrechen lässt und beobachten will, ob sich mehr Helfer finden, wenn dieser Schauspieler nach Alkohol riecht als wenn er es nicht tut. Schwer kontrollierbar sind dabei die unterschiedlichsten äußeren Bedingungen wie z.B. die Zahl der Fahrgäste.

Ein paar Zeilen zur „**Statistik**": Wenn man so will, ist die Statistik eine Art „Hilfswissenschaft" für verschiedene andere wissenschaftliche Fächer, so auch für die Psychologie. Es geht dabei um die Verarbeitung von Daten und das Inbezugsetzen der Daten eines Patienten oder einer Testperson (Proband=Pb) oder Versuchsperson (=Vp) eines Experiments mit der „Bevölkerung" oder mit einer Teilgruppe (z.B. Altersgruppe) der Bevölkerung. Dies alles ist, statistisch gesehen, ein weites

Feld, und im Kapitel 7 über Psychodiagnostik werden einige Aspekte näher erläutert, die besonders wichtig sind, wenn man z.B. eine wissenschaftliche Arbeit lesen oder einen Test anwenden will. Aber im Zusammenhang mit den oben beschriebenen Grundformen von Experimenten sind doch schon hier ein paar Statistiken relevant, mit deren Hilfe man eine Verteilung von Daten[1] beschreiben kann. Nehmen wir als Beispiel die Verteilung der Körpergrößen in einer Schulklasse. Diese Daten liegen zwischen höchstem und niedrigstem Wert (<u>Spannweite</u>). Die Werte können sehr dicht gedrängt beieinander liegen oder sehr breit streuen (<u>Streuung</u>). Sie haben einen bestimmten <u>Mittelwert</u> (Durchschnitt, also Summe aller cm geteilt durch Anzahl der Fälle). Man kann sich leicht vorstellen: Wenn man zwei Schulklassen miteinander vergleicht, werden sich die Mittelwerte wahrscheinlich unterscheiden. Ein bestimmter Mittelwertunterschied, sagen wir von 10 cm, hat aber eine andere (nämlich geringere) Bedeutung, wenn die Werte in den beiden Klassen sehr breit streuen, als wenn sie jeweils sehr eng gruppiert um die Mittelwerte herum liegen.

[1]zu „Normalverteilung" $\Rightarrow$ Kap. 7.3

statistische Kennzeichen einer Verteilung:
– Spannweite
– Streuung
– Mittelwert (=arithmetisches Mittel)

> Wenn also in der einen Klasse die Werte alle zwischen 167 cm und 169 cm liegen (was eine extrem homogene Gruppe wäre), in der anderen alle zwischen 177 und 179, so könnte man diesen Unterschied eher als wirklichen, wichtigen Unterschied verstehen, als wenn in der einen Gruppe die Werte locker zwischen 147 und 187 streuen, in der anderen zwischen 153 und 189. Im letzteren Fall würde man eher dazu neigen zu sagen: Der Mittelwertunterschied von 10 cm ist eher etwas Zufälliges, nichts wirklich Bedeutsames (siehe weiter unten zum Stichwort Signifikanz).
>
> Hinweis: Um diese Ausführungen nicht zu kompliziert und zu trocken zu halten, möchte ich nur am Rande erwähnen, dass man oft ja nicht nur über diese konkreten Gruppen etwas aussagen will, sondern vielmehr diese Gruppen nur als „Stichproben" betrachten will, also sozusagen als Vertreter einer größeren „Grundgesamtheit" (z.B. im einen Fall der 13-jährigen, im anderen Fall der 18-jährigen etc.). Man betrachtet dann den Mittelwert und die Streuung dieser Stichproben (hier im Beispiel sind es Schulklassen) als Grundlage einer Schätzung dafür, wie es wohl in der Grundgesamtheit (die von diesen Klassen „repräsentiert" wird) aussieht. Dafür liefert die Statistik nun Verrechnungsmöglichkeiten, um zu diesen Schätzwerten zu kommen, auf die ich jetzt nicht weiter eingehen möchte. Bei dem, was unten über „Signifikanz" gesagt wird, geht es genau genommen um diese Schätzwerte, nicht nur um die konkreten Werte dieser speziellen Stichprobe.

Diese Ausführungen lassen sich nun, ohne dass dies hier im Einzelnen ausgeführt werden müsste, auch auf das obige Experimentalbeispiel anwenden, wo ja z.B. durchschnittliche Konzentrationsfähigkeit der Versuchspersonen in der Experimentalbedingung mit der der Kontrollbedingung (Placebo) zu vergleichen ist; auch dabei geht es um Mittelwerte und Streuungen.

<u>Signifikanz</u>: Oben habe ich das Beispiel der Größenverhältnisse in zwei Schulklassen angesprochen. Offensichtlich hängt die Frage, ob

Signifikanz: nicht durch Zufall erklärbar

sich zwei Werte (hier Mittelwerte) „wirklich" (oder nur zufällig) unterscheiden, wesentlich ab von der Streuung der Messwerte in den zu vergleichenden Gruppen. Das Gleiche trifft, ohne dass ich das hier genauer ausführen möchte, auf die Frage zu, ob sich zwei Korrelationen deutlich unterscheiden. Es gibt nun Übereinkünfte zwischen Wissenschaftlern, die etwa besagen: Zwei Mittelwerte müssen sich so deutlich voneinander unterscheiden, dass man sagen können muss: Das beruht nicht auf Zufall! Die Wahrscheinlichkeit, dass man sich dabei irrt, darf dann nicht höher als 5% (oder, wenn man noch strenger sein will: bei 1%) liegen. Man spricht hier auch vom Signifikanzniveau von 5% oder von 1%. So gesehen ist ein Mittelwertunterschied signifikant, wenn er bedeutsam ist, wirklich etwas aussagt und die Wahrscheinlichkeit groß (95% oder gar 99%) ist, dass er nicht auf Zufälligkeiten beruht.

Wichtig bei alldem ist noch die Wahl der Stichprobe: Man will ja normalerweise nicht nur über die untersuchten Leute etwas aussagen, sondern über einen Teil der Bevölkerung. Ist die Stichprobe überhaupt repräsentativ? Wie Sie alle von den Medien her wissen, sind repräsentative Stichproben normalerweise recht groß; in der psychologischen Experimentalforschung begnügt man sich meist mit weniger großen Stichproben. Je nachdem, über welche Gesamtheit (über welchen Bevölkerungsteil) man Aussagen machen will, setzt sich die Stichprobe unterschiedlich zusammen. Will man mit dem oben beschriebenen Experiment auch etwas über die Autofahrer über 60 sagen, macht es keinen Sinn, nur jüngere Leute zu untersuchen; will man etwas über Männer und Frauen aussagen, muss man auch beide Geschlechter in der Stichprobe entsprechend vertreten haben usw. Also: Auch die „Stichprobentheorie" ist ein wichtiges Hilfsmittel, wenn es darum geht, allgemeinere Aussagen über menschliches Verhalten zu machen.

(Marginalie:) Korrelation ⇒ Kap. 7

(Marginalie:) Stichprobe: möglichst repräsentative Auswahl

Literaturempfehlungen zu Kapitel 1:

Zu „Beschreibung, Erklärung, Voraussage und Anwendung" als Aufgaben der Psychologie sowie vielen Beispielen psychologischer Experimente vgl. auch Zimbardo, 1983. Zu psychometrischen Tests siehe - neben dem Kapitel Psychodiagnostik - z.B. die Übersicht in Brickenkamp, 1997. „Methoden" in der Psychologie sind ein für viele trockenes Thema. Wer sich damit beschäftigen möchte, z.B. weil er ein Experiment planen möchte, müsste sich also entsprechend schwierige Literatur zum Thema anschauen, z.B. Edwards, 1971 oder Sachs, 1973. Einfacher geschrieben ist Bortz & Lienert, 1998. Zum Thema „Paradigma" in einer Wissenschaft vgl. Kuhn (1962) sowie auch Uexküll & Wesiack (1996). Zu den im Abschnitt „Paradigmen" genannten Therapieverfahren finden Sie Genaueres in Nissen, 1999. Im Einzelnen kann man zur Gesprächspsychotherapie z.B. nachlesen bei Rogers, 1973; zur Gestalttherapie bei Perls, 1976; Perls et al., 1951; zum unter anderem darauf aufbauenden Konzept der „Integrativen Therapie" vgl. Petzold, 1982; zur Transaktionsanalyse bei Berne, 1979; Schlegel, 1979; zum Psychodrama bei Moreno, 1946; Überblick über Psychotherapieverfahren: Petzold, 1994.

Fragen zu Kapitel 1:

- Wie kann man „Psychologie" definieren?
- Welche Teilgebiete der Psychologie kennen Sie? Welche Nachbargebiete der „Klinischen Psychologie" kennen Sie?
- Aus welchen Wissenschaften ging die Psychologie historisch hervor?
- Was ist ein wissenschaftliches Paradigma? Welche „Paradigmen" können Sie nennen und in wesentlichen Grundzügen erläutern?
- Was bedeutet „Signifikanz" (allgemein und an Beispielen für signifikante Mittelwertunterschiede)? Welche Signifikanzniveaus werden üblicherweise angelegt?
- Was ist ein Mittelwert, was eine Streuung?
- Welches sind die Grundzüge eines psychologischen Experiments? Was versteht man unter einem Placebo-Experiment? Was ist der wesentliche Unterschied zwischen einem Labor- und einem Feldexperiment? Was sind abhängige, was unabhängige Variablen? Was versteht man unter dem systematischen Variieren und Konstanthalten von Faktoren bei Experimenten?
- Was versteht man unter einem Interview, und welche Arten des Interviews kennen Sie? Was ist ein Klinisches Interview?

2   WAHRNEHMUNG

2.1   Allgemeines zur Wahrnehmung

Es erscheint uns völlig selbstverständlich, dass wir unsere Umgebung
und uns selbst so wahrnehmen, wie wir es tun, und wir haben dabei den
Eindruck, dass wir völlig passiv aufnehmen, was „da draußen" ist oder
passiert. Dass wir aktiv etwas zu dieser Wahrnehmung beitragen, wird
uns in der Regel nur dann bewusst, wenn etwas unklar, diffus oder mehr-
deutig erscheint oder wenn andere anscheinend anders wahrnehmen.
Ansonsten ist doch „klar", was wir wahrnehmen: Beispielsweise „hören" wir, dass jemand Schwierigkeiten hat, sein Auto zu starten.

> Dabei hätte ein Mensch vor Erfindung der Verbrennungsmaschinen
> keineswegs die Geräusche verstehen können, die entstehen, wenn je-
> mand anderes sein Auto nicht ankriegt. Unser „Verstehen" dieses Er-
> eignisses setzt eine Menge an Erfahrungen, sogar eine Unzahl an kol-
> lektiven arbeitsteiligen Vorgängen im Zuge der Geschichte der Zivili-
> sation (im Beispiel des Auto-Anlassens: Erfindungen, Umsetzungen
> der Erfindungen, menschliche Zusammenarbeit bis hin zum Bau und
> Verkauf der heutigen Benzinmotoren) voraus. Diese Voraussetzungen
> sind uns meist aber ebenso wenig bewusst wie die Tatsache, dass Begrif-
> fe wie „Auto", „Motor", „Mensch" und vieles andere mehr, auch Wis-
> sen über korrekt und gestört ablaufende Vorgänge, beteiligt sind. In
> unserem Kopf wird also vielerlei zusammengebracht, was mit der Re-
> zeption von Außenreizen und mit innen Gespeichertem zu tun hat, um
> diese Wahrnehmung zu ermöglichen. Aus diesem „Vielerlei" konstru-
> iert unser Gehirn schließlich so etwas wie das „Hören", dass jemand
> sein Auto nicht ankriegt.

Wahrnehmung: sinnge-
bende Verarbeitung von
Reizen

Wahrnehmung ist die sinngebende Verarbeitung von Reizen. Auch
unsere Reaktion auf das, was wir als „Außenwahrnehmung" empfinden, ist mitgemeint, wenn von „Wahrnehmung" gesprochen wird, genauer: die (Eigen-)Wahrnehmung dieser Reaktion. Dies kommt im sog.
„sensomotorischen Regelkreis" zum Ausdruck.

2.2   Sensomotorischer Regelkreis

In Abb. 4 wird der sensomotorische Regelkreis (in Anlehnung an Muders, 1991) schematisch dargestellt: Aufnahme von Reizen (z.B. op-
tisch oder akustisch oder solche über Muskelkontraktionen); in den
Rezeptoren (Sinnesorganen) Umwandlung der physikalischen oder auch
chemischen (beim Geruchssinn) Reize in elektrophysiologische/che-
mische Vorgänge im Nervensystem; Weiterleitung zum Zentralnervensystem; Reizverarbeitung (wir erkennen Muster, setzen in Beziehung
zu Bekanntem, wehren aus innerseelischen Gründen ab, speichern ins
Gedächtnis ein usw.). Im Zentralnervensystem werden dann ferner Hand-
lungspläne abgerufen, sofern solche abgespeichert sind (also z.B. dass

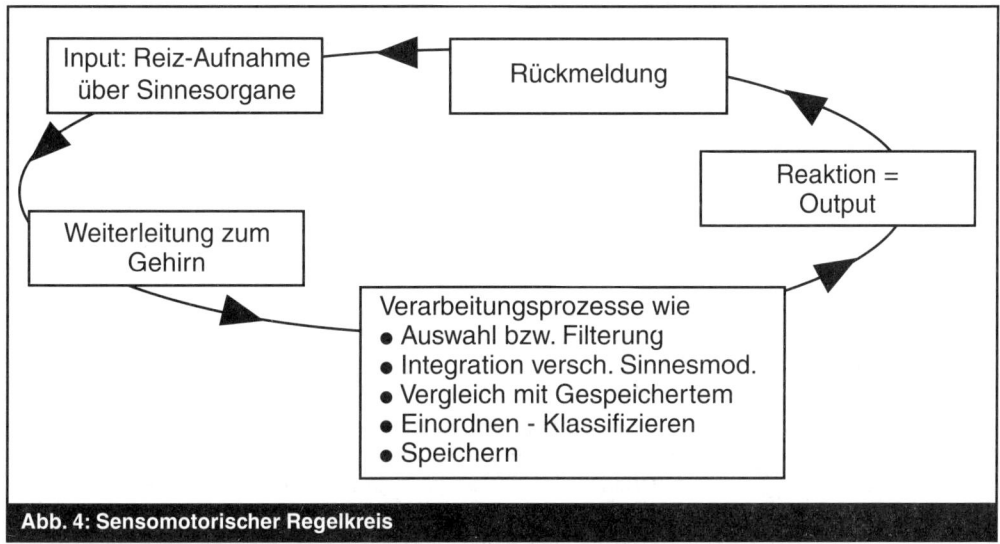

Input: Reiz-Aufnahme
über Sinnesorgane

Rückmeldung

Reaktion =
Output

Weiterleitung zum
Gehirn

Verarbeitungsprozesse wie
● Auswahl bzw. Filterung
● Integration versch. Sinnesmod.
● Vergleich mit Gespeichertem
● Einordnen - Klassifizieren
● Speichern

Abb. 4: Sensomotorischer Regelkreis

man auf ein gehörtes „Guten Tag" selbst etwas Verbales antwortet); diese werden evtl. motorisch umgesetzt (z.B. Sprechmotorik, wenn man verbal antwortet). Dies wiederum wird wahrgenommen (wir hören, was wir sagen, nehmen auch Reaktionen in der Umwelt wahr); dem folgt wiederum eine interne Verarbeitung (z.B. wird die wahrgenommene eigene Reaktion mit Erwartungen, was eigentlich hätte geschehen sollen, in Beziehung gesetzt); evtl. erfolgt dann eine Korrektur der Handlung usw. Immer befindet man sich hierbei innerhalb des **sensomotorischen Regelkreises**. Damit ist eine systemische Sicht des Nervensystems eingenommen, über die Pribram (1986, S. 507) schreibt, dass das Wesen biologischer Hierarchien darin bestehe, „dass höhere Organisationsebenen die Kontrolle über niedrigere ... übernehmen und gleichzeitig von den niedrigeren ... kontrolliert werden." Pribram spricht von wechselseitiger Kausalität. Man kann auch von „top-down"- und „bottom-up"-Verarbeitung sprechen.

2.3   Sinnessysteme

Ein weiteres Thema ist jetzt schon angesprochen, nämlich die unterschiedlichen Sinnessysteme. Oben wurde bereits das „propriozeptive" genannt.[1] Oft werden Propriozeption, vestibuläres System und taktiles System als „Nahsinne" oder *körpernahe Sinnessysteme* bezeichnet. (Sie werden schon vorgeburtlich in wesentlichen Zügen funktionstüchtig.)

[1]zur Wahrnehmung des eigenen Körpers siehe auch Kap. 2.7.4: Wahrnehmung und Bewegung

● Über diese Sinnessysteme erhalten wir Informationen über unsere Körperbewegungen, soweit es um die Muskulatur, die Stellung der Gelenke, die Körperhaltungen, Mimik, Mund-, Zungenbewegungen geht (propriozeptive Empfindungen über Rezeptoren an Muskeln und Gelenken, die Veränderungen, Kontraktionen und Entspan-

25

nungen bemerken). Teils spüren wir Bewegungen bewusst, teils ist diese Empfindung latent im Hintergrund; ohne diese Fähigkeit, genau zu registrieren, wie unsere Muskulatur und unsere Gelenke sich bewegen, wären zielgerichtete Bewegungen nicht möglich (s.u. „Körperschema").

- Wir erfahren etwas über die Lageveränderungen des Körpers im Raum, vor allem in Bezug zur Schwerkraft, d.h. der Anziehungskraft der Erde; wir können also registrieren, wo unten ist und wo oben, aber auch, wenn wir uns oder unseren Kopf drehen, wenn wir Bewegungen (vor allem Beschleunigungen und Verzögerungen) machen; bei dem dadurch angesprochenen vestibulären System registriert der „Bewegungsmelder" im Innenohr also Veränderungen des Körpers im Raum bzw. im Verhältnis zur Schwerkraft.

- Und mittels taktiler Empfindungen erfahren wir etwas über die Grenze des Körpers, die Berührung von Personen und Dingen, so dass wir z.B. etwas spüren, abtasten usw. können, und wir erfahren das „Berührt-Werden". Es gibt Kinder, die taktil sehr abwehrend sind, was meist als Ausdruck einer sensorischen Integrationsstörung (s.u.) verstanden wird. (In diesem Fall können übrigens Beziehungsstörungen auch dadurch entstehen, dass damit den Eltern wichtige Zuwendungsmöglichkeiten genommen sind.)

Als *körperferne Sinne* werden dagegen vor allem zwei wichtige Sinnesmodalitäten bezeichnet, die allmählich nach der Geburt im Zusammenwirken der verschiedenen Sinnessysteme zunehmend bedeutsam werden: das auditive und das visuelle Sinnessystem. Diese Sinne spielen von nun an eine immer dominantere Rolle, nachdem anfangs die körpernahen Sinne ganz entscheidend für die Entwicklung sind. An der (eigentlich „vorsprachlichen") Sprachentwicklung lässt sich das zeigen: Zuerst erfolgen Lautäußerungen im Sinne von taktil-propriozeptiven Spielereien, mehr oder weniger zufällig, im Sinne eines universellen Lautspektrums[1]; mit ca 6 Monaten übernimmt das auditive System wesentliche Führung: Eigenhören, Fremdhören; Einschränkung des Lautspektrums auf die Umgebungssprache.[2]

Natürlich gibt es noch andere Sinnessysteme (gustatorisch[3], olfaktorisch[4]; ferner die vor allem auf der Hautoberfläche befindlichen Schmerz- und Temperaturmelder).

[1]Die produzierten Laute sind also anfangs nicht auf das Lautspektrum der in der Umgebung gesprochenen „Muttersprache" beschränkt.

[2]⇒ Kap. 4.5.1, Entwicklung vom „instinktiven" zum „willkürlichen Lallen"

[3]schmecken

[4]riechen

körpernahe Sinne
- vestibulär
- taktil ———————┐
- propriozeptiv ————┘ oft zusammengefasst als „taktil-kinästhetisch"

körperferne Sinne
- visuell
- auditiv
- olfaktorisch

weitere
- gustatorisch (Zungenoberfläche)
- thermisch (Haut!, vgl. taktil)
- Schmerz (teils: Haut, teils visceral, Muskulatur...)

Entwicklung der Sinnessysteme im Überblick:

Stichworte zur Entwicklung der visuellen Wahrnehmung
- Neugeborene folgen einem sich bewegenden Objekt in ihrem Gesichtsfeld mit den Augen
- maximale Sehschärfe ca. 20-30 cm; die Eltern nehmen intuitiv diese Entfernung ein
- bereits 1 Monat nach der Geburt ist die Akkommodationsfähigkeit der Augen so weit entwickelt, dass Objekte in verschiedenen Entfernungen gut gesehen werden können
- von Geburt an verschiedene Farben; wahrscheinlich kategorial (d.h. qualitativ klar unterschieden)
- von Geburt an verschiedene Muster unterscheidbar, z.B. schwarz-weiße Kreise von schwarz-weißen Streifen
- Gemustertes wird länger angeschaut als Einfarbiges
- bevorzugt: hell-dunkel-Kontraste und Ecken
- anfangs werden Kontraste Haarlinie-Stirn besonders beachtet, später mehr das Innere des Gesichts (Augen etc.)
- ab 2.-4. Monat werden richtig von falsch konstruierten Gesichtern unterschieden
- ab 4.-5. Monat werden verschiedene Gesichtsausdrücke für Gefühle unterschieden
- ab 3. Monat wird die Mutter visuell von Fremden unterschieden
- nicht ständige Versuche, Reize loszuwerden, sondern nachweisbare Versuche des Säuglings, sich durch Betrachtung von Reizen z.B. aus einem gespannteren in einen ruhigeren Zustand zu bringen (Reize können beruhigen) - von daher Kritik an der These des „Reizschildes" von Mahler / Freud (vgl. „Persönlichkeit")

Stichworte zur Entwicklung der auditiven Wahrnehmung
- von Geburt an differenzielle Reaktionen auf hoch- und niederfrequente Töne; hohe beruhigender, leise beruhigender (Maß: Pulsfrequenz, Atem, Muskeltonus)
- ausgeprägte Präferenz für mütterliche Stimme nach Geburt (vorgeburtlich gehört)
- Geschichte, die pränatal von Mutterstimme gehört wurde, wird später von Mutterstimme bevorzugt gegenüber nicht-mütterlicher Stimme
- Hinweise liegen vor für die Hypothese: auch der Text, der vor Geburt gehört wurde, wird Neuem gegenüber bevorzugt
- breite Vielfalt phonetischer Kontraste unterscheidbar, z.B. 1 Monat alte Säuglinge b versus p, ba versus ga

Stichworte zur Entwicklung von Geruch und Geschmack
- (weniger Untersuchungen)
- sehr früh schon wird süß besser als salzig oder sauer empfunden, bitter abgelehnt
- verschiedene Arten von süß von Anfang an unterscheidbar (gemessen anhand zu sich genommener Flüssigkeitsmenge)
- Kinder erkennen von ca. 6 Tagen an Mutter am Geruch (entsprechendes Tuch wird vorgezogen)

Interessant sind die Untersuchungsmethoden der psychologischen Säuglingsforschung:

- Präferenzparadigma: Man zeigt z.B. nebeneinander zwei verschiedene Gesichter und misst die Zeitdauer der Fixierung. Wichtig bei nacheinander gezeigtem Material: vergleichbare Zustände von Wachheit, Aufmerksamkeit, Sättigung.
- Habituierungsparadigma: Nach gewisser Zeit erlahmt Aufmerksamkeit (=Habituierung); wenn bei anderem Reiz die Aufmerksamkeit wieder da ist: Kind unterscheidet offensichtlich die Reize. Orientierungsreaktionen sind v.a. Kopf- und Augenwendung.
- Überraschungsparadigma: Erstaunen beobachten (Änderungen des Gesichtsausdrucks, Unruhe, Erregtheit, Pulsfrequenzänderungen); das zeigt, dass der Säugling eigentlich was anderes erwartet hat (z.B. zeigt man vorn hinter einer Glasscheibe ein sprechendes Gesicht, spielt den Ton aber von der Seite).

2.4 „Sensorische Integration"

Bei der Wahrnehmungsentwicklung ist die Frage bedeutsam, inwieweit sich ein Kind über die Sinnesorgane angemessen informieren kann. Wie erkennt man das? Die Antwort klingt einfach: Geglückte „sensorische Integration" eines Reizes erkennt man an angemessenen Anpassungsreaktionen. „Unter sensorischer Integration versteht man jenen neurologischen Prozess, bei dem vom eigenen Körper und der Umwelt Sinneseindrücke geordnet werden, und der es dem Menschen ermöglicht, seinen Körper innerhalb der Umwelt sinnvoll einzusetzen. Räumliche und zeitliche Aspekte der verschiedenen Sinneseindrücke werden interpretiert, verknüpft und vereint". (Ayres, 1989, S. 11) Im Rahmen der von Ayres begründeten Sensorischen Integrationstherapie, wie sie heute von vielen Ergotherapeuten, die Kinder behandeln, praktiziert wird, werden zum einen Tests vorgeschlagen, wie man dies genauer überprüfen kann, zum anderen natürlich entsprechende Behandlungstechniken. Die Entwicklungsgrundlagen hierbei liegen im körpernahen Bereich. Wobei bei Ayres das vestibuläre System eine Art Leitsystem ist (was vermutlich über-akzentuiert gesehen wird); sie drückt das so aus, dass sich das Hirn um die vestibulären Erfahrungen herum organisiere. Deshalb werden hier Therapiemittel wie Schaukel, Rollbrett, Trampolin usw. verwendet.

Tests: heute in den USA der SIPT, Sensory Integration and Practice Test, Nachfolgetest des SCSIT

Vielleicht kann man sich das am Beispiel eines Kindes verdeutlichen, das bäuchlings auf einem Rollbrett eine schiefe Ebene runterfährt. Es sieht die Schiefe der Bahn und spürt dann auch die Schwerkraft, wenn es oben ist, das Rollbrett hält und sich drauflegen will. Wenn es sich legt, muss es seinen Körper in eine der Aufgabe gemäße Spannung bringen (so dass z.B. die Beine nicht schlaff runterhängen; so dass es sich fest hält). Zu geringe Spannung und zu hohe Spannung führen dazu, dass die Fahrt nicht glückt. In diesem Fall ist die Anpassungsreaktion nicht optimal.

Auch für Kopfhaltung und Augenmotorik sind vestibuläre Informationen ganz wesentlich. Während die Rezeptoren im Innenohr sitzen, findet die Verarbeitung in verschiedenen Teilen des Gehirns, auch im Hirnstamm, statt. Im Gehirn werden dann diese Informationen mit diversen anderen, z.B. propriozeptiven und taktilen, verknüpft. Diese Verknüpfung kann man sich auch leicht plausibel machen, wenn man sich vergegenwärtigt, was passiert, wenn man eine dieser langen kurvigen Rutschbahnen ins Schwimmbad runterrutscht.

Es kann z.B. bei einem hyperaktiven Kind so sein, dass es durch normale Aktivität nicht hinreichend vestibulär informiert ist. Es bewegt sich exzessiv, um sich vestibulär zu stimulieren. Vielleicht ist beobachtbar, dass es, nachdem es sich einmal auf einem Trampolin o.Ä. austoben durfte, vorübergehend ruhiger ist und sich besser konzentrieren kann. Insgesamt ist aber wahrscheinlich bei einem solchen Kind zu beobachten, dass es sozusagen durch seine exzessive Aktivität nicht irgendwie sinnvoll „gesättigt" wird (was Bewegung betrifft), weil es die Reize nicht sinnvoll verwenden kann, so dass Therapie notwendig ist.[1]

[1]zur Wahrnehmung des eigenen Körpers siehe auch Kap. 2.7.4: Wahrnehmung und Bewegung

2.5   Wahrnehmungsleistungen modalspezifischer, intermodaler und serialer Art

Wenn jeweils nur eines der Sinnessysteme angesprochen wird, wird oft von „modalspezifischen" oder „modalitätsspezifischen" Wahrnehmungsleistungen gesprochen. Manchmal liest man, innere „Verschaltungen" der Sinnessysteme („intermodale Wahrnehmungsleistungen") gäbe es erst ab dem ca. 5. Lebensmonat. Solche Verschaltungen bringen eine Menge „Ordnung" in die von uns erfahrene Welt; wir erfahren dann nicht mehr nur eine Vielzahl unverknüpft nebeneinander stehender Sinnesreize, sondern einen geordneteren Input. Das ist eine wichtige Voraussetzung z.B. dafür, ein Objekt als solches wirklich zu begreifen.[2]

[2]⇒ Kap. 3.1.4: „Was ist eigentlich ein Objekt?"

Schätzungsweise ab ca. 9 Monaten kommen weitere Leistungen hinzu, bei denen das „Kognitive" (vor allem: Gedächtnis) ganz offenkundig ist: „seriale Wahrnehmungsleistungen".

Man kann nun erkennen, dass es bestimmte zeitliche Abfolgen in wahrgenommenen Ereignissen gibt; unser Leben ist voll davon. Wir „gliedern" Wahrgenommenes z.B., indem wir Einheiten darin sprachlich umfassen; wir sagen zu bestimmten in einer „logischen" Reihenfolge ablaufenden Einzelereignissen „Spülen" oder „Baden" oder „Schuheschnüren". Voraussetzung dafür, solche Begriffe sinnvoll zu verwenden, ist natürlich, dass man diese Abfolgen überhaupt erkennen kann. Das gilt natürlich auch für gehörte Sprache. Nachfolgend ist die angenommene Wahrnehmungsentwicklung schematisch dargestellt.

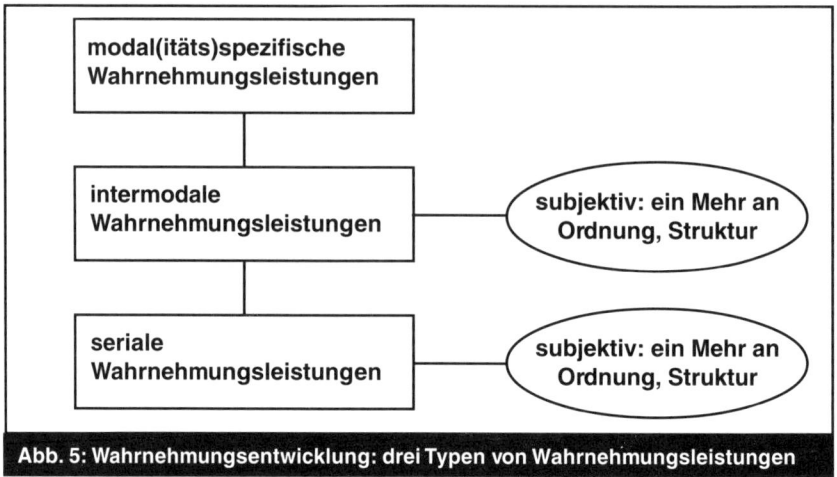

Abb. 5: Wahrnehmungsentwicklung: drei Typen von Wahrnehmungsleistungen

Von Seiten der modernen Säuglingsforschung wird zunehmend festgestellt, dass es intermodale Wahrnehmungsfähigkeiten praktisch von Geburt an gibt. Beispiele *(vgl. Dornes, 1997, Stern, 1992):*

- Ein Säugling bekommt einen genoppten Schnuller in den Mund, den er zunächst nicht zu sehen bekommt (taktil). Zeigt man ihm dann (visuell) mehrere verschiedene Schnuller, zieht er den genoppten vor. Gibt man ihm erst einen glatten (taktil), präferiert er den (visuell) glatten.
- Zeigt man weißes Licht unterschiedlicher Helligkeitsgrade, wählt der Säugling aus einer Reihe von Tönen die in der Intensität zur Helligkeit des Lichts passenden.
- Zeigt man Filme, so bevorzugt der Säugling aus verschiedenen Varianten die Tonspur, die dazu passt (synchron ist).

Stern vermutet, dass wir ursprünglich „amodal" wahrnehmen, dass wir die eher gefühlsmäßigen[1] Qualitäten (hell / grell...) und Verlaufsmuster (anschwellend etc.) wahrnehmen und daher z.B. von heller Farbe auf einen hohen / hellen Ton schließen können. Er spricht durchaus beim Kind unter ½ Jahr von „Abstraktion". „Diese Fähigkeiten ermöglichen es dem Säugling, Verbindungen zwischen verschiedenen Erfahrungen herzustellen und dadurch sowohl in sich selbst, wie in der Welt, eine auftauchende Ordnung zu erfahren." (Dornes, 1997, S. 82)[2] Das steht ganz im Gegensatz zur Annahme einer sozusagen zerstückelten modalspezifischen Wahrnehmungswelt des Säuglings.

Neben der amodalen Perzeption wird von <u>physiognomischer Perzeption</u> gesprochen. Dies bedeutet, dass die Gestalt, die Physiognomie des Vorgegebenen wahrgenommen wird und sogar einen bestimmten Affekt auslöst. Schnörkellinie → fröhlich; abfallender Bogen → traurig; gezackte Aufwärtslinie → ärgerlich oder wütend. Desgleichen können Töne in der Frequenz ansteigen, abfallen usw.

<u>Vitalitätsaffekte</u>: Dies sind Erlebnisqualitäten, die eigenen Affekten oder Lebensäußerungen zukommen und den Affekten oder Lebensäu-

[1] „Der Affekt ist hier die Währung, in welche Wahrnehmungen, die in verschiedenen Sinnesmodalitäten gemacht werden, konvertiert werden können." (Dornes, 1997, S. 84). Vermutet wird dies von Geburt an.

[2] Z.B. sind propriozeptive Erfahrungen nur "am eigenen Leib" machbar; die bei der Mutter gesehenen Bewegungen lösen sie beim Kind nicht aus. ⇒ Kap. 5.6.2.2 zur Selbst-Objekt-Differenzierung

ßerungen anderer: schneidend, verblassend, brausend, flüchtig, explosiv, an- und abschwellend.

Kleine Kinder würden nicht nur Affekte wie Furcht, Freude in einfachen Klassen erleben, vielmehr sei die Freude z.B. flüchtig oder explosiv. Diskrete Affekte haben eine vitale Tönung, aber auch Handlungen, z.B. abrupte Armbewegungem oder abruptes Aufstehen, aber auch plötzliches Lachen. Die intrinsische Gemeinsamkeit von Ereignissen wird von Kindern wahrgenommen und empfunden, z.B. Schimpfen und ruckartige Bewegung, mit der jemand das Kind hoch reißt, oder sanfte Töne und sanfte Bewegungen.

Zusammenfassend lässt sich feststellen: Es gibt in den frühen Wahrnehmungen und Erlebensweisen des Kindes vermutlich viel mehr Ordnung und Regelmäßigkeit aber auch Zusammenhang (im Sinne von Intermodalität), als man bisher annahm. Die Entwicklung macht also plötzlich nicht mehr den Eindruck, als sei da am Anfang ein Wahrnehmungschaos. Stern meinte, diese von früh an gegebenen Fähigkeiten des Säuglings, Zusammenhänge zu erkennen, ermöglichten ihm auch ein „auftauchendes Gefühl für sich selbst (sein Selbst)".

2.6   Wahrnehmungsleistungen nach Frostig

Marianne Frostig hat sich ebenfalls in einer für Ergotherapeuten und für Logopäden nutzbaren Weise mit Wahrnehmungsentwicklung befasst und einen Test (FEW)[1] für die Altersstufen 4;0 bis 8;11 Jahre sowie Übungsmaterial entwickelt.

[1]FEW: Frostig Entwicklungstest der visuellen Wahrnehmung; Original 1963; seither Aktualisierungen, für die neueste Form liegen aber keine deutschen Vergleichswerte vor.

Beim <u>Übungsmaterial</u> handelt es sich um Aufgaben, die denen des Tests teils gleichen, aber leichter sind. Natürlich ist Üben, Trainieren von Funktionen, die defizitär sind, eine mögliche Herangehensweise an das Problem. Man trainiert dabei allerdings „Splitterfähigkeiten", also jeweils nur sehr spezifische Fähigkeiten oder Fertigkeiten, ohne die Störungsgrundlagen in basaleren Wahrnehmungs- und motorischen Funktionen therapeutisch anzugehen. Zugleich läuft man Gefahr, das Kind mit genau seinen Defiziten immer wieder zu konfrontieren. Eine andere Methode wäre es, basaler, grundsätzlicher, etwa im Rahmen einer Sensorischen Integrationstherapie (s.o.), an das Problem heranzugehen, wenn man annimmt, dass den Wahrnehmungsdefiziten Störungen in der sensorischen Integration des Kindes zugrunde liegen.

Insgesamt geht es bei Frostig um:

- VK = **Visuomotorische Koordination:** Koordination von visueller Wahrnehmung und Handmotorik. Zwei Punkte mit einer geraden Linie verbinden. Eine Linie zwischen zwei vorgegebene Parallelen zeichnen ohne anzustoßen.
- FG = **Figur-Grund-Unterscheidung:** Eine Gestalt / Figur vor einem Hintergrund als Einheit erkennen. Z.B. sehen wir in einer Menge von überlappend aufgezeichneten Gegenständen einzelne Gegenstände als Einheiten.

- FK = **Formkonstanz oder auch Wahrnehmungskonstanz:** Etwas wieder erkennen, z.B. trotz veränderter Lage oder trotz Reduzierung auf zwei Dimensionen; z.B. ein Dreieck als solches gegenüber einem Viereck erkennen oder eine Tasse, obwohl sie etwas gekippt oder gedreht vor uns erscheint.
- RL = **Raum-Lage-Wahrnehmung:** Erkennen, dass etwas oben oder unten, rechts oder links ist (Bezugspunkt ist man selbst).
- RB = **Wahrnehmung räumlicher Beziehungen:** Erkennen, dass ein Ding x über oder unter einem Ding y ist, rechts oder links davon. (Bezugspunkt ist wieder man selbst.)

Die hier genannten Wahrnehmungsleistungen haben alle mit der Informationsverarbeitung zu tun (vgl. den sensomotorischen Regelkreis). Was auf unsere Netzhaut trifft, also das Reizmaterial, ist ja z.B. nicht an sich in Figur und Hintergrund unterschieden, sondern wir selbst machen das, d.h. wir bauen innere Bilder auf, „konstruieren" sie in uns.[1] So wird auch hier deutlich, dass Wahrnehmung ein aktiver Prozess ist, bei dem wir sozusagen das Feld zergliedern und insofern schon „Sinn" hineingeben. Wir sehen einen Menschen als „Einheit", selbst wenn er direkt dicht gedrängt neben anderen steht (FG). Wir erkennen in dieser von uns konstruierten Einheit einen Menschen, indem wir sie mit abgespeichertem Material bzw. einem „Schema" vergleichen (FK) usw.

Die oben genannten fünf Bereiche werden im FEW mit Hilfe vorgegebener Zeichnungen, in denen das Kind z.B. Gestalten mit einem Stift umfahren oder Dinge miteinander verbinden soll, abgetestet und Prozentrangwerte für die einzelnen Bereiche und die Gesamtleistung ermittelt.[2]

Nur wenn wirklich genau nach Testanweisung vorgegangen wird, können zahlenmäßige Auswertungen sinnvoll und interpretierbar sein. Man kann keinen Test nach Gutdünken verändern, auch nicht die mündliche Instruktion, und dann noch die Vergleichswerte verwenden. Natürlich ist es Ihnen überlassen, ob Sie einzelne Aufgaben des Tests vielleicht einmal so verwenden, wie Sie es bei diesem Kind gerade für optimal halten oder die Aufgaben abwandeln. Nur können Sie dann nicht mehr quantitativ auswerten!

Während sich Frostig mit der visuellen Wahrnehmung befasst, gibt es die von ihr beschriebenen Leistungen auch bei anderen Sinnessystemen. Eine Melodie wieder zu erkennen oder eine menschliche Stimme als die Stimme von Herrn x wieder zu erkennen sind z.B. auditive Formkonstanz-Leistungen. Man kann sich leicht Beispiele für den taktilen und den propriozeptiven Bereich zu Formkonstanz und Raum-Lage-Wahrnehmung ausdenken!

[1] Auch innerhalb des tiefenpsychologischen Paradigmas hat das „Schema" Bedeutung; der Mensch konstruiert sich seine Welt nämlich aufgrund unbewusster Schemata (vgl. z.B. Thomä, 1999).

[2] Ein PR (Prozentrang) von 15 bedeutet, dass nur 15% der Vergleichspopulation im Test schlechter abschneiden, aber 85% besser. „Vergleichspopulation" ist bei Entwicklungstests meist eine repräsentative Stichprobe etwa gleichaltriger Kinder. Ein PR=15 wäre also ein recht niedriger Wert. Ein exakt durchschnittlicher Wert wäre 50.

Besondere Aufmerksamkeit verdient die Dimension Figur-Grund. Auch schon lange vor Frostigs Überlegungen spielte der Figur-Grund-Prozess in der Psychologie eine wichtige Rolle. Die Schule der Gestalttheorie (nicht -therapie!) hat sich besonders mit unseren Wahrnehmungsvorgängen beschäftigt. Teils vollzieht sich der Prozess der Figur-Grund-Unterscheidung (oder auch Gestaltbildung) ganz automatisch in unserer Wahrnehmung. Wenn Sie das Bild der Vase (s.u.) längere Zeit betrachten (in die Mitte schauen), so werden Sie merken, wie eine Zeit lang eine Vase vor Ihnen erscheint, dann plötzlich sehen Sie zwei Gesichter; das was vorher die Vase ausmachte, ist nun plötzlich Hintergrund geworden. Nach einiger Zeit „springt" (oder kippt) das Bild wieder um und das, was vorher Hintergrund war, wird Vordergrund. Ähnlich beim Würfel und bei der Treppe. Sie können auch mal ausprobieren, ob und mit welchen Methoden Sie den Kippvorgang vielleicht willentlich beeinflussen können. Übrigens erscheint bei solchen zweideutigen Bildern meist dasjenige zuerst, was wir aus Erfahrung am besten kennen (z.B. ein Würfel und Treppe in der Draufsicht).

 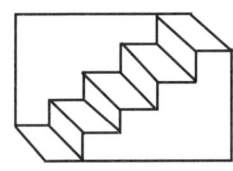 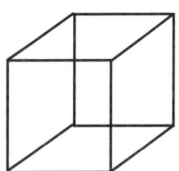

Rubin'sche Vase   Müller-Lyer'sche   Necker'scher
                              Treppe   Würfel

Abb. 6: „Kipp-Phänomene"

2.7 Zusammenhang zwischen Wahrnehmung und anderen seelisch-geistigen Funktionen

2.7.1 Wahrnehmung und Kognition

Wie das obige Beispiel vom nicht gut anspringenden Auto zeigte, kann man eigentlich nicht mehr herausisolieren, wo die Wahrnehmung aufhört und die Kognition (einschließlich Gedächtnisfunktionen, Einordnen von Reizen etc.) anfängt. Ähnlich mit anderen Sinnen: Es riecht „brenzlig" oder „nach Strom" usw. Noch ein einfaches Beispiel zur Illustration: Nehmen Sie an, Sie sehen vor sich eine Reihe von Stäben, die der Länge nach geordnet sind, also vom kleinsten hin zum größten. Schon innerhalb der präoperationalen Periode (2-6 Jahre) nach Piaget[1] werden Wahrnehmung und Kognition derart eng verflochten, dass wir diese Stäbe in der weiteren Lebenszeit gar nicht mehr anders wahrnehmen können als der Größe nach geordnet. Dabei ist diese Ordnung (die Möglichkeit, diese als solche zu erkennen oder durch eigenes Tun herzustellen) eine kognitive Operation. Wir können aber gar nicht „wahrnehmen", ohne diese kognitive Operation dabei „einzuschalten". Wahrnehmung und Kognition sind untrennbar miteinander verschmolzen.

[1] ⇒ Kap. 3.2.3

33

Die im Zuge der Entwicklung vermehrten motorischen Möglichkeiten haben nahe liegender Weise Folgen für die geistige Entwicklung. Mehr Raumerfahrung (Erfahrung des Körpers im Raum) bedeutet auch sensomotorische „Auseinandersetzung" mit Naturgesetzen. Man kann mehr anstoßen, mehr fallen, Sachen runterziehen und runterwerfen. Kausalitätserfahrungen auf physikalischer Ebene werden in immer größerem Ausmaß möglich. Die Dinge werden gegriffen, losgelassen usw., so dass sie auch „begriffen" werden können.

Kausalität: Erfahrungen, was Ursache-Wirkungs-Zusammenhänge betrifft - ⇒ Kap. 3.2.3: „sensomotorische Periode"

2.7.2   Wahrnehmung und Bedürfnisse

Je nach Bedürfnislage sieht man oft etwas akzentuierter oder auch größer (ärmere Kinder sehen in Vergleichsexperimenten z.B. Münzen größer als reichere). Aus dem Alltag wissen wir: Oft bemerken wir etwas erst, wenn wir es brauchen (z.B. einen Briefkasten am Weg)[1].

[1]⇒ Figur-Hintergrund-Unterscheidung (Frostig)

2.7.3   Wahrnehmung und Emotionalität

In Wahrnehmungsprozesse fließen Bewertungen und Gefühle ein. Eine davon völlig bereinigte „Wahrnehmung" hätte nichts mehr mit „sinngebender Verarbeitung von Reizen" zu tun. So scheint es uns z.B. so, dass ein Lokal freundlich, streng, gemütlich, kitschig und so weiter „aussieht". Hintergrund sind „klassische" Konditionierungsprozesse[2]. Wir lernen, bestimmte Gefühle bzw. Stimmungen mit bestimmten Reizen oder Reizmustern zu assoziieren, natürlich auch mit Bewertungen.

[2]⇒ vgl. Kap. 8: „Lernen"

Das, was wir als Situation wahrzunehmen meinen, scheint also eher eine Leistung unseres Zentralnervensystems im Sinne einer Konstruktion zu sein. Keineswegs sind wir passive Empfänger (von Reizen oder einer „objektiven Reizkonstellation"), sondern aktive Verarbeiter, und in diesen Verarbeitungsprozess fließen Emotionen und Bewertungen mit ein.

2.7.4   Wahrnehmung und Motorik

Zwischen Wahrnehmung und Motorik besteht eine ganz enge Beziehung. Bevor diese weiter untersucht wird, werden hier ein paar Etappen der grob- und feinmotorischen Entwicklung beim Kind aufgelistet (die Altersbereiche bei der Grobmotorik meinen Zeitspannen, innerhalb derer das Auftauchen dieser Fähigkeit zu erwarten ist).

2.7.4.1 Etappen der grob- und feinmotorischen Entwicklung beim Kind

Grobmotorik	Alter etwa	Feinmotorik Hand	Alter etwa
• Foetuslage des Neugeborenen	• 0-3.5 Mo	• Greifreflex • Hand-Mund-Koordination	• 1. Mo • 2. Mo
• rollt • sitzt	• 3.5-7 Mo • 4-8.3 Mo	• Beginn Hand-Auge-Koordination • Hantieren, Wechsel von einer Hand in die andere	• 4. Mo • 6. Mo
• kriecht	• 5-10 Mo	• Greifen kleiner Objekte mit Daumen und Zeigefinger	• 9. Mo
• zieht sich hoch • läuft mit Führung • steht allein • läuft allein	• 6.2-11.5 Mo • 7-12.5 Mo • 8.8-13.3 Mo • 10.5-14 Mo	• Wegwerfen, absichtlich Loslassen • feinere Dosierungen, Werkzeuggebrauch	• 11. Mo • danach

Entwicklung ist nicht allein Reifung, auch nicht in diesem Bereich; vielmehr gehen die Reifungsvorgänge einher mit den Erfahrungen des Kindes, die das Gehirn zum Wachstum (was Zellverbindungen betrifft) stimulieren.[1] Indem das Kind sich immer mehr mit seiner Umwelt auseinander setzt - zunächst eben sensomotorisch - umso mehr stimuliert es auch sein Gehirn. Entwicklungsschritte wie die im Schema oben aufgeführten ändern, bereichern die Qualität des sensomotorischen Zugangs zur Welt. Die Welt - d.h. in diesem Fall die nähere Umgebung des Kindes - wird anders wahrnehmbar und anders motorisch angehbar. Wenn wir uns fortbewegen, dann sehen, hören, riechen usw. wir auch dauernd etwas anderes, und so gesehen wird mit fortschreitender motorischer Entwicklung unsere Wahrnehmungswelt größer. Das geht schon ganz früh los: Indem sich das Kind selbst drehen kann, wird der Raum neu wahrnehmbar.

[1] ⇒ Kap. 3.2.2

Ein ganz zentraler Aspekt der Beziehung zwischen Wahrnehmung und Motorik wurde bereits angesprochen[2]: Wir können unsere Bewegungen selbst spüren. „Motorik" hat nicht nur mit Muskulatur, Gelenken, Sehnen zu tun. Motorik ist, bildlich gesprochen, an zwei Enden an den sensomotorischen Regelkreis angeschlossen: Sie kann zum einen auf wahrgenommene Reize hin ausgelöst werden (über Reflexkreise oder willkürlich z.B. als geplante Bewegung). Zum andern wird Motorik ihrerseits wahrgenommen: Zum einen mittels der Propriozeption (Rezeption/Spüren der eigenen Haltung und Bewegung). Zum andern vestibulär (s.o.), evtl. auch visuell (wir sehen unsere Beine, betrachten evtl. unsere Zungenbewegungen im Spiegel usw.). Dies ist erneuter Input in den sensomotorischen Regelkreis im Sinne von z.B. propriozeptivem Feed-back. So wird ein Vergleich mit einem inneren Sollwert und dann evtl. eine Korrektur möglich. Der innere Sollwert ist eine auf Erfahrungen beruhende Erwartung, wie die Bewegung hätte erfolgen müssen - anders ausgedrückt: Ein durch die Körperempfindungen bei

[2] ⇒ Kap. 2.3 über Sinnessysteme

Praxie: Fähigkeit, herauszufinden, wie man bei
Aufgaben, die Geschick
erfordern, seine Hände
oder seinen Körper bewegt

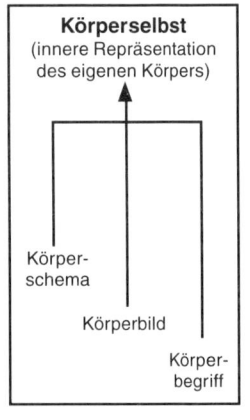

Bewegungen und Erfolgserlebnissen gebildetes neuronales Modell. Hier besteht ein enger Zusammenhang zur Ausbildung des Körperschemas.

Die motorische Planung bezeichnet man auch als „Praxie". Der Zusammenhang mit der Wahrnehmung wird besonders augenfällig, wenn man bedenkt, dass die motorische Planung Menschen schwerer fällt, die taktile Reize schlechter diskriminieren können (Fisher et al., 1998). Wenn die Fähigkeit eines Menschen zur Bewegungsplanung aufgrund einer Entwicklungsstörung beeinträchtigt ist, spricht man von Dyspraxie (im Extrem: Apraxie).

Die Erfahrungen mit dem Körper im Raum, die ja häufig im sozialen Kontext erfolgen, schlagen sich auch auf vielfältige Weise im Körperbild und im Körperbegriff nieder.

Wie in diesem Buch an verschiedenen Stellen erwähnt, bauen wir auf der Basis unserer Erfahrungen in uns ein Bild unserer selbst auf, und dazu gehört auch das unseres Körpers. Unser Körper ist uns innerlich also - mal unbewusst, mal auch bewusst - „gegeben", innerlich „repräsentiert". Es ist sinnvoll, drei Facetten dieser innerlichen Repräsentanz zu unterscheiden, wie das etwa Frostig (1979) tut.

2.7.4.2 Körperbegriff

Geht man vom Erwachsenen aus, finden wir da zunächst den Körperbegriff. Es ist unser Wissen über unseren Körper, es wurde uns im Lauf unseres Lebens vermittelt, aber wir haben auch Wissen über unseren Körper dadurch erworben, dass er uns immer wieder spürbar war. Bei Kindern bildet sich der Körperbegriff allmählich heraus, dies ist auch von Unterweisung abhängig (man lernt, welche Funktionen der Magen und Darm oder die Schilddrüse haben) und auch bei Erwachsenen unterschiedlich differenziert ausgeprägt.

2.7.4.3 Körperschema

Wenn man hingegen über das Körperschema spricht, geht man ziemlich weit weg von diesen kognitiv-intellektuellen Aspekten der inneren Repräsentanz des eigenen Körpers; man kommt vielmehr zu den fast immer im Vorbewussten oder Unbewussten bleibenden Aspekten des Körpers, nämlich zu der „Funktion des Zentralnervensystems, die es ermöglicht, sich über Position, räumliche Ausdehnung und Lokalisation einzelner Teile seines Körpers sensibel zu orientieren und zweckmäßige Bewegungen auszuführen" (Poeck & Orgass, 1964, S. 541). Frostig (1979, S. 19) schreibt: „Das Körperschema unterscheidet sich vom Körperimago und Körperbegriff insoweit, als es völlig unbewußt ist und sich von Augenblick zu Augenblick ändert. Das Körperschema reguliert die Lage der Muskeln und Körperteile in Bezug zueinander in jedem Augenblick und ändert sich in Abhängigkeit von der Lage des Körpers." - „Störungen des Körperschemas treten bei vielen Fällen allgemein neurologischer Schädigung ... und bei lokalen Funktionsstö-

rungen des Vestibulärapparates auf. Sie kommen in falschen Bewegungs-
mustern eines Kindes zum Ausdruck, besonders in Bewegungen, bei
denen die Mittellinie des Körpers gekreuzt werden muß und die ein
großes Koordinationsvermögen erfordern." (Miske-Flemming, 1980, S.
46)

Was seine Entwicklung betrifft, so spielt die Verarbeitung körperna-
her Sinneseindrücke bei der Bewegung (vestibulär, taktil, propriozeptiv) eine ganz wesentliche Rolle. Für die Entwicklung des Körperschemas ist auch von Belang, dass kleine Kinder gehalten, gestreichelt, ein-
gecremt werden. So erfahren sie etwas über ihre Körpergrenzen. Wenn
sie mit ihren Extremitäten andere Personen und auch Gegenstände erreichen, erfahren sie etwas über ihre Reichweite und natürlich über die
Funktionsmöglichkeiten ihrer Arme, Hände, Beine, Füße, ihres Mun-
des (dabei auch ihrer Lippen, Zunge, Kiefergelenke, also auch all dessen, was wir zur Artikulation brauchen). Störungen in der Verarbeitung
von Reizen auf der körpernahen Ebene (sensorische Integrationsstö-
rungen, deren Ursachen oft unklar sind) können zu Störungen des Körperschemas führen, die wieder das Körperbild und damit das Selbstbild
des Kindes beeinträchtigen. Entsprechend muss die Therapie dem Kind
Hilfestellungen dabei geben, Reize besser verarbeiten zu können, und
das heißt auch, dass das Kind entsprechender Stimulation in sorgsam
geplanter Dosierung ausgesetzt werden muss, um entsprechende Verarbeitungsprozesse anzuregen.

2.7.4.4 Körperbild

Das Körperbild (=Körperimago) wiederum ist ein anderer Aspekt der
inneren Repräsentation unseres Körpers. Dabei geht es um das Erleben
des Körpers, um Gefühle.

Das Körperbild wird durch unser momentanes Erleben beeinflusst
(z.B. tritt in unserem Erleben und Empfinden bei Zahnschmerzen oder
einer Zahnbehandlung diese Körperregion ganz anders in Erscheinung
als normalerweise). Daneben hat das Körperbild auch überdauerndere
Züge, die mit unseren Erfahrungen mit unserem Körper, vor allem auch
im sozialen Kontext, zusammenhängen, z.B. ob wir oft beschämt wurden. So hängt unser Körperbild zusammen mit unserem Gefühl für Lebendigkeit, Wirksamkeit, Abgegrenztheit, Offenheit, Strukturiertheit,
Identität.

Es ist auch auf der praktischen Ebene sinnvoll, Körperschema und
Körperbild zu unterscheiden (vgl. Poeck & Orgass, 1964, oder Maaser
et al., 1994). Das Leiberleben kann z.B. durch toxische Einflüsse verändert werden, ohne dass gleichzeitig eine Störung des Körperschemas
eintritt. Ein psychosomatischer Patient mag zwar problemlos durch den
Raum gehen (intaktes Körperschema), drückt dabei aber vielleicht eine
niedergeschlagene, lustlose Einstellung zu seinem Körper aus (Aspekt
des Körperbildes). Schon fast „logisch" ist es aber, dass beides,
wenngleich unterscheidbar, in enger Beziehung miteinander steht. Wenn
z.B. aufgrund einer Hirnschädigung oder aufgrund von mangelndem

37

sensorischen Integrationsvermögen die Körperkoordination eines Kindes gestört ist, es überall anstößt oder bei Geschicklichkeitsspielen anderer Kinder nicht mithalten kann, so wird sich das unweigerlich auf sein Erleben des eigenen Körpers niederschlagen.

Es liegt eine Reihe von empirischen Untersuchungen zum Zusammenhang von Körperbildstörung und psychischer Erkrankung vor.

2.7.4.5 Entwicklung des Körperselbst innerhalb der Beziehung zu anderen

Entwicklung findet im physikalischen und im sozialen Raum statt, von Anfang an in der Bezogenheit auf anderes und andere. In den frühen Stadien der Primärbeziehung geht es fast ausschließlich um das leibliche Sein: „Der 'Körper' des Kindes ist 'Gegenstand' der mütterlichen Versorgung, und vom Kind her gesehen ist es der Körper der Mutter, mit dem es in Berührung tritt. Das Beziehungsfeld ist betont sinnlich-leiblich-körperlich." (Knapp, 1988, S. 117) Die moderne Säuglingsforschung liefert viele Belege für das Vorhandensein eines schon von früh an recht differenzierten Interaktionssystems zwischen Mutter und Kind, aber auch zwischen Kind und belebter und unbelebter Welt (Milch & Hartmann, 1996), z.B. ist Getragenwerden nicht nur Schwerkrafterfahrung, sondern zugleich interpersonale Erfahrung, die mit Gefühlen von Sicherheit, Geborgenheit, Aufgehobensein zu tun hat.

Zum andern wirkt sich die zunehmende Sicherheit eines Kindes in der Bewältigung sensomotorischer Aufgaben (z.B. Klettern, Balancieren) auf sein Körperbild und sein Selbstwertgefühl aus, also auch auf seinen Bezug zu anderen.

Es wäre noch darauf hinzuweisen, dass unter Therapeuten die Begrifflichkeit unterschiedlich verwendet wird. Oft wird der Begriff „Körperschema" als Oberbegriff für Körperbegriff, -schema und -bild verwendet, und manchmal wird die Zeichnung des eigenen Körpers dann auch noch mitgemeint. Die obige Differenzierung macht aber Sinn, und die Zeichnung des eigenen Körpers gibt allenfalls Hinweise auf das Körperbild.[1]

[1]Körperbild ≠Körperzeichnung ⇒ Kap. 3.3.3

2.7.4.6 Wahrnehmung, Motorik und Persönlichkeit

Durch die motorische Entwicklung kommen, psychologisch gesehen, auch neue Formen der Selbstregulation ins Spiel: Das Kind kann allmählich immer besser innere Absichten umsetzen, dem nachgehen, was es interessiert, worauf es neugierig ist, es hat immer weiter gehende Möglichkeiten, durch aktives Aufsuchen anderer Reizfelder Spannung zu regulieren, also sich entweder zu beruhigen oder zu erregen. Dies ist nicht mehr nur davon abhängig, dass die Mutter oder jemand anderes ins Wahrnehmungsfeld eingreift.

Psychologisch bedeutsam sind ferner die sozialen Erfahrungen, die mit vermehrter Mobilität einhergehen. Andere reagieren, setzen den Bemühungen des Kindes ihr „nein!" entgegen, schränken es ein, spornen es an usw. Es erlebt sich vielleicht als eingeengt, es erlebt vielleicht, dass seinen Erkundungen Wohlwollen oder Argwohn oder Strafe entgegengebracht werden. Eventuell reagiert es mit Zweifeln an sich, später vielleicht auch mit Scham, wenn es sich auslebt, eigenen Impulsen folgt usw.[1]

Ein wichtiges Thema, das mit den oben genannten Punkten in Zusammenhang steht, ist die „Wirksamkeitserfahrung" und die „Wirksamkeitsmotivation" („effectance motivation"). Das Kind erlebt sich selbst, natürlich in variierendem Ausmaß und abhängig von den physikalischen und sozialen Gegebenheiten, als wirkmächtig.[2] Es kann, im doppelten Sinne des Wortes, etwas erreichen. Es ist anzunehmen, dass dies in frühester Kindheit grundgelegt wird und mit den Möglichkeiten zusammenhängt, die sich uns ergeben, wenn wir mobiler und geschickter werden, beginnend schon damit, dass sich der Säugling mehr oder weniger „effektiv" erlebt, wenn er sich meldet, weil er Hunger hat. Das Gefühl, seine Situation durch eigenes Tun beeinflussen zu können, hängt mit unserem Selbstwertgefühl zusammen; das Gegenteil wären eher depressive Verarbeitungsmodi, die mit Gefühlen von Hilflosigkeit oder Ohnmacht, Resignation einhergehen. Viele der hier genannten Aspekte stehen in engem Zusammenhang mit der Ausbildung des Körperbildes.

[1] Autonomie einerseits, Scham und Zweifel andererseits in der Persönlichkeitsentwicklung ⇒ Kap. 5.6.3

[2] ⇒ Kap. 5.5

Literaturempfehlungen zu Kapitel 2:

Zur modernen Säuglingsforschung vgl. Dornes, 1997 und Stern, 1992. Unbedingt empfehlenswert ist das allgemein verständlich geschriebene Buch über Sensorische Integration: Ayres, A.J. 1984. Anspruchsvoller und umfangreicher: Fisher, Murray & Bundy, 1999. In welch dichtem Verhältnis die Sinneserfahrungen zu anderen psychischen Prozessen (z.B. dem Gefühl der Abgegrenztheit; z.B. dem Gefühl von Halt oder Sicherheit) stehen, wird speziell für Ergotherapeuten beschrieben in: Kayser & Kayser, 1997. Dort und in Kayser, 1999, findet man ausführliche Darstellungen der Konzepte „Körperbild, Körperschema, Körperbegriff"; zu Behinderung des Körperschemas siehe Hügel, 1998. Frostig Entwicklungstest der visuellen Wahrnehmung: Siehe Frostig, 1974; zur motorischen Entwicklung hat Frostig (1985) ebenfalls einen Test vorgelegt.

Fragen zu Kapitel 2:

- Was beinhaltet der sensomotorische Regelkreis?
- Welche Beziehung besteht zwischen Wahrnehmung einerseits und Kognition, Emotionalität, Persönlichkeitsentwicklung und Motorik andererseits?
- Was ist Praxie, was Dyspraxie?
- Welche „körpernahen" und welche Fernsinne können Sie nennen? Wann sind sie funktionstüchtig?
- Woran erkennt man, ob ein Kind zu einer sensorischen Integrationsleistung fähig ist?
- Auf welche Weise sind „vestibuläre" Informationen z.B. beim Schreiben beteiligt? In welcher Weise geht es beim Schreiben auch um die „Frostig"-Faktoren? Inwiefern beim Hören und inwiefern beim Sprechen von Sprache?
- Wie kommen taktile, vestibuläre und propriozeptive Informationen bei einer bestimmten Aktion zusammen? (Beispiel)
- Welchem Sinnessystem maß J. Ayres primäre Bedeutung zu? Welche Therapiematerialien werden verwendet, um diesen Sinn zu stimulieren?
- Welche drei Wahrnehmungsleistungen wurden beschrieben? Inwiefern haben die fortgeschritteneren beiden Wahrnehmungsleistungen mit „Ordnung" in der Wahrnehmungswelt zu tun? Wann entwickeln sie sich etwa?
- Was ist Amodalität? Welche Kontroverse entspann sich um die Abfolge der Wahrnehmungsleistungen, was sagt die moderne Säuglingsforschung?
- Was ist in der modernen Säuglingsforschung gemeint, wenn vom „kompetenten Säugling" gesprochen wird?
- Welche „Frostig-Faktoren" kennen Sie? (Erläutern; Störungsbeispiele nennen)
- Für wen (Alter!) ist der FEW gedacht, welche Ergebnisse (Skala) gibt er aus? Inwiefern haben die Faktoren auch allgemeinere Bedeutung als im Test erfasst (allgemein und Beispiele)?

- Welche Voraussetzungen kennen Sie dafür, dass ein Test quantitativ auswertbar ist?
- Was ist ein PR? Was ist eine Vergleichspopulation? (Am FEW erläutern, wie dies im Kapitel „Psychodiagnostik" allgemein erklärt wird!)
- Was versteht man unter „Körperbegriff"? Was unter „Körperschema"? Was unter „Körperbild"? In welcher Beziehung stehen diese zueinander?

3   KOGNITION, INTELLIGENZ

[1] ⇒ Kap. 1.3: kognitives Paradigma

[2] Beispiel: Über weite Strecken ist z.B. Sprachpsychologie kognitive Psychologie.

[3] Beispiel: In der Klinischen Psychologie hat sich die kognitive Verhaltenstherapie eine wichtige Rolle erkämpft.

[4] Dies wird im Kap. 4 über Sprache natürlich besonderes Thema sein!

[5] Dieses Thema wird natürlich im Kap. 4.5 über Spracherwerb wieder aufgegriffen.

[6] Dieses Thema wird im Kap. 4 und zwar besonders bei Kommunikation (Kap. 4.1) und Spracherwerb (Kap. 4.5), wieder aufgegriffen.

Der „kognitive Apparat" des Menschen[1] hat in der Psychologie zentrale Bedeutung gewonnen.[2][3] In diesem Kapitel wird zunächst der kognitive Apparat Erwachsener beschrieben: Intelligenz; Welterfassung; Erfassen von Objekten; Begriffe und deren „Verwörterung"[4]. Im zweiten Teil des Kapitels wird die kognitive Entwicklung beschrieben. Im dritten Teil des Kapitels werden spezielle Entwicklungsthemen angegangen, die für Ergotherapeuten und für Logopäden von großer Relevanz sind und zu denen die „Kognitivisten" etwas zu sagen haben: Grammatikerwerb[5], Bedeutungserwerb, Entwicklung kommunikativer Kompetenz[6], Entwicklung des kindlichen Spiels und des kindlichen Zeichnens. In diesem dritten Teil handelt es sich also sozusagen um einen „kognitivistischen" Zugang zu diesen Spezialthemen.

3.1   Der kognitive Apparat Erwachsener

Werfen wir einen Blick auf das „Endprodukt" der beschriebenen Entwicklungsprozesse, die Intelligenz Erwachsener.

3.1.1   Definition von Intelligenz, Intelligenzquotient

Das, worauf die kognitive Entwicklung hinausläuft, was man also bei Erwachsenen vorfindet, lässt sich nach unterschiedlichen Gesichtspunkten durchforsten. Ein Aspekt ist die globale Intelligenz eines Menschen (durch eine bestimmte statistische Datenverarbeitungsprozedur, die Faktorenanalyse von Intelligenzmessungen, findet man einen „general factor" der Intelligenz). Gemeinhin drückt man diese globale Intelligenz in Form eines Intelligenzquotienten aus. Allgemeine Intelligenz definierte Stern (vgl. W. Stern, 1928) als „Fähigkeit eines Individuums, sein Denken bewußt auf neue Forderungen einzustellen", als „allgemeine geistige Anpassungsfähigkeit an neue Aufgaben und Bedingungen des Lebens." Was den Intelligenzquotienten (IQ) betrifft, so war die ursprüngliche Idee (Binet), das „Intelligenzalter" eines Menschen durch sein Lebensalter zu dividieren. In vielen Fällen erschien das plausibel: Wenn jemand mit 20 auf dem Niveau eines 10-Jährigen operiert, liegt es nahe, ihm einen niedrigen IQ (10:20x100=50) zuzuordnen. Man braucht aber kaum lange nachzudenken, um auf die vielen Ungereimtheiten einer solchen Idee zu kommen. Heute folgt der IQ im Prinzip folgender Überlegung:

● Bezugsgröße ist zunächst ein Mittelwert der Intelligenz der Vergleichsgruppe (z.B. bei einem getesteten 40-jährigen Akademiker die Gruppe der etwa gleichaltrigen Männer, die Akademiker sind); das setzt natürlich voraus, dass es entsprechende repräsentative Daten über diese Gruppe gibt.

- Der Wert der getesteten Person x weicht nun mehr oder weniger von diesem Wert nach oben oder unten ab.

- Wichtig ist nun noch, ob die Werte in der getesteten Vergleichs-gruppe stark oder wenig streuen. Wie ich im Kapitel über Statistik (siehe Methoden) erläutert habe, hat ja eine Abweichung von ei-nem Mittelwert andere Bedeutung, wenn die Werte in der Gruppe weniger streuen als wenn sie stärker streuen.

- Die Abweichung vom Mittelwert wird nun durch (ein Maß für) die Streuung dividiert, also sozusagen relativiert; ist, eine bestimmte positive Abweichung vom Mittelwert vorausgesetzt, die Streuung groß, resultiert ein kleinerer Quotient, ist sie klein, resultiert ein größerer Quotient.

- Das Ganze wird dann mit der Konstanten 100 multipliziert. Es re-sultiert ein IQ der betreffenden Person.

- Das heißt, dass der IQ immer noch als Intelligenz-Quotient ver-standen wird, nämlich Abweichung vom Mittelwert, relativiert nach dem Ausmaß der Streuung (mal hundert).

3.1.2 Intelligenzstruktur

Dieses globale Intelligenzmaß verleitet natürlich dazu, Individuen schlicht zu bewerten: Wer den höheren Wert hat, ist der bessere Mensch. Meist will man aber doch mit einer Intelligenzmessung mehr und Nütz-licheres über einen Menschen aussagen können. Wenn sich z.B. jemand die Frage stellt, ob er Mathematik studieren soll, hat er verschiedene Optionen. Er kann sich fragen, ob ihm dieses Unterrichtsfach Freude gemacht hat. Er kann seine Noten anschauen. Mithilfe eines Intelli-genztests würde man auch abraten können, wenn er einen unterdurch-schnittlichen IQ erreichte. Andererseits kann es ja sein, dass er gerade mit Zahlen exzellent umgehen kann, der Test aber vorwiegend verbaler Art war. Man wüsste also gern etwas über seine spezifischeren Bega-bungen. Ebenso würde man bei jemandem, der Chirurg werden will, ein zumindest intaktes räumliches Vorstellungsvermögen erwarten, was aber sicher auch für die Frage gilt, ob jemand Architekt werden solle oder Technischer Zeichner. Wenn man also z.B. rechnerische, verbale und Fähigkeiten des räumlichen Vorstellungsvermögens unterscheidet und anerkennt, dass Personen hier oder da ihre Schwerpunkte haben können, ist man von einem globalen Intelligenzkonzept abgerückt. Zumindest anerkennt man dann daneben auch spezifische Intelligenz-faktoren[1]. Es kann dann nützlich sein, sie zu testen und ein individuel-les Intelligenzprofil zu erstellen, aus dem also hervorgeht, welche Be-gabungen jemand hat und welche eher nicht.

Es ist hier nicht möglich, umfassend den Aufbau von Intelligenz-tests zu erläutern. Ich möchte aber ein paar Beispiele herauspicken - nicht weil sie repräsentativ wären, sondern weil dadurch ein Stück der „Logik" der Tests erklärt, zugleich ein Stück weit an die Ausführungen über Piaget (Kap. 3.2) angeknüpft und eine Brücke zum später folgen-den Psychodiagnostik-Kapitel (Kap. 7) geschlagen werden kann. In Abb.

[1]Das entspricht empiri-schen Forschungsergeb-nissen: Die Intelligenz-unterschiede zwischen Menschen lassen sich nicht vollständig durch Unterschiede in deren allgemeiner Intelligenz erklären.

43

Stellen Sie sich mal vor, Sie haben eine unvollständige verbale Reihe vor sich, die lautet:
Schön | schöner | ?
Die Frage wäre, was an die Stelle des **?** müsste.
Sie werden die Aufgabe sicher zu einfach finden, natürlich zu recht.
Nehmen wir nun einmal die folgende Reihe:
2 - 4 - 6 - 8 - 10 - ?
Wieder kommt man sehr leicht auf das Fehlende.
Hier ließen sich auch sehr leicht kompliziertere Reihen denken, wo mal was addiert, mal was abgezogen wird usw. (So im Intelligenzstrukturtest von Amthauer, dem IST, s.u., und übrigens auch in Hirnleistungstrainings - „Gehirn-Jogging" -, wie sie in Buchhandlungen zu erwerben sind).
Sie werden leicht feststellen, dass vergleichbare geistige Operationen vorliegen. Man muss zunächst das Prinzip herausfinden, das die Reihe konstituiert und dann auf Basis des Prinzips das nächste Element der Reihe konstruieren. (Es handelt sich also offensichtlich um kognitive Operationen zumindest auf konkret-operationalem Niveau, wie Kap. 3.2 verdeutlichen wird.) Mal bewegt man sich auf sprachlicher Ebene, mal auf rechnerischer. Man kann auch leicht eine Aufgabe konstruieren (wie man sie viel im CFT-3, dem Grundintelligenztest von Cattell, findet), die genauso aufgebaut ist, aber weder im eigentlichen Sinne sprachlicher Art noch rechnerischer Art ist. Hier eine Art einfacher Seriation:

(Wie muss es im letzten Kästchen weitergehen?)

Abb. 7: Vereinfachte Intelligenzaufgabe (1)

7 werden reale Beispiele dabei zur Verdeutlichung ein wenig vereinfacht.

Das sind zwar jetzt nur drei extrem einfache Aufgaben, aber man kann doch etwas daran illustrieren:

Kann sein, jemand kann alle diese Aufgaben (auch schwerere) gut lösen (Person A). Ein anderer, Person B, kann vielleicht immer besonders leicht die sprachlichen Aufgaben lösen, tut sich aber sehr schwer mit den rechnerischen. Beim Typ A hätte man also jemanden, der vielleicht eine hohe globale Intelligenz hätte und sowohl sprachlich wie rechnerisch gute Begabungen. Beim Typ B hätte man jemanden vor sich, der vielleicht global gesehen im Durchschnitt liegt, aber seine Begabungsschwerpunkte im sprachlichen, nicht im rechnerischen Bereich hat.

Manchmal werden Aufgaben vorgegeben, bei denen nicht einfach eine Reihe zu ergänzen ist, sondern eine andere Abstraktionsleistung erforderlich ist. Die beiden folgenden Aufgaben sind Aufgaben zweier unterschiedlicher gängiger Intelligenztests nachempfunden. Es sind die beiden Wörter oder Bilder herauszufinden, die etwas gemeinsames haben:

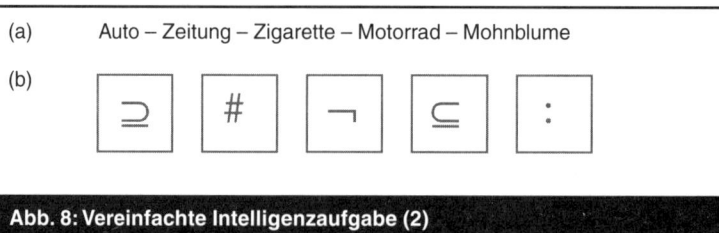

Abb. 8: Vereinfachte Intelligenzaufgabe (2)

IST-2000	**HAWIE**

• verbale Fähigkeiten
• figural-räumliche Fähigkeiten
• rechnerische Fähigkeiten
• Merkfähigkeit
• fluide Intelligenz
• kristallisierte Intelligenz
• (Allgemeine Intelligenz – Gesamtwert)
	• Verbalteil mit:
	    • allgemeines Wissen
	    • allgemeines Verständnis
	    • Zahlen nachsprechen
	    • rechnerisches Denken
	    • Gemeinsamkeiten finden
	• Wortschatztest
	• Handlungsteil mit
	    • Zahlen-Symbol-Test
	    • Bilder ordnen
	    • Bilder ergänzen
	    • Mosaik-Test
	    • Figuren legen
	(d.h. starker Akzent auch auf Wahrnehmungsvorgängen!)

Es gibt keinen verbindlichen Konsens darüber, welche Intelligenzfaktoren es unbestrittener Weise denn gibt. Ich möchte diese Frage pragmatisch angehen und diejenigen Faktoren aufzählen, die man in zwei bedeutsamen Intelligenztests, die auf dem Markt sind, abgetestet findet. Die erste Liste entspricht dem Intelligenzstrukturtest von Amthauer et al. (IST-2000), die zweite einem Einzeltest, nämlich dem Hamburg-Wechsler-Intelligenztest für Erwachsene (HAWIE).

3.1.3 Welterfassung im Rahmen der Piaget'schen Kognitionspsychologie

Jean Piaget

Intelligenz ist nun aber mehr als nur eine Struktur spezieller Begabungen. Wie arbeitet unser geistiger Apparat, so dass die erwähnte Anpassung an neue Aufgaben und Bedingungen möglich ist? Hierzu soll ein „Modell der Welterfassung" vorgestellt werden. Der Schweizer Entwicklungsforscher Jean Piaget hat sich nicht nur mit der Intelligenzentwicklung von Kindern[1] befasst, sondern auch mit dem menschlichen Erkenntnisvorgang. Das hier vorgestellte Modell (Abb. 9) greift zentrale Aspekte Piaget'scher Vorstellungen auf. Ausgangspunkt ist der Begriff „Schema", der für die gesamte kognitive Psychologie eine enorme Bedeutung gewonnen hat.

[1]⇒ Kap. 3.2.3

> „Piaget geht davon aus, daß aus verschiedenen ähnlichen Erfahrungen ein Schema gebildet wird, das eine Art Durchschnitt oder Prototyp der gemachten Erfahrung darstellt. An diesem Schema werden neue Erfahrungen gemessen, und ihm werden sie einverleibt, wodurch das Schema modifiziert wird ... ein Vergleich des aktivierten Schemas mit der aktuell ablaufenden Episode (wird) möglich ... Es gibt also eine wechselseitige Durchdringung vom Allgemeinen (Schema) und Besonderen (aktuelle Episode). ... Annahme, daß die Schematisierungsaktivität schon früh beginnt." (Dornes, 1997, S. 187 - vgl. auch Stern, 1992).

Dornes weist auch darauf hin, dass das Ganze umso schwerer veränderlich wird, je mehr solche Erfahrungen dem Schema eingereiht sind („Konservativismus" der menschlichen Psyche). Wenn ich tausendmal erfahren habe, dass Tiere mit Schnäbeln Federn haben, kann ich kaum noch glauben, dass es das „Schnabeltier" wirklich gibt.

Es gibt beim präverbalen Kind sensomotorische Schemata (Saugen, Greifen, Schauen usw.)[1]. Aber es gibt natürlich auch kognitive Schemata im eher geläufigen Verständnis. Mit etwa eineinhalb Lebensjahren sind wir in der Lage, uns innerlich ein Vorstellungsbild zu machen (also uns z.B. eine Handlung vorzustellen oder ein Ding). Und noch viel später in der Entwicklung tauchen dann auch rein abstrakte Schemata, z.B. Begriffe wie „Freiheit" oder „Brüderlichkeit" oder auch „Dreisatz" auf. [2/3]

Neben dem Begriff „Schema" gibt es in Piagets Theorie noch ein paar andere wichtige Begriffe:

<u>Assimilation</u> = Anpassung von Umweltgegebenheiten an eigene Strukturen. Man nimmt etwas in der Umwelt so wahr, dass es in die eigenen Schemata möglichst passt; man hantiert mit Dingen in der Umwelt auf der Grundlage der eigenen Schemata, passt sie dort ein. Z.B. wird ein Stift zur „Rakete". Eine Erfahrung kann ein Schema schlicht bestätigen („konsolidieren") oder etwas erweitern („generalisierende Assimilation").

„Assimilierbar" bedeutet dabei: Einzureihen in das Repertoire an Schemata, das man schon besitzt. Es kann sein - bleibt man beim Begriffsverständnis des Kindes -, dass das „Schnabeltier" beim Kind X irgendwo im bestehenden Schema-Bestand einzureihen ist, vielleicht ist es das beim Kind Y nicht. Kann sein, dass der „Strauß" einzuordnen ist oder nicht, oder der Papagei oder das Huhn (Vogel?).

<u>Akkommodation</u> = Anpassung eigener Strukturen an die Umweltgegebenheiten. Man lernt ein neues Wort. Man erwirbt ein neues sensomotorisches Schema. Man lernt eine Fremdsprache. D.h. man verändert sich in Richtung der Umwelt.

<u>Optimale Diskrepanz</u>: Dies ist der optimale, zu Veränderung motivierende Abstand zwischen eigener Struktur und Umweltgegebenheiten. Wenn die Diskrepanz zu groß ist, gibt man auf oder ist überfordert (z.B. zu schwierige Aufgaben, für die man keine ausreichenden Voraussetzungen mitbringt; beim Kind: nicht kindgerechtes Spielzeug)[4]. Wenn sie zu klein ist, motiviert sie nicht, die Sache zu untersuchen, was Neues zu entdecken oder zu lernen. Dies ist also ein wichtiger Motivationsfaktor (im Unterschied z.B. zu der Vorstellung, man sei zum Lernen, zur Weiterentwicklung nur durch einen äußeren Anreiz motivierbar).

[1] ⇒ Kap. 3.2.3

[2] Zum Thema "Begriff": ⇒ Kap. 3.2.3

[3] Das Konzept "Schema" umfasst also sensomotorische Muster und gedankliche Prozesse, aber auch (z.B. visuelle) Vorstellungen.

Piaget'sche Grundbegriffe:
● Assimilation
● Akkommodation
● Optimale Diskrepanz

[4] Nicht nur Belohnungen motivieren!

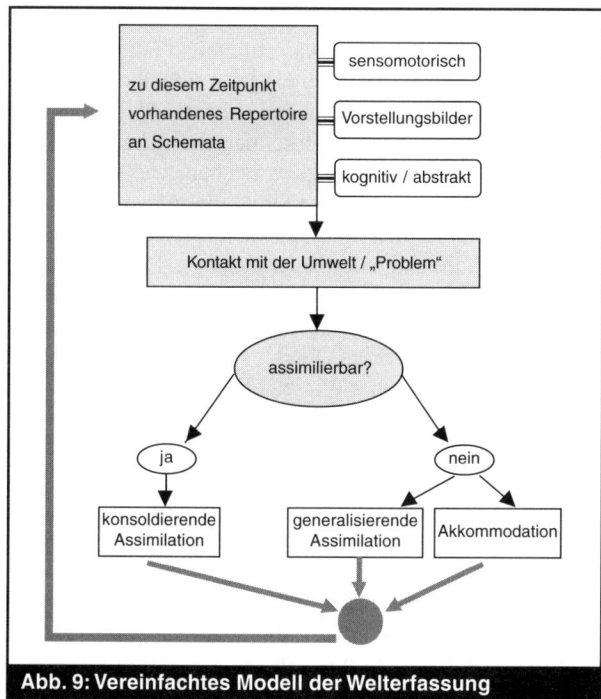

Abb. 9: Vereinfachtes Modell der Welterfassung

3.1.4 Objekt und Begriff

Nun soll uns eine Art von „Schemata" beschäftigen, die für Ergotherapeuten wie für Logopäden - wenn auch aus unterschiedlichen Gründen
- besonders wichtig ist. Es geht um das Thema „Objekt und Begriff".

Ergotherapeuten wie Logopäden arbeiten in den Therapien mit verschiedenen Gegenständen[1]. Therapeuten, die mit Kindern arbeiten, verwenden verschiedene Spielsachen. Bei der Arbeit mit Erwachsenen verwenden Ergotherapeuten z.B. Therapiemedien wie Ton oder Holz, Werk-
zeuge, aber auch Symbole oder Zeichen wie Pläne, Gebrauchsanwei-
sungen usw. Logopäden benutzen z.B. bei der Aphasietherapie Karten
mit aufgemalten Gegenständen oder mit Wörtern darauf.

Wir sind also bei der Frage angelangt: Was ist eigentlich ein **Objekt**? Man denkt leichthin, Objekte, also Gegenstände oder Menschen,
sind halt einfach da. Wir nehmen sie wahr. Leider ist das, vor allem
vom Entwicklungsstandpunkt aus, nicht so einfach. Jedenfalls ist nicht
völlig klar, ob uns schon als Säugling ein solches Verständnis mitgege-
ben („angeboren") ist oder ob es sich allmählich entwickelt. Vermutlich
erwirbt das kleine Kind erst allmählich im Zuge seines Umgangs mit
Objekten ein Verständnis dafür, was ein Objekt eigentlich ist (dass es
„Dinge" gibt und was ein „Ding" ausmacht). Ich möchte hier ein paar
Erfahrungen nennen, die dazugehören.

[1]Objekte in der Therapie

[1]Angeborene Grundlage scheint, neueren Forschungen zufolge, die Fähigkeit zu „amodaler Wahrnehmung" zu sein (⇒ Kap. 2.5).

[2]Teilaspekt: Um es in der Ferne als Gleiches zu erkennen – obwohl es viel kleiner erscheint – brauche ich Größenkonstanz.

[3]Verstehen, dass Gegenstände auch weiterexistieren, wenn man sie gerade nicht sieht oder spürt ⇒ Kap. 3.2.3

[4]Wichtige Aspekte einer Sache bleiben gleich, auch wenn sich das äußere Erscheinungsbild ändert ⇒ Kap. 3.2.3

[5]⇒ Kap. 3.2 und Kap. 3.3.3 über die Entwicklung des kindlichen Zeichnens

[6]Hier begegnen sich nun und greifen ineinander:

[7]Es gibt in der kindlichen Entwicklung Bedeutungserweiterungen, aber auch die gegenläufige Tendenz zur Verengung von Bedeutungen; man denke an Übergeneralisierungen des Kindes, das zunächst auch zur Kuh „Wauwau" sagte, die Bedeutung des „Wauwau" dann allmählich eingrenzt.

Wie sich nach dem im Kapitel über Wahrnehmung bereits Gesagten ergibt, ist für die Fähigkeit zu erfassen, was ein Objekt ist, auch intermodale Wahrnehmung nötig: Dasselbe Objekt lässt sich über verschiedene Sinneskanäle erfassen, es hat verschiedene physikalische Qualitäten.[1] Um es als das Gleiche wieder zu erkennen, brauche ich ferner Wahrnehmungskonstanz.[2] Um wirklich zu verstehen, was ein Objekt ist, muss ich auch zumindest ansatzweise Objektpermanenzverständnis[3] haben. Später vervollkommnet sich das Objektverständnis durch das Invarianzverständnis[4]. Im Zuge der Entwicklung erfahre ich auch, dass sich ein Objekt abbilden, symbolisch darstellen lässt.[5] An anderer Stelle habe ich als psychologisch bedeutsame „Facetten" des Objekts noch aufgeführt: Die Funktionen eines Objekts (wozu es gut ist) innerhalb unseres Funktionswissens; unser Wissen über die Handhabbarkeit von Objekten (Manipulationswissen); ethische Aspekte (was man mit Objekten tun darf und was nicht) und die affektive Seite der Beziehung eines Menschen zum Objekt (ob man es mag, ablehnt).

In unserem Inneren sind Objekte repräsentiert bzw. wir können jedenfalls solche Repräsentationen in uns bilden. Diese (inneren) Objekte haben auch unterschiedliche Merkmale, anhand derer man Dinge unterscheiden und vergleichen kann. Die einen Objekte sind nach unserem Eindruck lebendig, die anderen nicht; die einen kann man rollen, die anderen nicht usw. Wenn wir nun bei der inneren Repräsentation von Objekten[6] angekommen sind, sprechen wir bereits über Begriffe.

Begriffe: Objekte sind uns zum einen sensomotorisch unmittelbar erfahrbar. Zum anderen speichern wir Erfahrungen auch, so dass Objekte in uns „repräsentiert" sind. Diese inneren Repräsentationen gelten teils ganz bestimmten konkreten Objekten, z.B. meinem Hund Fips oder meinem Kanarienvogel Zepp, und natürlich auch Menschen: meinem Bruder Ulrich. Damit aber nicht genug. Unsere Welt besteht ja nicht nur aus den innerpsychischen Niederschlägen ganz bestimmter konkreter Objekte. Es finden vielmehr Verallgemeinerungen statt. Wir wissen ja schließlich auch, was „ein Teddybär" ist oder was „Bruder" bedeutet; wenn wir „Apfel" sagen, meinen wir selten noch einen ganz bestimmten Apfel, den wir am Tage x gegessen haben. (Vgl. auch, was oben über „Schemata" gesagt wurde.)

Unsere Vorstellung davon, was „Bruder" bedeutet, ist nicht unabhängig von Erfahrungen mit dem spezifischen Bruder (den man selbst hatte oder den der Freund oder die Freundin hatte). Für mich ist z.B. noch direkt nachzuvollziehen, wie für mich der Begriff „Tante" geprägt ist durch eine ganz bestimmte Tante, wie sie mir in meiner Kindheit begegnet und längst verstorben ist. Prüfen Sie mal bei sich selbst, ob Sie den Begriff „Mutter" überhaupt in sich abgelöst von dieser einen spezifischen Person „denken" können. Zumindest ist eben diese konkrete Mutter immer mit dabei! Wir sind hier im Grunde schon bei der „Bedeutung" des Wortes „Mutter" oder „Tante" angelangt (**Semantik**). Die Beispiele zeigen, dass sich im Verlauf unserer Erfahrung Wortbedeutungen erweitern.[7]

Viele Begriffe, die wir erst später erwerben, wie „Freiheit" oder „Solidarität", sind abstrakter, beruhen gar nicht nicht auf solchen unmittelbar sinnlichen Erfahrungen (wie die der konkreten Mutter) und physischen Begegnungen.

An dieser Stelle haben wir nun längst die Grenze zwischen der Besprechung des „kognitiven Apparates" und der Allgemeinen Sprachpsychologie überschritten, beides ist hier nicht mehr trennbar voneinander. (Auch die Grenze zum Thema „Gedächtnis" ist im Grunde überschritten, was sogleich deutlich werden wird.) Herrmann (1985) macht einen plausiblen Vorschlag, wie man sich im Rahmen einer Allgemeinen Sprachpsychologie einen Begriff, wie er im Menschen repräsentiert ist, vorzustellen hat. Er wird dabei besonders dem Aspekt der Variabilität und Situationsbezogenheit des Begriffs gerecht, also der Tatsache, dass Begriffe in uns nicht als fixe Merkmals-Komposita gespeichert sind, die jeweils vollständig in den aktuell arbeitenden „Arbeitsspeicher" aus dem Langzeitgedächtnis heraus „geladen" (kopiert) werden.

Konzeptgenerierung: Zunächst einmal können wir uns mit folgender einfacher Modellvorstellung behelfen: In einer gegebenen Situation „arbeitet" in uns ein „Arbeitsspeicher", in ihm werden zum einen die verschiedenen Inputs (von außen her) verarbeitet, zum anderen fordert er aus dem Langzeitspeicher Informationen an; diese Informationsanforderung ist nicht irgendwie zufällig, sondern sie folgt aus dem jeweiligen Stand der internen Situationsverarbeitung. Wenn wir mit einem Fotoapparat über einen Wochenmarkt gehen und einen Obststand knipsen wollen, werden also zum Teil andere Informationen aus dem Langzeitspeicher abgefragt, als wenn wir als Schüler einen Deutschaufsatz schreiben müssen, in dem Wörter wie Äpfel, Birnen, Gurken vorkommen. Die Abfrage der für uns relevanten „Merkmale" des „Apfels" im Langzeitspeicher wird im einen Fall (Markt, Foto) zumindest zum Teil anders sein als die der Merkmale des „Apfels" im Fall des Aufsatzes. Das Konzept (Apfel) wird im ersten Fall etwas anders zusammengesetzt als im zweiten. In jedem der Fälle werden also Informationen aus dem Langzeitspeicher „aktiviert" oder, in einer etwas anderen Modellvorstellung, in den Arbeitsspeicher hinein"kopiert"; das Konzept wird auf je etwas unterschiedliche Weise „generiert".

der Apfel auf dem Wochenmarkt

der Apfel im Deutschaufsatz

**Arbeitsspeicher
(mit Kurzzeitgedächtnis)**

↓ ↑

Langzeitspeicher

Um welche „Merkmale" geht es überhaupt?

sinnlich fassbare Aspekte
- erfassbar über körpernahe Sinne (Motorik; propriozeptiv; taktil)
- erfassbar über körperferne Sinne, v.a. visuell (imaginal)

„abstraktere" Merkmale
- z.B. Wissensaspekte Apfel→Obst→Nahrungsmittel

direkt sprachbezogene Merkmale (<u>Wort</u> als Teil des Konzepts)
- betrifft z.B. Schriftbild des zum Begriff gehörenden <u>Wortes</u>
- Lautklang des Wortes
- Artikulationsmuster (Motorik; propriozeptiv; taktil...)
- grammatische Aspekte (z.B. „Nomen")

Abb. 10 zeigt auf etwas andere Weise relevante Aspekte des Begriffs Apfel. Der Apfel hat für uns Merkmale sinnlicher Art wie taktile (wie er sich anfühlt, wenn er in der Hand liegt oder ein Stück davon im Mund), visuelle (Form, Farbe)[1], er hat auch geschmackliche Aspekte; ferner abstraktere: Apfel gehört zu den Obstsorten, auch zu den Nahrungsmitteln, er enthält einige Vitamine[2], er wächst am Baum, kann seinerseits wieder ein Bäumchen entstehen lassen usw.[3] Solche abstrakteren Merkmale sind natürlich zugleich schon ‚sprachliche', ohne Sprache hätten wir sie wohl nicht erworben. Unmittelbar die Sprache selbst betrifft, dass dem Begriff Apfel auch in uns das Wort beigefügt ist – im Kind selbstverständlich nur bei entsprechendem Niveau der sprachlichen Entwicklung. Normalerweise verfügt man über ein Artikulationsprogramm, mit dessen Hilfe man das Wort artikulieren kann (etwas anderes als das Programm, das es uns taktil-propriozeptiv und motorisch erlaubt, in den Apfel zu beißen und ihn zu kauen). Evtl. wissen wir, dass es sich um ein Nomen handelt, dass es im Deutschen großgeschrieben wird; wir verfügen potenziell über ein abgespeichertes Bild, wie sich das aufgeschriebene Wort (visuell) ansieht[4]; wie es sich (auditiv) anhört usw. All dies will im Entwicklungsverlauf erworben sein, durch all dies kann der Apfel „markiert" sein.

[1]Dies wäre in der Szene „Foto auf dem Markt" zentral.

[2]Diese Merkmale würden den „Apfel" ausmachen, wenn es um einen Unterricht in „Diätberatung" ginge.

[3]der „Apfel" im Biologieunterricht

[4]Sie können sich sicher jetzt leicht vergegenwärtigen, was zum Schreiben des Wortes aus dem Langzeitspeicher kommen muss.

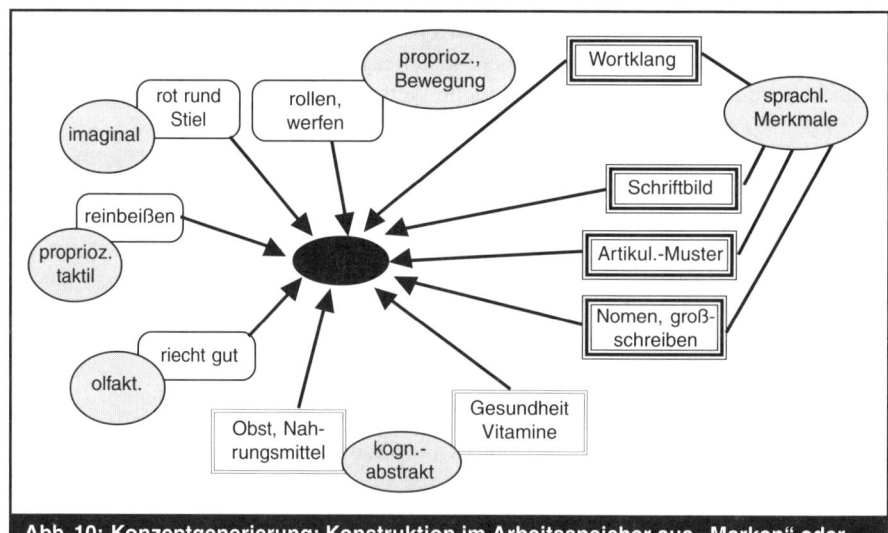

Abb. 10: Konzeptgenerierung: Konstruktion im Arbeitsspeicher aus „Marken" oder abgespeicherten Merkmalen

Was den Sprachgebrauch anbelangt: Erst wenn ein Kind den Bedeutungskern von z.B. Apfel, Birne, Pflaume einerseits, von Spinat, Blumenkohl usw. andererseits verstanden hat, kann es bei der Beschreibung der Situation und der Gegenstände darin solche Kategorien wie Obst, Gemüse sinnvoll benutzen. Das Gleiche trifft natürlich für andere Einteilungen / Klassifizierungen zu wie Fische - Amphibien - Reptilien - Vögel - Säuger und dergleichen. Es ist offensichtlich, dass hier kognitive Prozesse auf bestimmten Entwicklungsniveaus möglich sein müssen, um solche Kategorisierungen vornehmen zu können. Selbst wenn solche Sprachproduktionen rein äußerlich, rasch und unüberlegt zu erfolgen scheinen, handelt es sich doch um kognitive Leistungen, die ihnen unterliegen. Der Umgang mit Begriffen in Form von WÖRTERN in sprachlichem Zusammenhang / Sätzen erfordert weitere Differenzierungen sowohl auf kognitiver als auch auf sprachlicher Ebene. Erst an der „richtigen" Verwendung innerhalb der Sprache können wir dann auch am deutlichsten ablesen, ob die kognitiven Differenzierungen erworben wurden.

Beziehungen zwischen Begriffen: Es gibt viele Unterscheidungen, die auf sprachlicher Ebene zu treffen sind, wenn die *Relationen zwischen den Begriffen 'verwörtert'(sprachlich encodiert)* werden.

- Dazu gehören beispielsweise die richtige Deklination (das Buch des Mannes, also hier der Nominativ und der - den Besitz anzeigende - Genitiv) oder die richtige Konjugation (ich gehe, du gehst, er geht). Hier wird also auf sprachlicher Ebene angezeigt, dass zwei Elemente in Beziehung zueinander stehen (das Buch und der Mann; die sprechende Person ich und ihre Tätigkeit - gehe -, oder die angesprochene Person - du - und deren Tätigkeit usw.
- Dazu gehören dann auch die umfassenderen Konstruktionen, bei denen mehr begriffliche Elemente wie Handelnde, Handlungen, Objekte der Handlung in verwörterter Weise in Beziehung stehen.

Bestimmte Zusammenhänge auf der begrifflich-kognitiven Ebene können auf ganz unterschiedliche Weise, unterschiedlichen grammatischen Regeln folgend, verwörtert, d.h. sprachlich encodiert werden: „Der Mann angelte einen Hecht." „Der Hecht wurde vom Mann geangelt." Auf der tieferen (Bedeutungs-)Ebene ist das ja dasselbe. Diese Transformationen haben natürlich grammatischen Regeln zu folgen, die im Laufe des Spracherwerbs allmählich erworben werden. Geht man von den sprachlichen Gebilden aus, so drücken sie also einige (d.h. die verwörterte Auswahl der) Beziehungen auf der Bedeutungsebene aus; hier sind unterschiedliche Begriffe auf unterschiedliche Weise miteinander verbunden. Man spricht auch von semantischen Netzwerken (mit „Knoten" – das sind die Begriffe selbst) und Verbindungen zwischen diesen Knoten, die die Beziehungen zwischen den Begriffen darstellen.[1]

Im obigen Beispiel bin ich bewusst etwas über die Grenzen des bisherigen Themas, nämlich die Betrachtung eines isolierten Konzepts (z.B. ‚Apfel', ‚Mann') und seine „Merkmale", hinausgegangen. Bei Sprachverständnis und Sprachproduktion geht es ja nicht nur um das Verste-

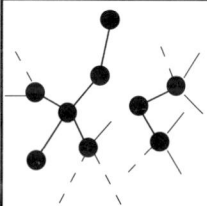

Eine mögliche Art einer Netzwerkdarstellung: Wissenselemente (die Knoten), die zueinander in enger Beziehung stehen, sind hier durch eine Linie miteinander verbunden. (Die gestrichelten Linien weisen auf Merkmale der Kategorien hin.)

[1] ⇒ Kap. 4.4 zur Sprachproduktion: Netzwerkmodelle; propositionale Modelle

51

hen oder Produzieren einzelner Wörter, vielmehr werden Wörter über „richtige" grammatische Strukturen in Beziehung gesetzt, und dies spiegelt dann die „gemeinten" Verbindungen wider.

> In einem englischen Satz z.B. sind die Wörter oft anders angeordnet als in einem deutschen, obwohl dasselbe gemeint ist. („Pete has not yet found the paper." „Pete hat die Zeitung noch nicht gefunden.") Wir müssen beim Produzieren von Sprache also eine „neue" Abfolge schaffen, die sozusagen von der Zeichenebene (also der Sprache selbst und ihrer Grammatik) gefordert wird und von der ursprünglichen, inneren Ebene (das Gemeinte, die Begriffe und deren Relationen) abweicht.

Hier sind wir aber schon bei den Eigenwilligkeiten des sprachlichen Systems selbst angelangt. Ich möchte das Thema hier vorerst beschließen und werde es später in Kapitel 4.4 (Sprachproduktion) fortsetzen.

3.2   Kognitive Entwicklung

3.2.1   Veränderungen in der Intelligenzstruktur im Entwicklungsverlauf

Oben war von der „Intelligenzstruktur" Erwachsener die Rede. Diese Struktur ist natürlich keine angeborene Konstante. Vielmehr zeigen sich in der Entwicklung weit reichende Umorganisationen der Intelligenz und eine Zunahme der Differenziertheit der Intelligenzstruktur. Ein qualitativer Umschlag ereignet sich im zweiten Lebensjahr, ein weiterer zwischen der frühen und der späteren Kindheit. Diese Ergebnisse werden durch die Forschungen Piagets (s.u.) gestützt (Oerter & Montada, 1982). Bevor aber dessen Stufenkonzept der geistigen Entwicklung ausführlicher dargestellt wird, soll ein Blick auf die Bedingungen fallen, welche die geistige Entwicklung zuwege bringen.

3.2.2   Entwicklungsfaktoren (Determinanten der geistigen Entwicklung)

3.2.2.1 Milieu-, Anlagen-, Interaktionstheorien der Intelligenzentstehung

Es gibt Erklärungsansätze, die annehmen, Intelligenz sei ein Produkt der Sozialisation(sbedingungen), also des Milieus, in dem ein Mensch aufwächst. Klar, dass vom behavioristischen Ansatz her dieser Aspekt[1] schon immer sehr hervorgehoben wurde. Eine andere Gruppe von Wissenschaftlern bevorzugte die Hypothese, das Wesentliche bei der Intelligenz sei angeboren und folge einem genetisch verankerten Reifungsprogramm.[2] Man suchte nach eineiigen Zwillingen (d.h. Menschen mit gleichen Erbanlagen), die kurz nach der Geburt getrennt worden waren

[1]Bestimmt die Umwelt, wie sich die Intelligenz entwickelt?

[2]Ist Intelligenz ererbt?

und in sehr unterschiedlichen Milieus gelandet waren, und verglich ihre Intelligenz. Natürlich stellte man fest, dass einiges übereinstimmte und einiges nicht, so dass wieder jeder Argumente für seine These in der Hand hatte. Insgesamt oszillieren die vorherrschenden Standpunkte diesbezüglich im Zeitverlauf deutlich. Nach einer Betonung der Sozialisations-(„Milieu-“)Aspekte werden die genetischen Faktoren heute (in Zeiten der „Gentechnologie“) wieder stärker betont als etwa in einer Zeit, in der man mehr daran glaubte, alles sei machbar, wenn nur die Erziehungsrahmenbedingungen stimmen.

Heute besteht weitgehend Einigkeit, dass genetische, also biologische Bedingungen wichtige Rahmenbedingungen sind, innerhalb derer die Intelligenzentwicklung sich vollzieht; die dann konkret aber von Stimulation, Hilfestellungen von außen, aber auch Möglichkeiten für das Kind, wirklich eigene Erfahrungen zu machen, abhängig ist. Man kann hier von einem „Interaktionsmodell“ der Intelligenzentwicklung[1] sprechen. Ein solches ist das Modell Piagets, in dem dieser vier Entwicklungsfaktoren unterscheidet.

[1] „Interaktion“ im Sinne von Wechselwirkung mehrerer Faktoren

3.2.2.2 Vier Entwicklungsfaktoren bei Piaget (1983)

Mit Entwicklungsfaktoren[2] sind Determinanten der Entwicklung gemeint, also Ursachen, Quellen für Entwicklungsprozesse. Piaget, der wohl berühmteste Erforscher der kindlichen Intelligenz, nennt vier besonders wichtige, die in den vier linken Kästen der Abb. 11 dargestellt sind. Die Theorie Piagets ist somit keine Reifungstheorie der Intelligenz, weil solche biologischen (Reifungs-)Programme eben nur ein Faktor unter mehreren sind. Die Umwelt (das „Milieu“) spielt natürlich ebenfalls eine wichtige Rolle, in ihr lernen wir, sie hält mehr oder weniger angemessene Spielsachen, Lernmittel usw. bereit, um Kinder zu interessieren, zu stimulieren. Es ist also eine Wechselwirkung verschiedener Faktoren, die die Entwicklung auch im geistigen Bereich bestimmt.

[2] Unterscheide: „Entwicklungsfaktoren“ und „Entwicklungsphasen“ (oder „-perioden“, „-stufen“)!

In Abb. 11 wird exemplarisch auf noch etwas hingewiesen (Kästen rechts, zu denen hin Pfeile führen): Reifung und individuelle Erfahrung wirken zusammen. In der frühen Kindheit „wächst“ unser Gehirn auch dadurch, dass es (über unsere Sinnessysteme) stimuliert wird.[3] Es bekommt sozusagen „Futter“ durch unser sensomotorisches Handeln, durch Reize, denen wir uns aussetzen (soweit sie uns nicht überfordern oder uns allzu gewohnt sind), einschließlich der Bewegungs-Selbstwahrnehmung. Verbindungen zwischen Nervenzellen im ZNS wachsen und werden (auf chemisch-elektrophysiologischem Wege) „eingefahren“ bzw. gebahnt. Das Gehirn wird wirklich auch schwerer[4] dadurch, dass wir uns in einer angemessen stimulierenden Umwelt bewegen können.

[3] ⇒ Kap. 2; die Entstehung "neuronaler Modelle" sind Beispiele für solche Art "Wachstum" im ZNS

[4] z.B. bei Ratten in stimulierender gegenüber verarmter Umgebung

53

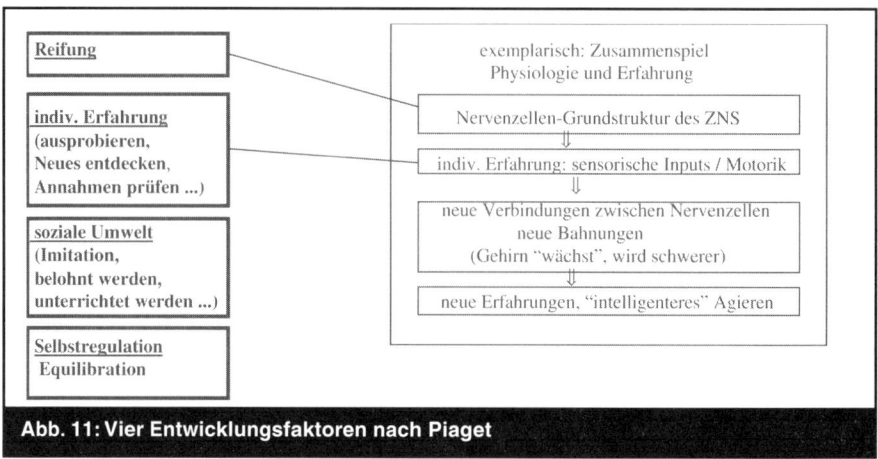

Abb. 11: Vier Entwicklungsfaktoren nach Piaget

3.2.3 Zum Ablauf der kognitiven Entwicklung

Das Modell der „Welterfassung" (Abb. 9) war bewusst so allgemein gehalten, dass es auf alle Entwicklungsstufen zutrifft. Was die konkreten Entwicklungsschritte betrifft, so hat Piaget ein Stufenmodell (Abb. 12) vorgeschlagen. Inhaltlich geht es auf den verschiedenen Stufen um Unterschiedliches (aber aufeinander Aufbauendes), auch wenn der Prozess der „Welterfassung" in einem bestimmten Lebensmoment immer ähnlich abläuft.[1]

[1]Die Theorie Piagets insgesamt ist sehr kompliziert und wird hier sehr vereinfacht dargestellt.

Zur Methodik: Piaget hat zunächst einmal seine eigenen Kinder genau beobachtet, ihnen Fragen gestellt und z.B. Denk-Aufgaben vorgelegt. Seine darauf gründenden Annahmen hat er dann immer wieder versucht, wenn auch mit nicht gerade akzeptabel großen Stichproben, an anderen Fällen (Kindern, Jugendlichen) zu überprüfen. Sein Vorgehen ist immer wieder einfallsreich, auch spielerisch, seine Schlussfolgerungen sind oft etwas gewagt. Seine Art zu forschen ist vielfach kritisiert worden, aber er hat wohl wie kein anderer wirkliche Marksteine der Erforschung der geistigen Entwicklung gesetzt, die heute an Aktualität nichts eingebüßt haben, wenn auch manche konkrete Schlussfolgerung durch nachfolgende Forschung überholt wurde.

[2]Vorwurf des „Adultomorphismus": Wenn Erwachsene das Kind, sein Verhalten, das, was innerlich vermeintlich in ihm vorgeht, aus ihrem erwachsenen Denken heraus deuten und dabei „erwachsene" Denkweisen und Vorstellungen einfach auf das kleine Kind übertragen. (Vgl. Dornes, 1997)

Übersichtlicher wird es dadurch nicht, aber es scheint doch, dass man in der Psychologie gerade durch die neuere Säuglingsforschung, die immer wieder Annahmen aus der Piaget'schen und aus der Freud'schen Tradition überprüft und in Frage stellt, dem zunehmend gerechter wird, was kleine Kinder tun, verstehen können und dass man kritischer sieht, was Erwachsene in sie hineingedeutet haben.[2]

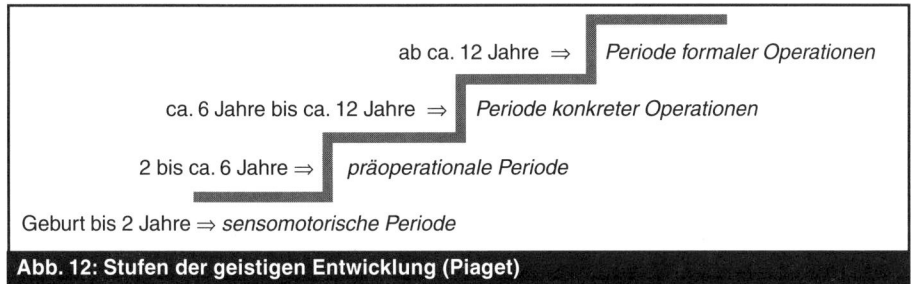

ab ca. 12 Jahre ⇒ *Periode formaler Operationen*

ca. 6 Jahre bis ca. 12 Jahre ⇒ *Periode konkreter Operationen*

2 bis ca. 6 Jahre ⇒ *präoperationale Periode*

Geburt bis 2 Jahre ⇒ *sensomotorische Periode*

Abb. 12: Stufen der geistigen Entwicklung (Piaget)

3.2.3.1 Sensomotorische Periode (Geburt bis 2 Jahre)

In dieser Lebensperiode nähert sich das Kind der Welt - und „verarbeitet" sie - sensomotorisch. Dabei baut es auf angeborenen Schemata auf (Saugen, Greifen, Sehen usw.). Die angeborenen Schemata werden also „benutzt", um mit der Welt umzugehen (an der Mutter saugen, an den eigenen Zehen saugen, an Dingen saugen...); bei dieser Anwendung verändern sich die Schemata in einem Wechselspiel zwischen Reifungsprozessen und den sensomotorischen Erfahrungen: Z.B. entwickeln sich neue Greifformen, aber auch willkürliches Loslassen und schließlich auch die Fähigkeit, etwas gewollt wegzuwerfen. Derartige Entwicklungen gehen untrennbar einher mit Erfahrungsbildung, was Dinge, Personen und den Raum, in dem die Aktionen stattfinden, betrifft. Im Raum herrscht z.B. das Gesetz der Schwerkraft, gegen die man etwas aufhebt, die etwas wieder zu Fall bringt. Die sensomotorischen Erfahrungen begreifen also automatisch solche Naturgesetzlichkeiten wie die damit verbundenen Kausalitäten mit ein. Die „Kenntnisse" über Kausalität, über Gesetzmäßigkeiten der Bewegung im Raum entwickeln sich also mit der sich ausweitenden sensomotorischen Aktivität. Das kleine Kind reagiert auf die Schwerkraft, ohne ‚kognitiv' zu wissen, was das ist.

Das Kind erfährt auch, was Gegenstände überhaupt sind, was sie ausmacht: Es umfährt sie (zunächst ihre äußeren Konturen) mit den Augen; es nimmt visuell und taktil, auch olfaktorisch usw. Kontakt mit ihnen auf. Es schaut den Gegenstand an und greift ihn mit der Hand, schaut weg und hat noch immer den taktil-kinästhetischen Kontakt mit dem Gegenstand; es wird allmählich ein „Gefühl" dafür bekommen, dass Gegenstände auch dann existieren, wenn es sie im Moment gar nicht wahrnimmt, dass also die Gegenstandswelt recht permanent ist, dass auch Personen permanent sind.

Der Vorrat an Schemata wird erweitert, Schemata werden kombiniert (aneinander gereiht; als Mittel zum Zweck eingesetzt etc.).

Piaget hat die Entwicklungsabfolge in der sensomotorischen Periode noch genauer beschrieben und dabei die Periode in 6 Stufen unterteilt. Sicher ist es nicht für alle wichtig, es so genau zu wissen. Als Ergänzung zum Gesagten füge ich hier eine Zusammenfassung seiner Entdeckungen bei.

1. Subphase: 0-1 Monate:

Angeborene Reflexe, auch auf Objekte angewendet (saugen an etwas); Objekt wird aber nicht als solches „verstanden", sondern ist identisch mit den durch es ausgelösten Empfindungen.

2. Subphase: 1-4 Monate:

Gezielte Wiederholungen reflexähnlicher Handlungen, noch deutlich aufgebaut auf den angeborenen Mechanismen (saugen, greifen etc.); vorwiegend vollziehen sich die Handlungen noch am eigenen Körper (z.B. Lutschen am Daumen). Die Wiederholung ergibt sich aus dem angenehmen Zustand am Ende („primäre Zirkulärreaktionen"). Kind merkt, dass ein Objekt (z.B. Daumen) für mehrere Handlungen gut sein kann (greifen, saugen, sehen). Koordination von Greif- und Sehschema. Piaget glaubte nicht, dass allein vom Sehen (ohne Handlung mit dem Objekt) ein relevantes Schema für den Säugling entstehen könnte. Heutige Forschungsergebnisse deuten darauf hin, dass Piaget die kindlichen Möglichkeiten zum Erwerb handlungsunabhängigen Wissens etwas unterschätzt hat.

3. Subphase: 4-8 Monate:

Wiederholungen von Handlungen, etwa wie die primären Zirkulärreaktionen, jetzt aber auch mit neu erworbenen Schemata und an Objekten außerhalb des eigenen Körpers (sekundäre Zirkulärreaktionen). Erste Anzeichen von Intentionalität auf Handlungsniveau (versucht, interessante Ereignisse wieder herbeizuführen; zögert vor Ausübung eines Schemas).

Lässt man einen Gegenstand, den das Kind vorher angeschaut hat, hinter einem anderen verschwinden, geht der Blick ins Leere. Das Kind scheint noch nicht zu ahnen, dass Gegenstände weiterexistieren, wenn sie gerade nicht wahrnehmbar sind (keine Objektpermanenz).

4. Subphase: 9-12 Monate:

Das Kind setzt in dieser Phase bekannte Schemata als Mittel zum Zweck ein (schiebt z.B. die Hand eines Erwachsenen beiseite, um an einen Ball heranzukommen). Das als Mittel eingesetzte Schema wird nun also nicht mehr um seiner selbst willen, lustvoll angewendet, sondern um ein anderes Schema benutzen zu können.

Der A-B-Irrtum: Piagets Kind (10 Monate) hat einen Spielzeugpapagei. Piaget legt ihn zweimal unter das Kissen links vor dem Kind (Versteck A), das Kind schaut zu. Das Kind sucht dann sofort unter A und zieht den Papagei hervor. Dann probiert Piaget Folgendes: Er legt den Papagei unter Kissen A, zieht ihn aber dann langsam vor den Augen des Kindes nach rechts unter das Kissen B. Erstaunlicherweise sucht das Kind jetzt unter A, nicht unter B. Piaget interpretiert dieses häufige Verhalten der Kinder so, dass sie Objekt (Papagei) und Handlung (Kind zieht ihn unter A hervor) noch nicht trennen. Sie meinen noch, mithilfe der alten erfolgreichen Handlung (Griff unter Kissen A) erschiene nun auch das Objekt. Das Objekt ist noch nicht eigenständig permanent, es verliert diese Eigenschaft wieder, wenn es den Ort verlässt und wird Teil einer Handlung.

5. Subphase: 12-18 Monate:

Kind wiederholt alte Verhaltensweisen immer wieder und variiert sie dabei leicht, so dass neue Handlungen daraus entstehen. Es nimmt z.B. einen Gegenstand und lässt ihn fallen, lässt ihn dann an anderem

*Ort fallen, dann auf einen anderen Gegenstand, wirft ihn dann etwas
weiter weg usw. Durch diese Variationen alter Schemata entstehen neue
Handlungsmuster (z.B. wegwerfen), die Piaget dann tertiäre Zirkulärreaktionen nennt. Gleichzeitig macht das Kind auf diese Weise (Sachen runterwerfen, wegwerfen usw.) neue Erfahrungen mit dem Raum.
Es stellt fest, dass es mehr Kraft braucht, um etwas weiter zu werfen,
dass Objekte immer nach unten fallen, eine Flugbahn haben usw. Es
bemerkt, dass es verschiedene Wege zum gleichen Ziel gibt, dass man
Wege „umkehren" kann, dass also bestimmte Gesetzmäßigkeiten für
die Bewegung im Raum gelten. Nicht, dass das Kind dies als Gedanken im Kopf entwickelte; es erfährt dies vielmehr sensomotorisch durch
seine wiederholten Handlungen.*
*Kind sucht gleich unter B (obiges Beispiel des A-B-Irrtums). Der Ge-
genstand ist nicht mehr an die praktische Situation gebunden, sondern
hat eigenständige Permanenz.*
Zur 6. Subphase: 18-24 Monate siehe den folgenden Abschnitt.

3.2.3.2 Letzte Stufe der Sensomotorik (18-24 Monate) und präoperationale Periode (2 Jahre bis ca. 6 Jahre)

Das Kind kommt nun in die Lage, sich innerlich Vorstellungsbilder zu
machen, also anschauliche Vorstellungen von Dingen, Personen, Vorgängen; mit ca. 1½ Jahren ist es in der Lage, sich so etwas vorzustellen,
auch wenn das Vorgestellte gerade gar nicht wahrnehmbar ist. Nach
Piaget entstehen solche Vorstellungsbilder zunächst im Rahmen der
(motorischen) Nachahmung von Vorgängen und auch Gegenständen
durch das Kind; nach anderer Auffassung entstehen diese Vorstellungen mehr dadurch, dass das Kind aus Erfahrungen mit Gegenständen
oder Vorgängen immer mehr die visuellen Aspekte herausisolieren kann.

Das Kind konstruiert sich sozusagen eine vorstellungsmäßige innere
Welt. Es ist eine aktiv-konstruierte Welt[1], nicht ein Abziehbild der äußeren Welt. Diese innere Welt wird zunehmend komplexer.

[1]Man bezeichnet Piagets Standpunkt auch als den des „kognitiven Konstruktivismus".

Unstrittig ist inzwischen, dass es komplexe Imitationsverhaltensweisen von Geburt an gibt. Es handelt sich bei diesen frühen Imitationen (die sicher früher auftreten als Piaget annahm) um Nachahmungen
bei anwesendem Objekt, also fast während das Modell noch die Handlung vormacht. Zunächst wurde dies eher gelegentlich schon bei 12 bis
21 Tagen alten Kindern festgestellt (Fingerbewegungen oder Mund-O-
Form Erwachsener werden imitiert etc.). Säuglinge ab 4 Monate imitieren ihre Mütter deutlich und auch umgekehrt; beide beeinflussen sich
dadurch wechselseitig: Händeklatschen, Arm- und Fingerbewegungen,
Kopfnicken, Objekte in den Mund nehmen etc. Die aufgeschobenen,
deutlich zeitversetzten Imitationen bei abwesendem Objekt finden wir
dann erst gegen Ende der sensomotorischen Periode. Sie deuten auf
internalisierte Erfahrungen hin, auf innere Repräsentationen (im Sinne
von Konstruktionen) wahrgenommener Handlungsabläufe, also bereits
auf etwas deutlich Kognitives.

Imitation als Indikator für interne Repräsentation

57

Ganz ähnlich ist es mit den sehr frühen Anzeichen von <u>Objektper-</u><u>manenz</u>: Das Kind scheint anfangs einen verschwundenen Gegenstand zu vermissen oder zu erwarten, aber nur, wenn noch eindeutige Hinweisreize darauf in der Situation enthalten sind. Dies ist noch keine wirklich entwickelte Objektpermanenz, schon gar keine Vorstellungsfähigkeit. Nehmen wir das Beispiel vom Löwen, der eine Gazelle gejagt hat, die aber hinter einem Busch verschwindet; er sucht nach ihr; der Busch ist der Hinweisreiz, der ihn die Handlung fortsetzen lässt. (Das heißt noch lange nicht, dass sich der Löwe auch irgendwo hinlegen und in sich das innere Bild einer Gazelle abrufen könnte, sie sich also vorstellen oder halluzinieren könnte.) Beim Kind wird die letzte Sicherheit, was Objektpermanenz betrifft, erst mit ca. 1 ½ Jahren erreicht.

Auch kommt das Kind in die Lage, <u>Symbolhandlungen</u> zu vollziehen. Dabei setzt es eine innere Vorstellung von einem Gegenstand in Handlung um. Man breitet z.B. die Arme aus und fliegt als Flugzeug über die Wiese. Auch hier zeigt sich, dass es eine innere Vorstellung von diesem Gegenstand (Flugzeug) und dessen „Verhaltensweisen" gibt, also eine innere Repräsentation. Man weiß zugleich, dass dies ein „Symbol" ist (dass man „nur so tut als ob").[1] Bei der Sprache ist es genauso: Man benutzt ja jetzt die Wörter und weiß ganz genau, dass das Ding einen Namen hat, dass aber weder der Name noch die damit verbundene innere Vorstellung das Ding ist.

Die 6. Stufe der sensomotorischen Periode leitet über in die <u>präope-</u><u>rationale Periode</u>. Immer deutlicher wird das Sensomotorische durch etwas mehr Innerliches teils ersetzt, aber auch ergänzt. Innerlich als Vorstellungsbild und auch als Wissen Repräsentiertes einerseits und Sensomotorisches andererseits durchdringen einander immer mehr. Der „Bruch" in der Intelligenzentwicklung mit ca. 2 Jahren ist recht gut belegt. Das eigentlich Innere, das auch im umgangssprachlichen Sinne Geistige, bekommt allmählich Vorrangstellung. In der folgenden langen Phase wächst das innere Bild der Welt an, und das Kind versteht ansatzweise, aber noch sehr instabil und mit vielen Irrtümern, wie die Welt der Dinge aufgebaut ist (sortiert werden kann) und welche Zusammenhänge bestehen. Entsprechend diesem wachsenden Verständnis wird die innere Welt verändert und umkonstruiert.

Allgemein lässt sich die präoperationale Periode durch folgende Merkmale charakterisieren:

- zunehmende innere Repräsentation, Vorstellungsbilder
- symbolische Schemata werden im Lauf dieser Phase immer mehr und immer wieder im Spiel eingesetzt (z.B. Vorstellungen von der Hexe oder dem Indianer)
- anschauliches Denken (nicht Denken in abstrakten Begriffen)
- Interesse an Symbolen, Geschichten, Bildern, die als Abbilder der Wirklichkeit verstanden werden
- Pläne, die das Kind im Kopf hat, handelnd umsetzen (Sandkasten, Lego...)
- zunehmendes Klassifikationsverständnis, aber noch fehlerhaft
- Zahlenverständnis beginnt

Objektpermanenz als Indikator für interne Repräsentation

Symbolhandlungen als Indikator für interne Repräsentation

[1] ⇒ Kap. 3.3.4

58

Hervorzuheben sind folgende Details der Entwicklung in dieser Phase:

In der ersten Hälfte der Phase (2-4 Jahre) hat das Kind Probleme, das Verhältnis von <u>Teil und Ganzem</u> zu verstehen. Beispiele:
- Kind behauptet, das Haus der Großmutter ist Köln.
- Klasse „hölzerne Perlen": Nehmen wir an, vor dem Kind liegen einige weiße und viele braune Perlen. Das Kind kann das in der präoperationalen Periode allmählich richtig feststellen. Fragt man: Gibt es mehr Holzperlen oder mehr braune Perlen? Dann sagt das Kind meist: Mehr braune. Fragt man, wie es darauf kommt, antwortet das Kind meist: Weil es so wenige weiße gibt.

Das Kind hat auch Probleme damit, Gegenstände, die mehrere Eigenschaften haben, in stabile Gruppen aufzuteilen, also <u>Klassifizierungsprobleme</u>:
- Dinge werden mal nach Farbe, mal nach Form sortiert, ohne bei einem Kriterium zu bleiben: Im Verlauf des Ordnungsprozesses ändern sich die Kriterien (das Kind macht eine Reihe von 4 Quadraten, von denen die letzten rot sind, dann macht es mit roten Kreisen weiter....)

Beispiele von Piaget bezüglich des Einsatzes symbolischer Schemata bei Nachahmungen im Spiel, ab eineinhalb Jahre bis hinein in die präoperationale Phase (vgl. Baldwin, 1974):
- Kind von einem Jahr, 6 Monaten, also 1; 6: Kind macht einem Hund vor, wie man weint und lässt dann andere Gegenstände „weinen" (Projektion eines symbolischen Schemas auf neue Objekte)
- 1; 7: Kind tut so, als läse es eine Zeitung und zeigt mit dem Finger bestimmte Textteile; lässt seine Puppe telefonieren (Projektion eines imitativen Schemas auf neue Objekte)
- 1; 8: Kind sagt zu einer Muschel Tasse; nimmt die Muschel und tut so, als würde es daraus trinken (Identifizierung eines Objekts mit dem anderen)
- 2; 1: Komplexere symbolische Kombinationen von Schemata zeigen sich z.B., wenn ein Kind seiner Puppe ausführlich erzählt, was es auf der Straße zu sehen und zu hören gibt.
- 2; 4: Kind tut mit einem Gegenstand etwas, was es mit einem anderen Gegenstand nicht tun darf. Es ersetzt ein Objekt durch das andere und behält die Verhaltensweise bei.
- 4; 6: Kind führt Zwiegespräch mit anderer Person, wobei die andere Person das Kind selbst und das Kind die andere Person darstellt (Rollenwechsel)

Magisches Denken in der präoperationalen Periode:
- Kinder erklären sich in dieser Phase Vorgänge großteils sehr anschaulich; oft übertragen sie Absichten, Beseeltheitsannahmen auf Gegenstände, teils glauben sie an magische Kräfte und Zauberwesen (Der Wind bläst die Wolken. Aber auch: Die Wolken machen den Wind. Riesen haben die Felsen auf den Berg gerollt...) und erklären sich auf diese Weise Gegebenheiten. Immanente Gerechtigkeit: Ein Kind hat Plätzchen stibitzt und fällt danach in den Bach. Es kann sein, dass es diesen Ausrutscher als Strafe für das Stibitzen der Plätzchen ansieht. Natürlich haben auch „erwachsene" Formen von Aberglauben ihre Wurzeln hier. Auch im Denken von Zwangs-

neurotikern steckt viel aus dieser Entwicklungszeit (nur wenn ich 7 mal die Haustür kontrolliere, bin ich sicher....). Auch religiöse und Kulthandlungen erinnern an diese Art des Denkens (wenn ich dreimal den Rosenkranz gebetet habe, ist mir die Sünde vergeben und ich kann beruhigt schlafen....)

[1]⇒ Kap. 3.2.1

Wie bereits erwähnt[1], belegen auch breiter angelegte Untersuchungen zur Intelligenzstruktur von Kindern einen „Bruch" in der Entwicklung für das Alter von ca. 6 Jahren, also zugleich mit dem üblichen Einschulungsalter. Das Denken löst sich allmählich von der anschauungsgebundenen Form, es wird, wenn man so will, geistiger und logischer.

3.2.3.3 Periode konkreter Operationen und Periode formaler Operationen

Zeitlich wird die Periode konkreter Operationen bei ca. 6 Jahren bis ca. 12 Jahren angesiedelt und die Periode formaler Operationen ab ca. 12 Jahre; bei letzterer ist aber der Beginn am unklarsten, viele treten nie in dieses Stadium ein, sondern bleiben auf konkret-operationaler Ebene. Mit „Operationen" sind gedankliche Operationen gemeint. Kinder entwickeln nun immer mehr Verständnis der Prinzipien, die hinter den Ereignissen und Vorgängen liegen, also z.B. der Naturgesetzlichkeiten oder der Ordnungsgesichtspunkte. In der Periode konkreter Operationen zeigt sich dies im Umgang mit den konkreten Dingen, in der Periode formaler Operationen können Jugendliche dann Operationen im Kopf, auch ohne Anschauungsmaterial, vollziehen, also abstrakter denken, vor allem auch vorausschauend und systematisch denken.

[2]Sehen andere die Welt so wie ich?

Ein wichtiger Aspekt der Periode konkreter Operationen ist die sichere Lösung vom Egozentrismus.[2] In dieser Periode kommt die Fähigkeit des Kindes zur vollen Ausprägung, im Kopf Veränderungen von etwas konkret Gesehenem, Vorgegebenem, vorzunehmen, also quasi „umzukonstruieren". Das Kind vorher wird von Piaget als weitgehend „egozentrisch" gesehen: Es ging davon aus, dass andere die Welt genauso sehen wie es selbst gerade. Das ändert sich nun. Das Kind kann sich zunehmend vorstellen, dass etwas von anderem Standpunkt aus ganz anders aussieht. Wenn ein Kind z.B. die Anordnung eines Baumes und eines Hauses (oder dreier Berge) vor sich auf dem Tisch sieht, wird es gefragt, wie sich dies einem Kind darstellt, das an einer anderen Seite der Anordnung steht. Nur das nicht-egozentrische Kind kann sich verlässlich von der momentanen eigenen Perspektive lösen. Diese Fähigkeit ist z.B. unabdingbar, wenn man in einem Konflikt steht. Die Lösung vieler Konflikte ist nur möglich, wenn man bereit (und fähig dazu) ist, sich vorzustellen, wie die Interessenlage für den Gegner aussieht.

Ein weiterer wichtiger Zug des Denkens, das nun entsteht, ist die Fähigkeit, mehrere Dimensionen eines Problems gleichzeitig mitzubedenken. Dies wird z.B. deutlich, wenn ein Kind versteht, dass eine Wassersäule in einem Glas hoch und breit ist; wenn man das Wasser in ein anderes Gefäß umschüttet, kann die Höhe evtl. geringer sein, dafür

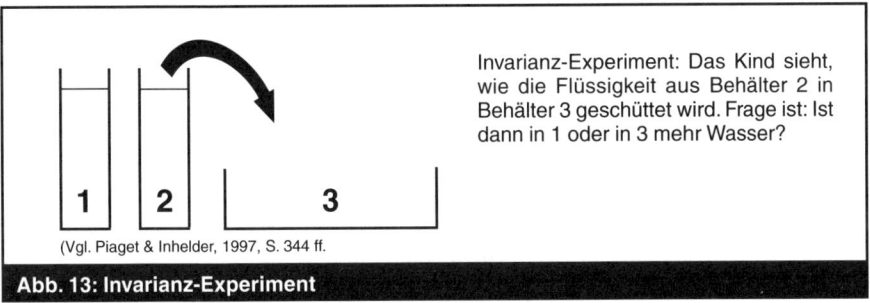

Invarianz-Experiment: Das Kind sieht, wie die Flüssigkeit aus Behälter 2 in Behälter 3 geschüttet wird. Frage ist: Ist dann in 1 oder in 3 mehr Wasser?

(Vgl. Piaget & Inhelder, 1997, S. 344 ff.

Abb. 13: Invarianz-Experiment

erscheint die Menge aber breiter; invariant bleibt die Wassermenge, trotz der „Varianz" des äußeren Erscheinungsbildes (siehe Abb. 13).

Das Denken ist nun „dezentriert", kann sich von einem Teilaspekt des Problems (z.B. Wasserstandshöhe) lösen und einen anderen Aspekt mit berücksichtigen. Diese Fähigkeit ist auch erforderlich, wenn herauszufinden ist, welche Figur in das leere letzte Feld kommt (Abb.14). Man muss nicht nur die Form, sondern zugleich auch eine weitere Dimension beachten, nämlich die Farbe (hier durch die Abstufungen weiß-grau-schwarz dargestellt). Aus den Figuren a-c ist die zutreffende auszusuchen. (Übrigens eine Aufgabenart, die auch in einem Intelligenztest vorkommen kann!)

Im Denken kommt nun auch die Fähigkeit zur Reversibilität zum Tragen. Das Kind kann sich Veränderungen, auch Rückgängigmachen eines Vorgangs, im Kopf vorstellen.

Das oben genannte Invarianzproblem kann ja auch so gelöst werden, dass man sich vorstellt, was passierte, wenn die Flüssigkeit aus dem Gefäß 3 wieder in das Gefäß 2 zurückgegossen würde: Wenn man nichts verschüttet, müsste es also so viel wie vorher sein, d.h. wie in Gefäß 1.

Das Kind versteht in zunehmendem Maße ein- und mehrdimensionale Anordnungen, kann also z.B. Gegenstände nicht nur der Größe nach (einfache Seriation), sondern dann auch nach zwei oder mehr Dimensionen (Größe, Höhe) sortieren und natürlich immer besser in Klassen einteilen und die Verhältnisse von Klassen zueinander verstehen. Die Fähigkeiten zum Umgang mit Ordnungs- und Klassifikationspro-

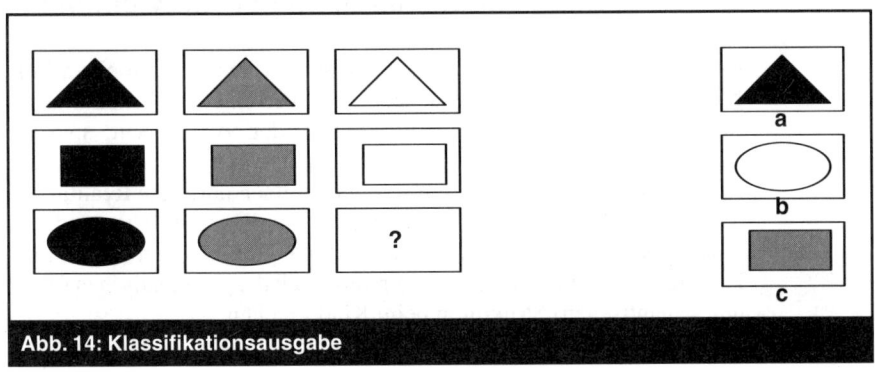

Abb. 14: Klassifikationsausgabe

61

blemen entwickeln sich deutlich. Das Kind versteht z.B. hierarchische Anordnungen (etwa den hierarchischen Aufbau des Tierreichs, wenn man ihm entsprechende Karten oder Bilder zum Sortieren vorlegt). Die in der präoperationalen Periode gegebenen Probleme wie z.B. das Teil-Ganzes-Problem (s.o.) werden überwunden.

In der Periode formaler Operationen kann der Heranwachsende (vor allem von ca. 12 Jahren an) auch abstrakter denken, mit abstrakten Begriffen umgehen und Probleme wirklich systematisch und experimentell angehen. Eine formale Operation wäre es z.B., wenn man am Schreibtisch einen Versuch planen könnte, mit dessen Hilfe man die Hebelgesetze erkunden könnte.

Beim Versuch, physikalische Gesetzmäßigkeiten festzustellen, geht es um Variablenkontrolle und Hypothesenbildung. Welche der möglichen Einflussfaktoren hält man konstant, welchen variiert man, um Effekte dieser Variation prüfen zu können? Von welchen Faktoren hängt es also ab, wann ein Pendel schneller, wann langsamer pendelt? Wann ist eine Balkenwaage im Gleichgewicht? Möglichkeiten werden auf der Basis eines Plans erkundet.

Das formal-operatorische Denken ergänzt im Jugendalter normalerweise das konkret-operatorische. In diesem Stadium kann der Jugendliche also über die gegebenen Informationen hinausdenken, sich künftige Ereignisse vorstellen. Es werden kombinatorische Strukturen gebildet, die die Basis systematischer Hypothesenbildung und planvollen Experimentierens darstellen. Der Jugendliche klebt nicht mehr an den gegebenen Informationen. Er abstrahiert aus Beobachtungen und Aussagen mögliche Einflussvariablen, erstellt ein System möglicher Kombinationen solcher Einflussvariablen. Auch die Operation mit rein abstrakten Begriffen und Theorien gehört hierher.

kombinatorische Strukturen

Mit der Ausbildung formal-operatorischer Denkmöglichkeiten ist der Mensch nach Piaget kognitiv „erwachsen".

3.3 „Kognitivistischer" Blick auf spezielle Entwicklungs-Themen

3.3.1 Von kognitiven zu sprachlichen Strukturen; Syntax und Semantik in der Entwicklung

Es handelt sich beim vorliegenden Abschnitt insofern um einen Vorgriff auf das Kapitel über Sprache, als dort verschiedene Erklärungsansätze für den Spracherwerb vorgestellt werden. Andererseits sind die Themen Sprache und Kognition so ineinander verwoben, dass Vor- und Rückverweise zwischen diesen Kapiteln einfach nur diese Realität widerspiegeln. Vor allem seit einer Analyse von Bloom (1970) wird von vielen Forschern die kognitive Entwicklung – und weniger angeborene Faktoren – als Grundlage für den Erwerb auch der grammatischen (nicht nur semantischen) Strukturen beim Kind gesehen.

„Beziehungen von Wörtern in einem Satz sind **semantische** Beziehungen, wenn sie darauf basieren, wie die Objekte/Personen/Handlungen, die die Wörter benennen, in der außersprachlichen Situation in Beziehung stehen. Beziehungen zwischen Wörtern sind **syntaktische** Beziehungen, wenn sie darauf basieren, welche Funktion die Wörter innerhalb des Satzes haben." (Szagun, 1986, S. 131)

Sowohl für die semantische Ebene (Personen/Handlungen/Objekte) als auch für die syntaktische (Subjekt/Prädikat/Objekt) können kognitive Entwicklungsgrundlagen angenommen werden. Zum Beispiel muss das Kind erst die Erfahrung machen, dass der Gegenstand nicht mit zur Handlung gehört und auch kein Teil der Person ist, die etwas mit dem Gegenstand macht. Ich muss ihn als Einheit aus dem Geschehen und Wahrnehmungsumfeld herausisolieren können. Das hat natürlich auch mit dem Figur-Grund-Prozess[1] zu tun. Erwachsene helfen dem Kind oft   [1]⇒ Kap. 2
in kleinen demonstrativen Spielen, diese Erfahrung zu machen (vgl. Bruner, 1982).

> Aus der Perspektive des Kindes lässt sich das so beschreiben: Mal hat die Mutter den Ball, mal gibt sie ihn mir, vielleicht mal dem Vater oder dem Geschwister.... Dabei hilft sie mir im Spiel, kognitiv-perzeptuell aus dem Gesamtereignis die Kategorie „Akteur" (Handelnder) herauszuisolieren. Weiterhin hilft sie mir, damit klar zu werden, dass es ein Objekt (den Ball) gibt, aber auch andere Dinge, die man werfen, fest halten etc. kann. Dann hilft sie im Spiel, herauszudifferenzieren, was eine Handlung, Tätigkeit ist: Mal rollt sie den Ball, mal wirft sie ihn in die Luft usw. (Gegenstand bleibt derselbe, Akteur bleibt derselbe, nur die Handlung variiert). Das Kind kann so die Erfahrung machen, dass Akteur, Handlung und Objekt unterschiedliche „Einheiten" sind. Diese Differenzierungsleistung ist (auch) notwendig, um dann die sprachlichen Kategorien Subjekt, Objekt, Prädikat verwenden zu können.
> Man könnte, wie in Kapitel 4.5.4.1 über den „nativistischen" Erklärungsansatz zum Spracherwerb noch ausgeführt werden wird, mutmaßen, diese Kategorien seien uns schon angeboren. Plausibel ist aber die in der modernen Entwicklungspsychologie gut bestätigte Annahme, dass wir eine Menge geholfen und vorstrukturiert bekommen, so dass es uns dann möglich oder leicht wird, diese Einheiten in uns zu bilden. (Vgl. Stern, 1992; Bruner, 1977, 1982) Ob der Weg, auf dem diese Einheiten als gesondert voneinander in unsere Köpfe gekommen ist, wirklich primär solche Spiele der Bezugspersonen mit uns als Kindern war, ist fraglich; es erscheint kaum plausibel, dass Menschen nicht über korrekte Grammatik verfügen, wenn mit ihnen (wie das in manchen Kulturen der Fall ist) nicht genau diese Art von Spielen gemacht wurden. Plausibel erscheint aber, dass Bezugspersonen helfen, Realität zu strukturieren und strukturiert so wahrzunehmen, dass damit (z.B. dann sprachlich) „weitergearbeitet" werden kann.

Auch für andere sprachliche Entwicklungsschritte lassen sich derartige Grundlagen in der kognitiven Entwicklung angeben. Beispiele:

- Singular / Plural-Unterscheidung. Dann die Mengen- und Zahlenbezeichnungen; über Letztere zu verfügen setzt dann aber schon die Entwicklung des Zahlenverständnisses (vgl. Oerter & Montada, 1982, S. 396) in der späten präoperationalen und in der konkret-operationalen Periode voraus. Es geht also um Unterscheidungen wie Frau - Frauen; eine / die Frau; wenige - viele; eine, zwei, drei...hundert Frauen usw.
- Genus / Geschlecht: *die* Frau - *der* Mann - *das* Haus; dies setzt auf kognitiver Ebene natürlich die entsprechenden Differenzierungen voraus. – Übrigens: Auch wenn sprachlich diese Unterscheidungen längst da sind, sind Aspekte der geschlechtlichen Identität noch nicht voll entwickelt - weder auf der Ebene der Persönlichkeitsentwicklung noch auf kognitiver Ebene; vgl. Kohlberg, 1974, S. 334 ff. Im Deutschen gibt es auf sprachlicher Ebene dann ferner Geschlechtsdifferenzierungen, die begrifflich-inhaltlich oft gar nicht nachvollziehbar sind, aber doch gelernt werden müssen, z.B. *die* Blume, *der* Überfall, *das* Missgeschick....
- Tempus / Zeit: *geht - ging - wird gehen* ... die richtige sprachliche Verwendung setzt auf kognitiver Ebene die Entwicklung zumindest einer ansatzweisen Zeitperspektive voraus.

Werfen wir nun noch einen Blick auf das Verhältnis zwischen der Entwicklung von Wortbedeutungen (semantische Ebene) und Begriffsentwicklung! In diesem Buch kann die Frage, in welcher Beziehung „Bedeutung" (gemeint ist die Bedeutung des Wortes) einerseits und „Begriff" oder Konzept identisch sind, nicht weiterverfolgt werden. Szagun (1986, S. 193) umreißt das Problem so:

„Was ist das für ein Wissen, das hinter den Wörtern steht: Ist es durch ein linguistisches System semantischer Beziehungen beschreibbar, oder stellt es eine geistige Struktur von Erfahrung und deren wiederholte Umstrukturierung dar?"

Semantische Merkmalstheorie

Clark (1973, 1983) hatte in der „Semantischen Merkmalstheorie" u.a. angenommen, dass der kindliche Begriff zunächst aus perzeptuellen Merkmalen (rund, rot...) besteht und dass zuerst breite Merkmale den Begriff ausmachen. Szagun kritisiert an Semantischen Merkmalstheorien unter anderem, dass hier von Merkmalen (die den Begriff ausmachen) ausgegangen wird, die aus linguistischen Analysen der Erwachsenensprache genommen sind, dass sie entwicklungsinvariant und zu abstrakt sind. Sie weist darauf hin, dass ein Kind bei einer Pfütze wissen mag, was „tief" ist, nicht aber bei einem See oder Schrank. Das Erwachsenenverständnis von „tief" im Sinne eines „semantischen Merkmals" kann nicht einfach auf die sich wandelnde und entwickelnde Erfahrungswelt des Kindes übertragen werden.

„Es ist die Erfahrung des Kindes mit seiner Umwelt und die geistige Strukturierung dieser Erfahrung, die die entwicklungsmäßig fungierenden Merkmale hervorbringt." (Szagun 1986, S. 194) – So kommt es z.B., dass kleine Kinder *alt* wie *groß* und *jung* wie *klein* verstehen, dass also die Bedeutung dieser Wörter nicht durch abstrakte, kontextunabhängige Komponenten ausgemacht wird.[2] Folgt man dieser Argumen-

[2]⇒ Kap. 3.1.4: Begriff, Konzeptgenerierung

tation, muss man hinter der Entwicklung der „Bedeutungen" (semantischen Entwicklung) eine Begriffsentwicklung sehen, die jeweils auf verallgemeinerten Erfahrungen des Kindes in seiner jeweiligen Entwicklungssituation beruht. (Dann ist dieses Thema freilich in einem Kapitel über „Kognition" gut aufgehoben, obwohl man dies natürlich auch unter der Rubrik „Spracherwerb" abhandeln könnte.)

Szagun (1986) beschreibt, wie man sich nach der „funktionalen Kern-Hypothese" von Nelson (1974) die ersten Begriffsbildungsschritte beim Kind vorstellen kann.

> Das Kind erlebt in der Situation 1 den Ball im Wohnzimmer, auf der Veranda; die Mutter wirft ihn, hebt ihn auf, hält ihn fest; ich hebe ihn auf, halte ihn fest...; der Ball rollt, hüpft; mal auf dem Boden, mal unter der Couch.....
> In der Situation 2 erlebt das Kind, wie auf dem Spielplatz ein Junge den Ball wirft, fängt, wie dort der Ball rollt, hüpft, mal auf dem Boden, mal unter dem Zaun durch. Es können daraus abgeleitet werden: Ort der Tätigkeit (Wohnzimmer, Veranda, Spielplatz), Handelnder (Mutter, ich, Junge); Handlung (werfen, aufheben, fest halten...), Ort des Objekts (auf dem Boden, unter der Couch....), aber auch die Bewegung des Balles: rollen, hüpfen.

Bei der ersten Begriffsbildung geht es um diesen funktionalen Kern des Begriffs: rollen, hüpfen machen den Ball selbst aus. Es sind diese funktionalen Aspekte, erst später folgen perzeptuelle Merkmale (rot, rund usw.), die nach Nelson die erste Begriffsbildung ausmachen. Gerade Bewegung und Tätigkeit sind für Kinder bedeutsam![1]

funktionaler Kern

Der Begriff kann auch ohne das Wort „existieren", d.h. im Kind vorhanden sein, bevor ein Wort beigefügt ist. Zum Begriff Ball gehören demnach einerseits der funktionale Kern; zum andern aber darüber hinaus, also nicht zum eigentlichen Kern gehörig, auch die implizierten Beziehungen (Handlung, Handelnder, Lokalisierung), dann auch beschreibende Merkmale wie Form oder Größe, schließlich auch Namen.

[1]⇒ Kap. 2: „Propriozeption"; „körpernahe Sinne"

Bekannt geworden ist noch der Ansatz von Rosch (1975), der sog. Prototypen-Ansatz. Dieser Ansatz hat viel Ähnlichkeit mit Vorstellungen von Piaget. Der Prototyp (in uns) ist der „typische Vertreter" der Klasse. Z.B. hat sich in mir das Bild des „typischen Extravertierten" gebildet. Er ist Vertretern anderer Klassen (z.B. den Introvertierten) besonders unähnlich, er vereinigt die relevanten Merkmale des „Extravertierten" auf sich. Unklar bleibt bei diesem Ansatz, wieso gerade diese bzw. welche Merkmale zum Prototypenaufbau herangezogen werden. Wahrscheinlich wird der Prototyp beim frühen Begriffsaufbau herangezogen, beim weiteren Begriffsaufbau ist er nicht mehr so wichtig.

Prototypen-Theorie

Wichtige Dimensionen, anhand derer sich die Entwicklung auf der Begriffs- und Wortbedeutungsebene beschreiben lässt, sind unter anderem:
- Situations- und Objektabhängigkeit (erste Begriffe beziehen sich auf konkrete Objekte, nicht auf Klassen)
- Abstraktheit (erst später kommen Merkmale hinzu, die keine sinnlich-wahrnehmbaren Qualitäten haben)

65

- Strukturiertheit (die ersten Begriffe sind, etwa im Sinne von Piagets „Vorbegriff", vage, in sich wenig differenziert)
- Bewusstheit
- logische Konsistenz

(vgl. Seiler & Wannenmacher, 1985)

3.3.2 Erwerb kommunikativer Kompetenz

Es gibt verschiedene Aspekte kommunikativer Kompetenz, so z.B. die Fähigkeit, nonverbale Signale des Gegenübers zu „decodieren" oder eigene Absichten nonverbal zu „encodieren" - man denke etwa an nonverbale Facetten des Flirts[1]. Ein anderer Aspekt der kommunikativen Kompetenz ist die „Benennungsflexibilität", also die Fähigkeit, jemandem etwas situationsadäquat zu benennen. Experimente hierzu wurden von Olson (1970) durchgeführt und z.B. von Herrmann (1985) in den Rahmen seines Ansatzes vom „Hörer/Sprecher als informationsverarbeitendem System" gestellt. (Ich entferne mich bei der Darstellung in Details vom Laborexperiment, um deutlicher zu machen, worum es inhaltlich geht.)

[1]⇒ Kap. 4.1.3

> Nehmen Sie an, Sie allein schauen in eine Holzkiste, in der verschiedene, unterschiedlich geformte und gefärbte Holzklötze liegen; Ihr Partner schaut derweil in eine andere Kiste, die genau gleiche Holzklötze enthält, und Sie sollen diesem Partner einen ganz bestimmten Holzklotz benennen. Sie wissen, welche Klötze Ihr Partner zu sehen bekommt. Was werden Sie tun, nach welchen Kriterien werden Sie Ihre „Benennung" wählen? Sie werden klarerweise Ihre Aussage (Benennung) davon abhängig machen, was Sie darüber wissen, welche Klötze Ihr Partner vor sich hat (was er sieht). Sie könnten z.B. sagen „der Weiße"; in einem anderen Fall (wenn Ihrer beider Holzklotzsammlung anders zusammengesetzt ist) würden Sie hingegen sagen „der runde hohe Weiße". Wir können aus der Art der Benennung rückschließen, wie die Gesamtheit der Holzklötze im ersten und im zweiten Fall beschaffen sein dürfte. Im ersten Fall dürfte es sich um Klötze handeln, die einander nur in der Farbe unterscheiden, wobei ein einziger weißer Klotz dabei sein dürfte. Im zweiten Fall gibt es offenbar mehrere weiße Klötze, sogar mehrere weiße runde, so dass Sie ein weiteres Merkmal (hoch) nennen müssen, um den speziellen zu benennen; wir können aber annehmen, dass es davon dann nur einen gibt.

Man sieht daran übrigens auch wieder, dass ein Ding nicht einfach eine über Situationen hinweg konstante Ansammlung von Merkmalen ist, sondern dass wir zumindest in der Kommunikation auswählen, welche Merkmale mitgeteilt werden. - Der gemeinte Klotz „besteht" also nicht generell in unserer inneren Repräsentation aus den Merkmalen weiß, rund, hoch, sondern nur je nach Kontext. Herrmann meint, wir „generieren" ein Konzept also je nach Bedarf und Gegebenheiten, so wie es oben schon am Beispiel des Konzepts „Apfel" illustriert wurde.

Abgesehen von dieser interessanten Erkenntnis über Konzepte (hier: Holzklötze) liefert das oben genannte Experiment aber noch einige andere, von denen ich zwei hervorheben möchte: (1) Wir können nur flexibel benennen (also mal sagen „der Weiße", mal „der runde hohe Weiße"), wenn wir in uns eine Vorstellung davon entwickeln können, was (welche Bauklotzmenge) der andere Kommunikationspartner eigentlich vor sich hat. (2) Wir können nur „richtig" flexibel benennen, wenn wir selbst über gewisse Klassifizierungsmöglichkeiten (in unserem Kopf) verfügen. - Wenn es mit solchen Fähigkeiten bei uns nicht weit her ist, würden wir vielleicht den gemeinten Klotz anschauen und sagen „der da", wie Kinder das oft tun. Wir würden dabei ganz „egozentrisch" (im Sinne Piagets) davon ausgehen, dass der andere nicht nur dieselben Klötze wie wir vor sich hat, sondern sogar gerade denselben anschaut. Wenn ein anderer Klotz gemeint wäre, würden wir halt den anderen anschauen und sagen „der da!". „Verstehen" würde freilich unser Partner so gut wie nichts. (Vielleicht würden wir Krach kriegen, weil er was ganz anderes „versteht", als wir gemeint haben, wir aber ganz sicher sind, dass wir uns klar ausgedrückt haben; das Problem gibt es ja bekanntlich nicht nur bei Kindern!) Loslösung vom Egozentrismus und Klassifikationsfähigkeiten wären also kognitive Voraussetzungen für die Benennungsflexibilität, und dies ist auch das Ergebnis der entsprechenden Experimente mit Kindern verschiedenen Alters.[1]

Damit möchte ich vorläufig den Themenbereich der Spracherwerbspsychologie (kognitive Perspektive) verlassen und zu einem anderen Thema kommen, und zwar schwerpunktmäßig wieder gesehen aus dem Blickwinkel des kognitiven Paradigmas.

[1] Ein weiterer Aspekt kommunikativer Kompetenz liegt in der Fähigkeit, je nach Kontext die „Sprachschichthöhe" zu variieren (Vulgärsprache, „Hochsprache" usw.).

3.3.3 Entwicklung des kindlichen Zeichnens

Zunächst mag es scheinen, wir machten thematisch einen Riesensprung, wenn wir uns nun nach diesen Überlegungen zur Entwicklung der Begriffswelt des Kindes dem kindlichen Zeichnen zuwenden. Aber auch hier haben wir es, vielleicht von den allerersten Anfängen abgesehen, mit „symbolischem" Material zu tun, das man sinnvoll aus der Sicht des kognitiven Paradigmas betrachten kann. Hierbei geht es zugleich um die Ursprünge unserer Kreativität.

Natürlich spielt dabei auch noch anderes eine Rolle, nicht nur Kognition. Solche anderen Faktoren sind:

- Es geht beim Zeichnen und Malen auch um Bewegungs- und Funktionslust.
- Psychoanalytisch (tiefenpsychologisches Paradigma) ist ferner sicher auch wichtig, dass Kinder recht früh Freude daran haben, Dinge zu verschmieren (Brei, Matsch, evtl. auch Ausscheidungen - siehe weiter unten die „anale Phase"), darin herumzurühren; manch einer erinnert sich sicherlich daran, wie viel Spaß es machte, auf feuchte Fensterscheiben zu malen. Man wollte auch Spuren hinterlassen, etwas produzieren, etwas von sich geben.

- Auch relevant in diesem Zusammenhang ist sicher die Effektanzmotivation (siehe Kap. 2 und 4), die Lust daran, sich als wirksam
  zu erleben.
- Hinzu kommen ein Nachahmungsbedürfnis (die Lust, Dinge und
  Vorgänge zu imitieren), das Bedürfnis nach Selbstbestätigung und
  sozialer Anerkennung.

Entwicklungsabfolge. Eine frühe (Vor-)Form des Zeichnens ist das
Verschmieren von flüssigen oder breiigen Materialien. Es taucht dann,
sobald das Kind einen Stift halten kann, das Kritzeln auf. Oft werden
verschiedene Formen oder Arten des Kritzelns unterschieden, z.B. Kreis-
kritzeln, Kreuzkritzeln, Knäuel, Hiebkritzeln. Dass solche Formen in
einiger Regelmäßigkeit auftauchen, wurde von verschiedenen Autoren
unterschiedlich, teils auch recht gewagt, gedeutet. Weniger gewagt und
näher liegend scheint es mir, hier von sensomotorischen Schemata zu
sprechen.[1]

Formen tauchen also zunächst noch ohne vom Kind behauptete „Bedeutungen" auf, auch Kreise, Leitern. Allmählich werden im Zuge der
kognitiven Entwicklung des Kindes vorhandene Kritzeleien etc. mit
Bedeutung ausgelegt. Es geht also dabei um Projektionen innerer Schemata, um das Hineindeuten, etwas darin erkennen. Dabei werden bevorzugt Gesichter erkannt.

Während dabei also etwas in das Wahrgenommene hineingedeutet
wird, kommt es dann zum so genannten sinnunterlegten Kritzeln, d.h.
den eigenen Kritzeleien wird während der Entstehung Sinn unterlegt.
Das Kind kritzelt und sagt dabei z.B., dass es gerade ein Auto malt.

In der eigentlichen Schemaphase aber benutzt das Kind Schemata
sehr wohl mit „Bedeutung", d.h. es will etwas darstellen und tut dies
sehr schematisch unter Zugrundelegen seines Gegenstandswissens (symbolische Schemata; innere Bilder von etwas) und seines Darstellungs-
wissens (Wissen über Formen, in denen etwas darzustellen ist, damit es
verstanden wird). Dabei kommt der Kommunikationsaspekt[2] unüber-
sehbar zum Ausdruck. Es kommt darauf an, verstanden zu werden und
zu zeigen, was man weiß und darstellen kann, weniger darauf, ein indi-
viduelles, einzigartiges Produkt anzufertigen.

Besonders bekannt und frappierend regelmäßig in der Zeichenentwicklung nach den ersten zwei bis drei Lebensjahren auftauchend sind
die Kopffüßler (Abb. 15). Als Kopffüßler tauchen nicht nur Menschen,
sondern auch Tiere auf. Schuster (1990) nennt einige in der Literatur
auftauchenden (letztlich nicht bewiesenen) Hypothesen zur Frage, wa-
rum Kinder (mit so großer Übereinstimmung) Kopffüßler malen. Eine
davon lautet[3]: Der Bauch liegt zwischen den Beinen. (9 von 11 Kindern
positionierten den Bauchnabel auf Nachfrage zwischen die Beine, nur
eine Minderheit im Kopf-Kreis.) So gesehen wäre die untere Abgrenzung des Rumpfes nur nicht markiert. Im Anschluss an unsere Überlegungen zum Körperbild könnte man auch annehmen, dass das Körperbild des Kindes noch wenig vollständig ausgeprägt ist.

Erst nach Verlassen dieser Kopffüßlerperiode fangen Kinder an, in
ihren Zeichnungen wirklich zu differenzieren und ganz konkrete Ein-

[1]⇒ Kap. 3.2

[2]Kommunikation durch
schematisches Zeichnen

[3]Warum Kopffüßler?

Abb. 15: Kopffüßler

drücke, individuelle Bedürfnisse und Befindlichkeiten auszudrücken. Zwischen 6 und 9 etwa entwickeln sich schematische Darstellungsweisen weiter, werden aber individueller.

Immer noch herrscht aber insgesamt eine recht klare Symbolik vor, die Malereien sind weiterhin anschaulich, logisch, sollen klar vermitteln, was gemeint ist. Dem Betrachter zeigen sie, was das Kind weiß, und das Kind verwendet Formen, von denen es annimmt, dass sie von anderen verstanden werden. Auch diese Zeichnungen erfüllen also wichtige Kommunikationsfunktionen.[1] Auch wenn das Individuelle allmählich hineinkommt, dominiert doch das Gemeinsame gleichartiger Dinge.

[1] ⇒ Kap. 4.1.1

> Beispiele: Menschendarstellungen bleiben meist noch weitgehend formal und symmetrisch; allmählich kommen auch Bewegungsdarstellungen auf (von der Seite). Während früher Farben zufällig verwendet wurden, herrscht dann eine eher formale Verwendung vor (grün sind Pflanzen, braun der Boden, blau der Himmel...).

Wie gesagt wird die Schemaphase dann verlassen; individuelle Konturen der Lebewesen oder Dinge werden zunehmend gemalt und auch das individuelle Innere der gemalten Figuren. Die Themen werden vielfältiger, die Zeichnungen zunehmend naturalistischer. Mit ca. 9 Jahren werden dann auch die drei Dimensionen des Raumes, z.B. bei Zeichnung eines Tisches, berücksichtigt, wenn auch noch ohne perspektivischen Fluchtpunkt.

Nach dem Schema entsteht das Individuelle

Es kommt dann oft zu einer Abwendung der Kinder vom Zeichnen und Malen.

> Die Kinder tun Zeichnen und Malen oft (auch unter gegenseitigem starkem Einfluss) als kindisch (oder bei Jungen: als weiblich) ab. Andere Interessen kommen in den Vordergrund. Ein Faktor bei dieser Abwendung dürfte auch sein, dass die Kinder nun deutlicher mit ihren begrenzten Darstellungsmöglichkeiten konfrontiert werden; sie erkennen ihre Schwächen deutlich, nachdem es nicht mehr nur darauf ankommt, schematisch zu zeigen, was man weiß. Manche Kinder umgehen dann diese bittere Erkenntnis, indem sie abstrakter malen, andere stellen das Malen ein.

69

Bei der therapeutischen Arbeit mit Gestaltungen Erwachsener in der psychosomatischen Klinik macht man die Erfahrung, wie viele Menschen eigentlich seit ihrer eigenen Kindheit bzw. Schulzeit überhaupt nicht mehr gezeichnet oder gemalt haben. Sie sind häufig wirklich in der „Schemaphase" stecken geblieben. Wieder andere entdecken das Zeichnen und Malen, nachdem sie sich davon abgewendet hatten, wieder, wenn sie mit den eigenen Kindern malen; viele Senioren haben auch dies nicht getan und entdecken das Zeichnen erst wieder, wenn die Enkel zu Besuch kommen.

Malen & Gestalten in der Therapie

In der Therapie ist es wichtig, Patienten zu ermuntern, dass es auf künstlerische Kompetenzen oder handwerkliches Geschick gar nicht ankommt. Es gibt dann doch eine erstaunlich große Zahl von Patienten, die mit eigenen und fremden Bildern etwas anzufangen lernen, ihre Gefühle, Stimmungen, Hoffnungen, Befürchtungen in gestalterischer Form ausdrücken können („Kommunikationsfunktion") und auch auf einem sehr einfachen Niveau der Darstellungsmöglichkeiten eine Menge profitieren können. Der reinen verbalen Psychotherapie gegenüber hat die therapeutische Arbeit mit Bildern den Vorteil, dass auch der wenig Eloquente mittels des Bildes Anlass findet, etwas über sich zu sagen; umgekehrt bekommen diejenigen, die sich sicher auf dem Terrain sprachlichen Ausdrucks bewegen[1], eine Möglichkeit, ihre eigene innere Zensur sozusagen einmal zu unterlaufen und sich auch mit inneren Regungen zu befassen, die sie sonst recht geschickt verbergen können.

[1]⇒ Kap. 5.2 über das Ich und die inneren Abwehrprozesse

Wenn man Erwachsene oder Kinder auffordert, ihren eigenen Körper zu zeichnen oder zu malen (vgl. z.B. Petzold & Orth, 1991), so hat man es beim Endprodukt in gewisser Weise mit einer Darstellung ihres Körperbildes zu tun.[2]

[2]⇒ 3.3.3

- In Körperzeichnungen zeigen sich bei Menschen mit Grenzunsicherheiten oder Unsicherheiten ihres Selbst und seiner Abgrenzung oft entsprechend unscharfe Konturen (oder auch besonders krass aufgezeichnete Konturierungsversuche als Bemühung um Grenzsicherheit).
- Menschen mit einem Mangel an „Ich-Vitalität" zeichnen sich anders als Menschen, die keine Schwierigkeit haben, sich als lebendig, vital etc. zu erleben.

In eine solche Zeichnung fließt aber darüber hinaus vielerlei ein, z.B.:
- der Stand der Entwicklung des kindlichen Zeichnens bzw. der Stand, auf dem jemand in der Zeichenentwicklung - z.B. in der „Schemaphase" (s.u.) - „stehen geblieben" ist
- Darstellungs- bzw. Abbildungsfähigkeiten des Menschen
- kognitive Übungseffekte und erlernte Zeichenfähigkeiten
- Projektionen des Betrachters beim Betrachten einer Körperzeichnung

So sollte man also auch bei der Interpretation der Bilder stets Vorsicht walten lassen.

3.3.4   Entwicklung des kindlichen Spiels

Für Kinder bietet das Spielen eine wichtige Grundlage für die kognitive Entwicklung. Piaget sah dabei das Üben von Fertigkeiten als besonders wichtig an. Bei den genannten Piaget'schen Entwicklungsfaktoren nimmt die individuelle und soziale Erfahrung des Kindes eine zentrale Rolle ein. Piaget hat sich in seinen Büchern natürlich immer wieder mit kindlichem Spiel befasst[1].

Aber ebenso wie bei der Entwicklung des Zeichnens geht es auch hier natürlich nicht nur um Kognition und kognitive Entwicklung. Insgesamt geht es vor allem um folgende Entwicklungsbereiche:

- kognitiv: z.B. Erkenntnisse über Objektpermanenz (siehe auch unten, das „Fort-da"-Spiel), Mengenerhaltung, Kausalität, Naturgesetze; ferner dürfte die Erfahrung mit der „als-ob"-Einstellung in vielen Spielen für die Entwicklung wichtig sein (siehe unten, Spiel-Typen).

- kognitiv-sprachlich: wichtige Aspekte der semantischen Entwicklung werden angeregt, angesprochen, z.B. wird dies deutlich am „Fort-da"-Spiel; vgl. Bloom (1970), zu den Kategorien „Vorhandensein", „Nicht-Vorhandensein und Verschwinden", „Wieder-Vorhandensein" in der frühen Kindersprache. In der Literatur wird, wie oben schon erwähnt, darauf hingewiesen, dass Erwachsene im Spiel Grundlagen für kognitive Differenzierungen schaffen, die dann wieder für den Erwerb der Syntax (Subjekt, Prädikat...) relevant sind. Es kann also auch von daher nicht verwundern, wenn das Spiel auch in der Logopädie einen breiten Raum einnimmt, ebenso in der Ergotherapie mit Kindern.

- emotional: Auseinandersetzung mit anderen; Selbstwertgefühl; sozial angemessener Ausdruck von Affekt und Spannung; in kindlichen Spielen können auch erlittene Traumata reinszeniert und damit wiederholt werden („posttraumatisches Spielen").

- kognitiv/emotional/motivational: z.B. Entwicklung der Überzeugungen der Beeinflussbarkeit; „Effektanzmotivation"; Entwicklung einer „Arbeitshaltung"; Leistungsmotiv; Umgehen mit Erfolg und Misserfolg.

- sozio-emotional: z.B. mit „Schwächeren" umgehen, mit „Überlegenen" umgehen; Regeln einhalten lernen; Regeln modifizieren lernen (z.B. „Schwächeren" Vorteil einräumen); also auch: moralische Entwicklung.

- sozio-emotional: Freud (1920) vermutete anlässlich der Beobachtung eines „Fort-da"-Spiels seines 18 Monate alten Enkels, dass kindliches Spiel zu tun habe mit Erfahrungen der Trennung von der Mutter und der erlebten Hilflosigkeit; das Spielen rufe das Empfinden von Bemeisterung dieser Situation hervor. Beim „Kuckuck-da"-Spiel ermutigt die Mutter nach Freud den Säugling, ihre Rückkehr zu erwarten.

[1]Piaget befasste sich mit den Interaktionen der Kinder und den dabei praktizierten Regeln und erforschte so die kindliche Moralentwicklung (das „moralische Urteil").

71

Das Spiel ist zugleich die wichtigste Verbindung zwischen Therapeut und Kind. Jede Behandlungsstunde eines Logopäden wie auch eines Ergotherapeuten mit einem Kind zeigt das.

Fisher et al. (1998) schreiben, in der Literatur werde Spiel meist durch folgende Merkmale charakterisiert (kritisch hierzu siehe Kayser & Kayser, 2001):

- es besteht intrinsische Motivation, d.h. aus der Tätigkeit oder dem Inneren des Tätigen selbst herauskommende Motivation im Gegensatz zur Motivation durch äußere Anreize wie z.B. Belohnungen
- Aufmerksamkeit eher auf Weg als auf Ziel gerichtet
- Handeln eher von Organismus als von Reizen gelenkt
- eher nachahmendes Verhalten
- Freiheit von von außen auferlegten Regeln
- aktive Teilnahme erforderlich

[1]Es gibt allerdings verschiedene „Taxonomien" – vgl. z.B. Bundy, 1998.

Beim Spiel mit anderen Kindern ist typischerweise eine Entwicklungsabfolge der in Abb. 16 dargestellten Art zu beobachten.[1]

Interessant ist, dass das kindliche Spiel eine Hochblüte in den Vorschuljahren hat und danach nachlässt; vgl. oben die Parallele dazu beim kindlichen Zeichnen.

Als Spiel-Typen könnte man unterscheiden:

Spieltypen:
- Rollenspiel
- Funktionsspiel
- werkschaffendes Spiel

Zum einen das Rollenspiel, das ja bei Kindern einen erheblichen Teil der Spielaktivität ausmacht. Kognitionspsychologisch interessant ist hierbei vielerlei:

- Kinder nehmen wie Erwachsene eine - schon erwähnte - „als-ob-Einstellung" ein. Die Differenzierung zwischen Realität einerseits, vorgestellter Realität / Fantasie andererseits wird sozusagen eingeübt (laut Emde et al., 1999, schon ab ca. 20. Lebensmonat). Damit wird natürlich auch auf die Symbolisierungsfähigkeit des Kindes angespielt, die oben bei der Besprechung der kognitiven Entwicklung immer wieder erwähnt worden ist.
- Oft wird dabei Lebloses verlebendigt (Kinder spielen Wolken, den Wind usw.); Rollen werden nicht strikt realitätsentsprechend „durchgezogen", sie werden auch verwandelt, auch imitierte Personen werden „geändert", was die spielerische Voraussetzung für Rollenflexibilität schafft.

Viele Spiele von Kindern sind aber keine Rollenspiele, sondern so genanntes Funktionsspiel. Es taucht früher auf als Spiele, bei denen die Symbolisierungsfähigkeit wichtig ist. Die von Piaget beschriebenen „Zirkulärreaktionen" sind eigentlich hier einzuordnen. Kinder folgen ihrer Funktionslust, sie bewegen ihre Finger und Hände, dann den ganzen Körper, spielen mit zunächst ungesteuerten Zappelbewegungen herum, beziehen dann auch Gegenstände ein.

Eine weitere Klasse des kindlichen Spielens ist dann das sog. werkschaffende Spiel. Das Kind entdeckt (oder bekommt gezeigt): Das Spiel führt zu einem Produkt. Dafür gibt es evtl. Anerkennung, Lob, Beachtung. Schließlich wird das Produkt (der Kuchen im Sandkasten, das

Nebeneinanderher spielen (in räumlicher Nähe, aber jeder für sich)
↓
parallel spielen (z.B. beide Kinder spielen dasselbe, aber jeder für sich)
↓
Übergang zum gemeinsamen Spiel; Bedeutung von Regeln
↓
evtl. organisierte, „arbeitsteilige" Formen des Spiels; bei Rollenspielen: Übernahme von Erwachsenenrollen (organisierte, komplexere Verhaltensmuster); Kennenlernen und Verstehen der Erwachsenenwelt

Abb. 16: Häufig beobachtete Entwicklungsabfolge beim kindlichen Spiel

Schiff aus Papier usw.) gezielt angestrebt. Verglichen mit dem reinen Funktionsspiel kommt es also von der Freude an Bewegung zur Freude am Produkt. Wichtig werden dabei: Plan; vorherige Benennung; Durchführung des Plans; Erkennbarkeit des Produkts (vgl. auch: Entwicklung des kindlichen Zeichnens, „Schemaphase").

Spiele wie „Fangen" (und Gefangenwerden), Verstecken („Kuckuck"), aber auch Ballspielen (wegwerfen und wieder holen; fort-da) kann man als „Schicksalsspiele" bezeichnen. Sieht man einmal von den noch zu besprechenden frühen Aspekten der semantischen Entwicklung (frühe Kategorien wie die, dass ein Gegenstand da, weg, wieder da sein kann) ab, haben diese Spiele Bedeutung für die Persönlichkeitsentwicklung. Wie schon erwähnt, erlebt man das Verschwinden eines Objekts als vorübergehenden Zustand, der auszuhalten ist (Freud: Bewältigung der Trennung von der Mutter); man erlebt, dass nach einem selbst gesucht wird, man also wichtig genug für andere ist, sie einen nicht vergessen. So gesehen haben diese Spiele Bedeutung für das ganze spätere Leben. Existenzielle oder schicksalhafte Situationen werden durchgespielt und überstanden (vgl. Kaplan, 1998).

73

Literaturempfehlungen zu Kapitel 3:

Über das, was ein „Objekt" subjektiv (in uns) ist, in welcher psychologischen Beziehung unser Verständnis der Gegenstandswelt (einschließlich ergotherapeutischer Materialien und Werkstücke) zu dem der sozialen oder personalen Welt steht, vgl. Kayser, 1999. Über Persönlichkeitsmodelle und Intelligenztheorien informiert das Buch von Herrmann, 1991. Intelligenztests finden Sie aufgelistet und kurz besprochen in dem Kompendium von Brickenkamp, 1997. Zur kognitiven Entwicklung vgl. Oerter & Montada, 1982; zum Begriffserwerb Szagun, 1986 bzw. 1996, und das folgende Kapitel. Zur Bedeutung des „Schema" im tiefenpsychologischen (also nicht kognitiven) Paradigma vgl. Thomä, 1999. Lesenswert zur Zeichenentwicklung ist Schuster, 1990. Zur Gestaltungstherapie vgl. auch Franzke, 1977. Zur Entwicklung des kindlichen Spiels geben Emde et al., 1999, interessante Auskünfte. Über die Bedeutung des Spielens für die Ergotherapie vgl. Bundy, 1998. Zur Entwicklung von Regelverständnis und Moral beim Kind siehe Piaget, 1979 (Orig. 1954) und Kohlberg, 1974. Kayser & Kayser (2001) entwickeln eine Theorie des Spielens und zeigen ihre Anwendbarkeit für die Ergotherapie. Dabei wird auch die Unterscheidung Spielen und Spiel und der Unterschied zwischen einer Übungsbehandlung und Spielen in der Ergotherapie besprochen.

Fragen zu Kapitel 3:

- Wie definieren Sie „Intelligenz"?
- Was ist „globale" Intelligenz? Was versteht man unter „IQ", in welchem IQ-Bereich wird meist „durchschnittliche Intelligenz" angesiedelt und was würde das in Prozenträngen bedeuten?
- Welche Intelligenzfaktoren kennen Sie?
- Welche Untertests vom IST und vom HAWIE kennen Sie, was beinhalten sie?
- Welche Erfahrungen können Sie nennen, die im Lauf der Entwicklung gemacht und innerlich integriert werden müssen, so dass ein Verständnis dessen zustande kommt, was ein Objekt eigentlich ist?
- Was versteht man unter Anlage-, Milieu- und Interaktionstheorie der Intelligenz? Welche vier Entwicklungsfaktoren (nicht Perioden) nennt Piaget, und wie lässt sich am Beispiel das Zusammenwirken solcher Faktoren erläutern?
- Was sind „Schemata"? Was ist Akkommodation, was Assimilation? Was ist eine „optimale Diskrepanz"?
- Welche Entwicklungsperioden beschreibt Piaget (mit Altersangaben, Bezeichnung und wesentlichen Kennzeichen)?
- Was unterscheidet „operatorische" (operationale) von früheren Phasen? Welche konkreten Operationen kennen Sie?
- Welche drei Indikatoren für interne Repräsentation hat Piaget besonders ausführlich untersucht?
- Was ist Egozentrismus? Was ist Dezentrierung? Was ist Reversibilität im Denken?
- Wie kann aus dem Blickwinkel des kognitiven Paradigmas der Erwerb von Grundlagen des Satzbaus erklärt werden?

- Welche kognitiven Voraussetzungen für „Benennungsflexibilität" wurden genannt?
- Welche Aspekte der Vorstellungen von Clark, Nelson und Rosch zum Begriffsaufbau wurden vorgestellt?
- Welche Dimensionen der begrifflichen Entwicklung können Sie nennen?
- Was versteht man unter „Konzeptgenerierung"? Wie hat man sich demzufolge den Aufbau eines Konzepts (i.S. von Herrmann) vorzustellen?
- Was ist ein semantisches Netzwerk?
- Welche Phasen der Zeichenentwicklung können Sie nennen? Welche Bedeutung hat dabei der „Schema"-Begriff? Welchen Zusammenhang sehen Sie mit dem Thema „Kommunikation"?
- Welche Charakteristika des Spiels wurden genannt? Welche Spiel-Typen kennen Sie (erläutern!)?
- Was hat Rollenwechsel beim Spiel mit dem Konzept des „Egozentrismus" (Piaget) zu tun? Bei welchem Spiel-Typ wird das besonders geübt?
- Welche Aspekte der Persönlichkeitsentwicklung werden durch „Schicksalsspiele" angeregt?
- Welche Entwicklungsfolge der Interaktionsfähigkeit zeigt sich beim kindlichen Spiel?

4   SPRACHE

Wie schon erwähnt, sind die Themen Kognition, z.B. die kognitive Entwicklung, und Sprache, z.B. der Spracherwerb, nicht scharf voneinander zu trennen. Im vorliegenden Kapitel wird von der Kommunikationssituation ausgegangen; die Besonderheiten dieser interpersonalen Situation werden herausgearbeitet. Dann werden wieder Vorgänge im Einzelnen Thema werden, d.h. die Sprachverarbeitung - und zwar im Hörer Sprachwahrnehmung und - verstehen, im Sprecher die Sprachproduktion. Nach dieser Thematik aus der Allgemeinen Sprachpsychologie wird die Frage aufgeworfen, wie Sprache erworben wird.

4.1   Kommunikation

Auf einige sprachpsychologische Themen bin ich schon eingegangen, so auf sprachliche Aspekte des Begriffs (auf linguistischer Ebene: Semantik) und in ersten Andeutungen auf die „Verwörterung" der Beziehungen zwischen den Begriffen, die man zum Ausdruck bringen will (auf linguistischer Ebene entspricht das Morphologie und Syntax). So weit ging es um Vorgänge innerhalb einer Person. Bei der Kommunikation aber - zumindest bei der mündlichen - haben wir es normalerweise mit einem Sprecherwechsel zu tun; dabei ist bei einem Sprechakt jeweils einer in der Sprecherposition und einer in der Hörerposition. Die linguistische Ebene, mit der wir es zu tun haben, ist die Pragmatik.

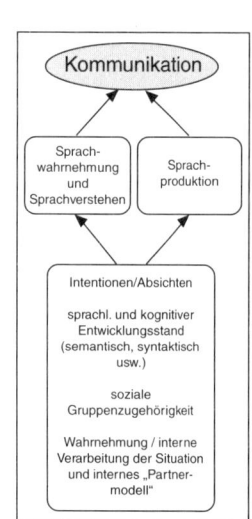

4.1.1   Funktionen der Kommunikation

Wichtige Funktionen, die in der Kommunikation zum Tragen kommen, sind:

- Meist (immer?) drückt sich in einem Sprechakt ein Appell an einen anderen aus, von dem wir wollen, dass er etwas tut, bestätigt, anders sieht usw.
- Ferner steckt darin, eine - oft nicht sehr offen und explizit formulierte - Botschaft über uns selbst (unsere Verfassung, unsere Absichten, Gefühle, Meinungen).
- Meist noch besser im Sprechakt versteckt ist unsere Sicht der Beziehung zum anderen. Wenn wir ihm einen Befehl geben - Appell-Aspekt -, drücken wir damit ja zugleich deutlich aus, wie wir unsere Beziehung sehen, aber auch, wenn wir jemandem eine Liebeserklärung machen; in vielen Fällen ist dieser Aspekt aber schwieriger zu entschlüsseln. Gerade Alltagskonflikten zwischen Menschen liegen häufig Missverständnisse zugrunde darüber, wie beide die Beziehung sehen oder wie sie sie haben wollen (Kayser 1981).
- Und schließlich transportiert der Sprechakt natürlich auch noch einen sachlichen Aspekt, einen inhaltlichen (im einfachsten Fall z.B. eine sachliche Beschreibung eines Bauplans, oder bei einem Telefonat einen „Wetterbericht").

Einige dieser semantischen Funktionen fasste Bühler bereits 1934 in seinem „Organon"-Modell zusammen. Durch diese Funktionen wird das konkrete Schallphänomen zum „Zeichen".

Nehmen wir mal das Beispiel des „Wetterberichts" am Telefon: Wenn mich jemand am Telefon reden hört „mei, bei uns ist ein beschissenes Wetter, es ist zum Kotzen!", so wird er daraus anderes über meine Sicht der Beziehung zum Hörer schließen können, als wenn er mich sagen hört: „Das Wetter hier ist schon seit Tagen sehr schlecht!", obwohl der Inhalt ziemlich ähnlich ist. Der zuhörende Dritte wird vielleicht in beiden Fällen aber eine ähnliche „Ich-Botschaft" heraushören können, nämlich dass ich zum Ausdruck bringe, dass ich ziemlich unter dem schlechten Wetter leide.

4.1.2 „Pragmatische Axiome" (Watzlawick et al.)

Watzlawick et al. (1974) haben einen lesenswerten „Klassiker" über Kommunikation geschrieben. Sie stellten einige „Axiome" auf, anhand derer wichtige Aspekte der Kommunikation, die einem meist gar nicht so bewusst sind, benannt werden. Hier eine etwas freie Wiedergabe:

- Man kann nicht *nicht* kommunizieren.
- Jede Kommunikation hat einen Inhalts- und einen (übergeordneten) Beziehungsaspekt.
- Die Natur einer Beziehung ist durch die Interpunktion der Kommunikationsabläufe seitens der Partner bedingt. Beispiel: Der Ehemann „interpunktiert" den in Sucht-Interaktionen ewigen Kreislauf von Vorwurf und Gegenvorwurf so: Ich trinke, weil meine Frau so fies zu mir ist. Die Frau interpunktiert anders: Ich mache ihm Vorhaltungen, weil er so viel trinkt. Entsprechend verstehen die beiden ihre Partnerschaft verschieden.
- Menschliche Kommunikation bedient sich digitaler Modalitäten (also sprachliche „Zeichen"; komplexe, vielseitige, logische Syntax; auf Beziehungsgebiet unzulängliche Semantik; vgl. auch Stern, 1992) und analoger Modalitäten (z.B. Gesten; vielfach keine Eindeutigkeit; aber gute Semantik für das Beziehungsgebiet).
- Zwischenmenschliche Kommunikationsabläufe sind entweder symmetrisch oder komplementär, je nachdem, ob die Beziehung zwischen den Partnern auf Gleichheit oder Ungleichheit beruht.

4.1.3 Nonverbale Kommunikation

Abhängig vom Kommunikationsmedium (z.B. direkte Kommunikation von Angesicht zu Angesicht gegenüber der Kommunikation in Briefen usw.) werden natürlich auch Aspekte tragend, die nicht in den Zeichen selbst stecken, sondern über andere Kanäle wirksam werden. Es geht dabei um die nonverbalen Komponenten der Kommunikation.

Art der Sender / Effektoren:
- Mimik, Gestik, Blickverhalten, Geruch, Körperhaltung, Körperorientierung (Richtung), räumliche Distanz zum andern, Kleidung; evtl. sonstige Umgebung (z.B. bei Treffen mit jemandem in meinem Zimmer oder bei Einladung in Lokal X, nicht Y), Körpertemperatur

nonverbale vokale Signale, die sprachinhaltliche Mitteilungen begleiten:
- stimmliche Merkmale, Pausen, Betonung, Lautstärke
- paralinguistische Äußerungen wie „hm" oder Räuspern

Die Übertragung vollzieht sich auf folgenden Kanälen:
- optisch/visuell, akustisch/auditiv, kinetisch/taktil, chemisch/olfaktorisch, thermisch/haptisch

Dies alles kann also in der Kommunikation wirksam werden. Jeder Leser wird wissen, wie anders es ist, wenn der Gegenüber einen überhaupt nicht anblickt, wenn er zu dicht heranrückt, wenn er einen in ein sehr „protziges" Lokal einlädt usw. Mittels all dieser Medien wird also auch kommuniziert. Wenn z.B. der Psychotherapeut dem Patienten außerdem noch eine Spritze verabreicht, wird damit über die Beziehung selbstverständlich etwas anderes „kommuniziert", als wenn er mit dem Patienten nur spricht oder über Medien wie Spiele oder Ton, Holz etc. interagiert.

4.1.4   Gestörte Kommunikation

Kommunikation kann dadurch gestört sein, dass der Hörer die in Kap. 4.1.1 genannten vier Kommunikationsfunktionen nicht immer genauso versteht, wie der Sprecher sie „meint". In der oben erwähnten Telefonsituation sind gar drei Personen - Sprecher, Hörer, Beobachter der Szene - beteiligt, die alle drei Unterschiedliches verstehen oder meinen können, was die Situation nicht eben leichter macht. Kommunikation ist also störanfällig, wie wir alle aus alltäglicher Erfahrung wissen. Auch durch das Kommunikationsmedium (Telefon, Brief usw.) können Störfaktoren einwirken.

Störungen in der Kommunikation ergeben sich auch, wenn beim Sprecher oder beim Hörer eine Sprachstörung vorliegt, etwa eine Aphasie, bei der, je nach Krankheitsform, das Sprachverständnis oder die Sprachproduktion schwerer betroffen sein kann.[1] Schwer betroffen durch den plötzlichen Ausfall ihrer mündlichen Verständigungsmittel sind auch diejenigen Menschen, deren Kehlkopf operativ entfernt werden musste (Laryngektomie, meist infolge einer Krebserkrankung), und wo das Umgehen mit einer technischen Hilfe gelernt werden muss, die die Stimme ein Stück weit ersetzt (wobei der Patient die Artikulation selbst besorgt) oder eine „Ösophagussprache" erlernt werden muss (wobei der Patient lernt, „Stimme" mittels einer Art „Rülpsen" gezielt zu erzeugen). Soweit das Sprechen und die Sprachproduktion bei diesen Krankheitsbildern betroffen sind, entfallen damit für den Sprecher auch in

[1] ⇒ Sprachrezeption (Kap. 4.3)

großem Umfang die üblichen Möglichkeiten, seinen Gefühlen und Impulsen Ausdruck oder Nachdruck zu verleihen, bzw. müssen neu gelernt werden. Die Einschränkungen münden häufig in depressive Verstimmungen, teils in ausgesprochene Hilflosigkeits- und Verzweiflungszustände[1] und Anpassungsprobleme.

[1]⇒ Kap. 6: „reaktive Depression"

Gestört kann mündliche Kommunikation auch aufgrund einer Stimmstörung des Sprechenden sein, die nicht ganz so weit geht wie der völlige Ausfall der Stimme durch eine Kehlkopfentfernung. Neben organmedizinischen Aspekten sind bei vielen Stimmstörungen psychische Faktoren mitverursachend. Oft ist gerade die berufliche Leistungsfähigkeit betroffen (z.B. Lehrer, Sänger), und manchmal resultiert die Störung aus ungelösten inneren Konflikten gerade im Zusammenhang mit der Berufsausübung.[2] Manchmal liegen auch innere Konflikte zugrunde, die der Patient schon lange Zeit ungelöst mit sich herumtrug.[3]

[2]⇒ Kap. 6: Stimmstörung als „abnorme Reaktion"

[3]⇒ Kap. 6: Stimmstörung als Neurose („Phononeurose")

Mündliche Kommunikation kann auch gestört sein durch Redeflussstörungen eines Teilnehmers.[4] Betroffen ist dabei zum einen der Sprecher, z.B. durch sein Stottern und die Anstrengungen, die er unternimmt, um es zu vermeiden, durch seine Sprechängste und sein Nichtakzeptieren des Symptoms, zum andern ist der Hörer betroffen, der unwillkürlich befangen wird, meist dem Sprecher helfen will (was das Problem oft verschärft), um ihm und sich die Peinlichkeit der Hilflosigkeit zu ersparen. Evtl. wertet er sein Gegenüber ab und schreibt ihm weitere negative Attribute zu („Stigmatisierung"), versucht Kontakt zu vermeiden etc. Was den Stotterer selbst betrifft, so sind auch hier eine logopädische Behandlung, manchmal auch Erziehungsberatung oder Familientherapie, wenn ungelöste innerfamiliäre Konflikte dahinter stehen, indiziert.

[4]⇒ Kap. 4.4

Oben wurden wesentliche Merkmale der interpersonalen Situation beschrieben, in der Kommunikation stattfindet. Nun wende ich mich gezielt dem Hörer in dieser Situation zu, der Sprache wahrnimmt und versteht, und anschließend dem Sprecher, der Sprache produziert.

4.2   Sprachwahrnehmung

Es geht hierbei um die Laut-/Buchstabenerkennung und um die Worterkennung; die durch das Ohr wahrgenommenen Laute werden einer auditiven Analyse unterzogen. Dabei laufen sehr komplizierte Prozesse ab, die bislang noch nicht endgültig geklärt sind. Offenbar ist es nicht einfach so, dass wir in uns Lautschemata abgespeichert haben und dann entsprechend zuordnen, was wir von da draußen gehört haben (sog. Filtermodell der Sprachwahrnehmung).[5] Das kann nicht ganz so einfach funktionieren, denn je nach akustischem Kontext werden ansonsten physikalisch gleiche akustische Signale ganz unterschiedlich wahrgenommen.

[5]Filtermodelle

> Beispiel: Eine Frequenz von 1440 Hertz wird (Herrmann, 1985, S. 152 f.) als *p* wahrgenommen, wenn sie vor einem *i* kommt, aber als *k*,

wenn sie vor einem *a* kommt. Umgekehrt hören Hörer den ersten Laut der Silben *di* und *du* jeweils als *d*, obwohl die jeweils dem *d* entsprechenden Schallereignisse in beiden Fällen „objektiv" sehr unterschiedlich sind.

Eher zutreffend sind wohl Modelle, die davon ausgehen, dass die hörende Person aktiv selbst erzeugt, was sie wahrnimmt. Es erfolgt also intern eine Synthese der phonetischen Muster und ein Vergleich dieses synthetisierten Musters mit dem (kurz zwischengespeicherten) Eingangsmuster (sog. „Analyse-durch-Synthese-Modell"). So ist es z.B. möglich zu erklären, dass ein Hörer einen Laut meint „gehört" zu haben, obwohl er „objektiv" durch ein Husten verdeckt war („phonemic restoration effect"). In der sog. „Motortheorie der Sprachwahrnehmung" wird gar angenommen, dass der Hörer sozusagen stumm mitartikuliert, was er meint gehört zu haben; er synthetisiert also aufgrund der Artikulationsmuster, über die er intern verfügt. Hörer verfügen demnach über ein internes Lauterzeugungssystem, mit dem sie stumme Lautfolgen produzieren.

Der Ansatz hat den Reiz, den Hörer als aktiv (re-)konstruierend zu verstehen, was ja dem Bild eines aktiven Wahrnehmers (nicht eines passiv Aufnehmenden) entspricht. Allerdings werden auch gegen diesen Ansatz Einwände vorgebracht (z.B. auch Herrmann, 1985).

Einige Autoren weisen darauf hin, dass uns wichtige „Hilfsmittel" bei der Lautidentifikation und Worterkennung zur Verfügung stehen.

(Randnotizen: Analyse durch Synthese / Motortheorie)

- Grimm & Engelkamp (1981) nennen zwei sehr allgemeine handlungsleitende Prinzipien, die Voraussetzung überhaupt für das Sprachverstehen seien: Das Realitätsprinzip besagt, dass Hörer davon ausgehen, dass das, was sie zu hören bekommen, sich auf Situationen oder Ideen bezieht, die Sinn machen. Das Kooperationsprinzip besagt, dass der Hörer davon ausgeht, dass der Sprecher die Wahrheit sagt.
- Herrmann (1980, S. 153f) nennt noch Folgendes: Der Hörer ist auf eine bestimmte Sprache voreingestellt (in jeder Sprache sind bestimmte Lautfolgen möglich, andere nicht). Noch leichter ist die Identifizierung, wenn schon aufgrund des inhaltlichen Kontextes, um den es im Text geht, ein Begriffsbereich sozusagen voraktiviert (und damit wahrscheinlicher) ist. Nehmen Sie an, im Wort *H_nd* sei der Vokal nicht zu verstehen gewesen. Man kann aber trotzdem den *Hund* wahrnehmen, wenn davor der Artikel *der* lautete, man kann die *Hand* wahrnehmen, wenn der Artikel *die* lautete. Ähnlich: Im Feld sind Hasen; auf der Leine sind Hosen. Nach dem Wort *Feld* ist das Wort *Hasen*, nicht aber *Hosen* erwartbar. Herrmann umschreibt das so, dass durch diesen Kontext entsprechende Netzwerkbereiche (bildhaft gesprochen: im semantischen Speicher oder im kognitiven System) voraktiviert sind, so dass dann schneller erkannt werden kann.
- Grimm & Engelkamp betonen auch die Bedeutung der Prosodie; Pausen, Intonation, Rhythmus, Schnelligkeit, Lautstärke etc. des Gesprochenen (Gehörten) dienen als „Suchvektoren" für die Abgrenzung syntaktischer Einheiten.

Man erfasst die Vorgänge bei der Sprachwahrnehmung also nicht, wenn man annimmt, dass anhand abgespeicherter Schemata etwas Akustisches erkannt wird; es macht auch wenig Sinn, bei der Sprachwahrnehmung fix von bestimmten wahrzunehmenden „Atomen" auszugehen. Vielmehr scheinen eine Reihe ineinander greifender Analyse-Synthese-Prozesse abzulaufen.[1]

[1]⇒ die Hinweise zum Stottern am Ende von Kap. 4.4

4.3   Sprachverstehen

Streng trennbar sind Sprachwahrnehmung und Sprachrezeption, wie oben schon deutlich wurde, nicht.[2] Beim Verstehen geht es um die Frage: Was passiert mit dem Wahrgenommenen? Anhand der wahrgenommenen Wörter müssen nun die begrifflichen Inhalte aktiviert werden. Teilweise ist das schon anhand der identifizierten Inhaltswörter und des wahrgenommenen Kontextes möglich. Teils muss eine syntaktische Analyse durchgeführt werden. Herrmann bestreitet, dass alle gehörten sprachlichen Äußerungen auch fragmentarischer Art vom Hörer innerlich - wie das oft bei von Chomsky angeregten Wissenschaftlern angenommen wurde - zu ganzen (grammatisch vollständigen) Sätzen ergänzt werden, die dann verstanden werden. Dies sei ausgesprochen unökonomisch. Wahrscheinlicher ist, dass eine Analyse aufgrund von Einfachregeln versucht wird (z.B. Standardschema von Wortfolgen), dann erst bei Bedarf, wenn die Rekonstruktion nicht gelingt, eine weiter gehende syntaktische Analyse erfolgt. Der Hörer muss beim Interpretieren der Sprachstruktur seinerseits Informationen schaffen, d.h. das Gehörte mit Bedeutungen, die er in sich findet, aber auch mit Ideen über den Sprecher, anreichern. Auf übergeordneter Ebene geht es dann beim Verstehensprozess weiter um Textverarbeitung (von der Mikrostruktur[3] zur Superstruktur[4]); was hier aber nicht weiterverfolgt werden kann.

[2]⇒ Kap. 2.7.1

1. Verstehensebene = unmittelbares Verstehen:
Aktivierung der begrifflichen Inhalte anhand der Wörter
syntaktische Analyse → Rekonstruktion des Propositionsgefüges
2. Verstehensebene = Verstehen des Impliziten
Elaborierung impliziter Inhalte → aktive Rekonstruktion der gemeinten Situation
3. Verstehensebene = Interpretation der Sprecherintention
Modifizierung des internen Partnermodells

Man kann verschiedene Ebenen des Verstehens unterscheiden:

- Unmittelbares Verstehen; das Propositionsgefüge wird (re-)konstruiert, d.h. der sprachlich zum Ausdruck gebrachte Zusammenhang von Begriffen / Gedanken wird entschlüsselt.
- Verstehen des Impliziten (Texte veranlassen den Hörer, die gemeinte Situation mithilfe eigener Wissensbestände aktiv zu rekonstruieren; implizite Inhalte werden elaboriert).
- Interpretation der Sprecherintention (vgl. Herrmann, 1985: Modifizierung des internen Partnermodells).

Das Sprachverständnis ist z.B. bei Patienten mit einer sog. Wernicke-Aphasie eingeschränkt. Aus der gehörten oder aufgeschriebenen Sprache kann der zum Ausdruck gebrachte Zusammenhang von Begriffen / Gedanken nur noch begrenzt entschlüsselt werden. Bei vielen der gehörten Worte kommt der Patient in sich nicht mehr an die Bedeutung „heran". Im oben dargestellten Modell der „Konzeptgenerierung"[5] wäre das folgendermaßen zu verstehen: Die Verbindung zwischen der rein sprachlichen Seite (z.B. „Apfel", also gehörtes Wort, Wortlautmarke)

[3]Texte sind zum Teil aufzufassen als Propositionsfolgen, z.B. Essen (Peter, Suppe, Löffel).

[4]Z.B. eine Erzählstruktur mit Setting, Ziel, Handlung, Lösung; manchmal wird von „Geschichten-Grammatik" gesprochen.

[5]⇒ Kap. 3.1.4; dort: Begriff, Konzeptgenerierung

81

mit den übrigen Konzept-Aspekten (z.B. abstraktes Wissen über den „Apfel", aber auch Vorstellungsbild des Apfels) ist blockiert. Der Logopäde gibt also u.a. Hilfestellung zum „Deblockieren".

4.4   Sprachproduktion

Sprachproduktion ist ein überaus komplexer Vorgang, bei dem etwas innerlich Repräsentiertes nach außen gebracht wird, und zwar nicht wie bei einer nonverbalen Aktion z.B. in Form einer drohend geballten Faust, sondern in Form eines sehr komplexen Zeichensystems. Eine Zwischenform zwischen einer reinen (nonverbalen) Geste wie das Ballen der Faust, die noch in sinnlich fassbarer Analogie zum Zuschlagen steht, sind Lautierungen, oft als „Lautmalerei" bezeichnet: Hund als „wau-wau"; in den Zeiten der Dampfloks teilte ein Kind jemandem „Eisenbahn" paralinguistisch als „tsch-tsch-tsch" mit usw. Worte wie „Eisenbahn" oder „Hund" haben nun aber gar keine sinnliche „Nähe" mehr zu dem Gemeinten; ihr Verständnis und ihre Benutzung beruhen auf sozialer Konvention, die wir kennen müssen, wenn wir darüber verfügen wollen. Dies setzt Lernprozesse voraus, also Imitation, Verstärkungsprozesse - aber auch klassische Konditionierungsprozesse[1]: Wenn es nämlich darum geht, die Laute mit dem Gemeinten, den Bedeutungsaspekten einschließlich der daran hängenden Gefühle und Vorstellungsbilder zu verbinden.

Aber für die Sprachproduktion reicht es nicht, für Begriffe Wörter zu kennen, auch nicht, über die Artikulationsmuster und die Stimmgebungsfähigkeiten zu verfügen, um die Wörter aussprechen zu können.

Vielmehr hat Sprache eine innere Ordnung. Abweichungen von dieser Ordnung machen Defizite in der grammatischen bzw. linguistischen Kompetenz deutlich. Sie wirken im sozialen Miteinander befremdlich, lösen Störungen aus, vor allem Abwertungen. Es kommt vor, dass jemand daraufhin als „dumm", ungebildet oder retardiert stigmatisiert wird, dass er Ängste, Unsicherheit bis hin zu Hilflosigkeit bei Hörern, z.B. angesichts eines Dysgrammatismus oder einer Aphasie, auslöst. Auch „linguistische Kompetenz" hat mit „Beziehung" zu tun[2]. Aber bleiben wir einmal bei der Frage, was alles nötig ist, um sozusagen auf sozial akzeptable Weise zu sprechen.

Es geht hier um morphologische Aspekte (Regeln der Deklination[3], der Konjugation[4]); natürlich auch um die Syntax, also korrekten Satzbau; z.B. um die Verwandlung von Aktiv ins Passiv[5] und vieles andere mehr. In der kindlichen Sprachentwicklung gibt es Regelhaftigkeiten, was die Reihenfolge des Erwerbs verschiedener grammatischer Formen betrifft, und diese Regelhaftigkeiten werden natürlich beachtet werden, wenn eine Logopädin einen Therapieplan für die Behandlung eines Kindes entwirft. Die grammatischen Regeln ihrerseits entsprechen nicht direkt unseren Gedankenabläufen, vielmehr müssen wir unsere Gedanken oder inneren Repräsentationen sozusagen blitzschnell umordnen, verschieben, um sie an die Regeln des Sprachsystems anzupassen. Dass bei all diesen Umformungs- und Umordnungsprozessen

[1] ⇒ Kap. 8.2

[2] ⇒ s.o. Kommunikationsfunktionen

[3] die Frau, der Frau, der Frau, die Frau ...

[4] ich sehe, du siehst ...

[5] Die Mutter badet das Kind. - Das Kind wird von der Mutter gebadet - *aber nicht:* Die Mutter wird vom Kind gebadet.

(Versprachlichung der Gedanken und Absichten) etwas vom Ursprünglichen verloren geht, liegt auf der Hand. Das Ganze muss also auch noch „sequenziert" und „linearisiert" (vgl. Herrmann, 1985), d.h. in eine bestimmte grammatisch „korrekte" Form und Reihenfolge gebracht werden. Der Sprecher kommt von der Äußerungsintention zur Bedeutung und von da zur sprachlichen Struktur; dabei erfolgt eine Informationsreduzierung (während umgekehrt beim Sprachverstehen der Hörer Informationen schaffen muss, d.h. die gehörte Sprache z.B. um Bedeutungen erweitert, Absichten des Sprechers erschließt usw.).

Ein vereinfachtes Modell der Sprachproduktion, das also einen Überblick über die vielen Teilaspekte und Entscheidungen, die dabei vom Sprecher zu treffen sind, gibt, kann so aussehen:

Zunächst einmal kann man die Planung von der Ausführung unterscheiden.

Planung: Folgt man Grimm & Engelkamp (1981), so plant der Sprecher zuerst die Struktur der Rede (z.B. Monolog zur Beschreibung oder Erklärung von etwas oder für das Erzählen einer Geschichte; Dialog, um zu verhandeln, Informationen einzuholen, sich zu unterhalten). Innerhalb der Rede werden dann Sätze geplant – im Großen und Ganzen nacheinander. Dabei werden wie schon erwähnt propositionale Inhalte ausgewählt; Erfahrungseinheiten, die sich begrifflich als Proposition (vgl. Abb. 17) repräsentieren und verbalisieren lassen, werden in Rede überführt, eine Proposition in eine Satzstruktur überführt. Dabei ist auch über den „Zuwendungsstützpunkt" zu entscheiden: Wer soll Subjekt des Satzes sein? Auch ist zu entscheiden, was beim Hörer schon als bekannt vorauszusetzen ist. Auf der Grundlage des geplanten Satzbaus werden die einzelnen Konstituenten geplant. In Abb. 17 werden diese Abschnitte der Planung an einem Beispiel - immer noch sehr vereinfacht, was die Entscheidungen, die der Sprecher zu treffen hat - illustriert.

Diese Vorgänge - man kann auch von den Transformationen einer Tiefen- in eine Oberflächenstruktur sprechen - vollziehen sich, unserem Bewusstsein weitestgehend entzogen, in unserem Kopf. Wir „wissen" - auch dies meist keineswegs bewusst reflektiert - z.B. „automatisch", dass man die Tiefenstruktur auch in der Oberfläche eines Passivsatzes sichtbar werden lassen kann, also im Satz „Der Hecht wird vom Angler mit der Angel gefangen."[1]

Ausführung: Planung und Ausführung wirken ineinander; die Verwirklichung einer Einheit geht parallel zur Planung der nächsten. Empirische Untersuchungen zu beiden und dem Ineinandergreifen von beidem erfolgte vor allem anhand der Pausen beim Sprechen[2] und der Fehlerkorrektur[3]. Die Ausführung selbst vollzieht sich auf der Grundlage eines artikulatorischen Programms[4]. Dabei sind verschiedene Programmteile für Wörter, Silben, Phoneme zuständig, wie die Analyse von Versprechern ergeben hat.

Viele der jetzt beschriebenen Prozesskomponenten der Sprachproduktion lassen sich – in Anlehnung an Herrmann (1985) – so zusammenfassen:

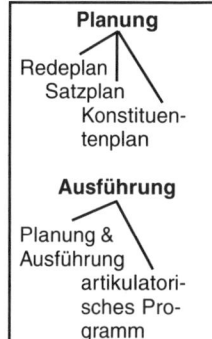

[1] Wir „wissen" auch, dass das Ganze hingegen nicht mithilfe des Satzes „Der Angler fängt mit dem Hecht die Angel." ausgedrückt werden kann.

[2] Pausen vor Redeabschnitten, vor Satzeinheiten, vor Konstituenten, vor Inhaltwörtern; dies sind also wichtige Einheiten bei der Planung.

[3] Die Fehlerkorrektur beim Sprechen belegt z.B. die Bedeutung von Konstituenten als Planungseinheiten. In 77% der Fehlstarts wurde von den Sprechern an die Konstituentengrenzen „zurückgelaufen". Jemand beschreibt eine farbige Zeichnung und sagt „Von dem roten Kreis gehst du nach links nein nach rechts." Er sagt nicht „...gehst du nach links nein roten Kreis gehst du nach rechts."

[4] artikulatorisches Programm: Welche Muskeln treten wann, wie lange und wie intensiv in Aktion?

Man hat gerade am See einen Angler gesehen, wie er einen Hecht fing. Man war vielleicht überrascht, vielleicht auch empört, was auch immer. Wahrscheinlich wird man eher selten diesen Satz genau so aufsagen: *Der Angler fängt mit der Angel einen Hecht.* Nehmen wir es aber trotzdem mal an. Diese Worte wären dann ein Endprodukt verschiedener Bemühungen (zuletzt natürlich von Stimmgebung und Artikulation). Viel früher aber ist da einerseits eine Absicht, dies überhaupt zu einem bestimmten Zweck mitzuteilen. Zum andern ist die Grundlage zunächst ja diese Beobachtung des Vorgangs selbst - „Der Angler...." - , die in uns innerlich irgendwie repräsentiert ist bzw. rekonstruiert wird, die der Aussage zugrunde liegt. Es gibt nun verschiedene Spekulationen darüber, wie, in welcher Form uns eigentlich diese zwischenbegrifflichen Verknüpfungen innerlich vorliegen.

Eine Antwort darauf ist das „Netzwerkmodell". Es gibt darin Knoten (die Begriffe, die in der folgenden Darstellung natürlich notgedrungen schon als Wörter aufgeführt werden) und Verbindungen zwischen den Knoten, die die Art der (kognitiv repräsentierten) Beziehung darstellen.

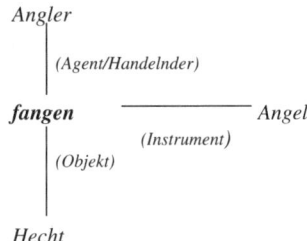

Eine andere Modellvorstellung wird als Propositionsmodell bezeichnet. Eine Proposition besteht aus „Prädikat" und „Argumenten". Das Prädikat ist fangen; das Agent-Argument ist der Angler, das Objekt-Argument der Hecht, das Instrument-Argument die Angel. Also:

FANGEN (Angler, Hecht, Angel).

Die Idee ist also, dass die Begriffe und ihre Verbindungen auf diese Weise in uns repräsentiert sind (wobei hier wirklich an Begriffe, noch gar nicht an die Wörter selbst, gedacht ist). Dies wird dann entsprechend sprachlich encodiert, natürlich von unseren Grammatikkenntnissen geleitet. Die einzelnen Begriffe wiederum, so könnte man jetzt anschließen, werden aus dem Langzeitspeicher „generiert"; welche Bestandteile dabei die zu generierenden Begriffe ausmachen sollen, das wird von der kognitiven Verarbeitung der Situation (siehe Kap. 3.1.4) abhängen, also unterschiedlich sein je nachdem, ob man eine Szene fotografieren bzw. über die Fotografiersituation kommunizieren will oder ob man einen Deutschaufsatz zu schreiben hat, in dem zu beachten ist, dass z.B. Angler großgeschrieben, fangen aber kleingeschrieben werden muss (Herrmann, 1985: „Wortmarken").

Zu den Relationen zwischen den Begriffen: Die Beziehung Agent-Handlung bildet sich ab in der Unterscheidung Nominalphrase (NP) -Verbphrase (VP). Die Beziehung Handlung-Objekt-Instrument bildet sich ab in den Unterscheidungen Verb(V)-Nominalphrase (NP) und Nominal- und Propositionalphrase (NP, PP). Nominalphrasen (NP) wiederum werden aus Artikeln (ART) und Nomen (N) aufgebaut usw.

Zur sprachlichen Encodierung der Begriffe und Relationen: Auf Wortebene – hier geht es um das innere „Lexikon" - wird z.B. für Präposition (P) „mit" eingesetzt, für die Artikel (ART) „der, die, den", wobei mein Wissen über die angemessenen Deklinationen usw. einfließt. Also sieht die „generative Grammatik", die dem dann ausgeformten Satz S unterliegt, so aus:

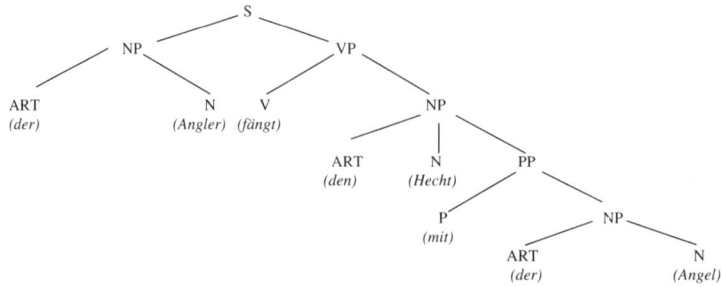

Abb. 17: Der Satz und seine Konstituenten

- In der Sprache kommen neben anderem Begriffe und deren Verknüpfungen zum Ausdruck.
- In uns gibt es (entstehen) begrifflich-inhaltliche Strukturen (Begriffe, deren Verbindungen), die in Netzwerkmodellen oder als propositionale Strukturen modellhaft darstellbar sind; dies stellt den „propositionalen Input" in den Sprachproduktions-Prozess dar. In den bisherigen Ausführungen wurden diese Aspekte im Abschnitt über Sprachproduktion und im Abschnitt über Begriffe und Begriffsentwicklung dargestellt.
- Ferner spielen die Intentionen des (künftigen) Sprechers eine Rolle; dies wurde im obigen Abschnitt über Kommunikation erläutert.
- Der Sprecher wird bei der Sprachproduktion die von ihm vermuteten Partnererwartungen und das angenommene Partnerwissen einbeziehen (inneres kognitives Partnermodell). Auch hierzu wurden oben, vor allem im Abschnitt über Kommunikation, Erläuterungen gegeben.
- Das Wissen des Sprechers, vor allem über soziale Regeln, fließt mit ein. Wir kommunizieren ja in verschiedenen Beziehungen unterschiedlich, beachten Höflichkeits- und Anredeformen usw.
- Entsprechend dieser Intentionen und Vorstellungen über den Adressaten kommt es zur Selektion (Auswahl) aus dem propositionalen Input heraus.
- Der ausgewählte Input muss linearisiert werden. Es geht dabei um die sprachsystementsprechende Veränderung der Reihenfolge; die Abfolge der ausgesprochenen Wörter folgt ja auch rein sprachlichen Regeln, nicht nur der Reihenfolge der ursprünglichen Gedanken (Tiefenstruktur).
- Der Sprecher braucht ferner:
1. Inhaltswörter für die Begriffe („Lexikoneinträge", Zeichen) verbunden mit Wortlautmarken, Wortbildmarken, Wortbewegungsmarken[1],
2. syntaktisches Wissen, um die Beziehungen zwischen den Begriffen sprachlich darzustellen, also Wissen über die Satzkonstruktion, eine „generative Grammatik": Satz; Konstituenten; ferner: Funktionswörter, morphologisches Wissen, z.B. Flexionsmorpheme, Kenntnisse über Sprechmelodie, Akzentuierung (Prosodie),
3. Programm-Umsetzung: die Aktivierung von Wortbewegungsmarken; der Einsatz artikulatorischer Programme bzw. graphomotorischer Programme,
4. eine Fehlerkontrollinstanz.

[1] ⇒ Kap. 3, speziell Kap. 3.1.4

Bei Patienten mit einer sog. „Broca-Aphasie", wie sie in sehr vielen Fällen einer Hirngefäßerkrankung (z.B. mit der Folge eines Schlaganfalls) auftritt, ist meist das Sprachverständnis (im Gegensatz zur oben erwähnten „Wernicke-Aphasie") nur mäßig beeinträchtigt. Hingegen ist die Sprachproduktion erschwert: Verlangsamter Sprachfluss; der Patient muss sich deutlich dabei anstrengen, Phonologie und Syntax sind gestört: „Agrammatismus"; das Lexikon (Verfügung über den Wortschatz) ist stark eingeschränkt. Ein Beispiel zum Aspekt „Verfügung über den Wortschatz" für eine „Wortfindungsstörung": Der Patient ist nicht in der Lage, einen Soldaten auf einem Bild zu benennen. Oft erhöhen sich die Schwierigkeiten, je ähnlicher eine Auswahlmenge von Wörtern mit dem zu identifizierenden Bild ist. Das weist darauf hin, dass interne Verarbeitungsprozesse bei der Differenzierung von Wortbedeutungen misslingen.

Weil es im Fall einer Broca-Aphasie so anstrengend ist zu sprechen, vermeiden viele Patienten dann gern Kommunikation, und beim Wiederaufbau der Sprache sind Anreize und Anregungen zum Sprechen wichtig.

[1]⇒ Kap. 4.3

Auch bei einer „Wernicke-Aphasie"[1], die ebenfalls aus einem Schlaganfall resultieren kann, ist die Sprachproduktion gestört – typischerweise die Syntax (z.B. Satzverdopplungen) und das Lexikon („semantische Paraphasien" – z.B. klassifikatorischer Art: statt Stuhl „Tisch"; statt „Soll ich die Erbsen in die Dose tun?": „Soll ich die Möhren in die Dose tun?")

Gerade bei Patienten mit einer Aphasie wird deutlich, wie elementar wichtig die Fähigkeit zu sprachlicher Verständigung ist und wie einschneidend der Verlust dieser Fähigkeit sein kann.[2]

[2]⇒ Kap. 6: „reaktive Depression"

Die obige Zusammenstellung enthält als Stichwort auch eine Fehlerkontrollinstanz. Für das Stottern, eine Störung des Redeflusses, wurde – neben vielen anderen Faktoren – auch gelegentlich eine Störung bzw. Instabilität der auditiven Feed-back-Schleife (zwischen kinästhetischer Wahrnehmung und auditiver Rückkopplung)[3] bzw. eine biokybernetische Störung der kinästhetischen Rückkopplung angenommen. Es entsteht durch Stottern oft auch eine extreme Anspannung und Befangenheit im Sprecher (und im Hörer), die sich zusätzlich störend auf das Sprechen auswirkt. Auch hier kann eine logopädische Behandlung angezeigt sein, gerade auch um bei Kindern das Ausmünden in weitere sekundäre neurotische Fehlentwicklungen abzufangen.[4]

[3]⇒ Kap. 2.2: „sensomotorischer Regelkreis"

[4]⇒ Kap. 4.1

Es mag an der Kompliziertheit des Prozesses der Sprachproduktion liegen, dass bei der Entwicklung die Sprachrezeption der Sprachproduktion voraus eilt.

Während Logopäden im Rahmen ihrer Ausbildung natürlich ein sehr differenziertes Instrumentarium zur Befundung von Störungen im Bereich der Sprache vorgestellt bekommen, werden Ergotherapeuten oft sehr wenig vertraut mit diesem Bereich. Speziell für die Ergotherapeuten möchte ich hier stichwortartig ein paar Aspekte nennen, auf die man achten kann bzw. über die auch der Ergotherapeut in seinem Befund Aufgefallenes mitteilen kann. Hier ein paar Hinweise:

- Stimme z.B.
  heiser, verhaucht, kein Stimmbruch, kraftlos
- Artikulation z.B.
  Sigmatismus, Schetismus, Chitismus (also Probleme mit der Aussprache von s, sch, ch), anderes
- Redefluss v.a.
  Stottern
- Wortschatz z.B.
  Wortfindungsstörungen; auffallend geringer Wortschatz
- Grammatik
  dysgrammatisch (bedenke: grammatische Eigentümlichkeiten der normalen Sprachentwicklung, z.B. vorübergehend Verb-Endstellung)

- Lese-Rechtschreibschwäche (Teilleistungsstörungen sind teils auch ergotherapeutisches Behandlungsfeld, was die zugrunde liegenden Verarbeitungsstörungen betrifft)
- bedenken: Dialekte; Milieuabhängigkeit
- evtl. logopädische Behandlung (wie auch Ergotherapie, vom Arzt zu verschreiben) andenken (Hinweis an Patienten/Eltern/behandelnden Arzt)

4.5   Psychologie des Spracherwerbs

Anliegen dieses Abschnitts ist es, die Entwicklung der geschilderten Fähigkeiten zum Sprachverstehen, zur Sprachproduktion, zur Kommunikation und die Vielzahl von Faktoren, die diese Entwicklung hervorbringen, zu umreißen.

4.5.1   Grober Überblick über den Ablauf des Spracherwerbs

Die folgende Übersicht zeigt den Ablauf des Spracherwerbs anhand der Sprachproduktionsfähigkeit:

Spracherwerbsphasen (einschl. Vorstufen)
Vorstufen der Sprachentwicklung:
- reflektorisches Schreien und Gurren
- ab Geburt undifferenzierte Reflexschreie auf innere und äußere Reize
- bald erkennbar: Unterschiede bei Hunger, Schmerz, Zufriedenheit...
- erste Lallperiode: „instinktives Lallen" ab 2. Monat
  spielerisch spontan
  universelles Lautmuster
- zweite Lallperiode ca. ab 5. Monat bis Ende 1. Lj.
  absichtliche Lautnachahmung
- Eigen- und Fremdhören wirken sich auf Lautbildungen aus
eigentliche Sprachentwicklung
- 1;0 - 1;8 Einwortäußerungen
- 1;6 - 2;3 Zweiwortäußerungen
- 2;0 - 4;0 Mehrwortäußerungen, hin zu komplexeren syntaktischen Strukturen

In diesem recht groben Abriss sind verschiedene Entwicklungsebenen enthalten.

4.5.2 Linguistische Ebenen des Spracherwerbs

Zum Spracherwerb gehören:

```
┌─────────────────────┐
│   Spracherwerb      │
├─────────────────────┤
│ phonologische       │
│ Entwicklung         │
│ Aufbau des Laut-    │
│ systems             │
├─────────────────────┤
│ Erwerb von Se-      │
│ mantik und Lexik    │
│ (Wortbedeutun-      │
│ gen; Wortschatz):   │
│ Bedeutungserwei-    │
│ terung, Bedeu-      │
│ tungsverengung;     │
│ beeinflusst durch   │
│ Reaktionen der      │
│ Umwelt              │
├─────────────────────┤
│ Erwerb von Syntax   │
│ und Morphologie:    │
│ von Einwortäuße-    │
│ rungen zu kom-      │
│ plexen Sätzen       │
└─────────────────────┘
```

● <u>Phonologische Entwicklung / Lautentwicklung</u> (Aufbau des Lautsystems): Dabei sind Eigenhören und Fremdhören von zentraler Bedeutung, später tritt die auditive Kontrolle gegenüber der taktilkinästhetischen in den Hintergrund.

● <u>Entwicklung der Semantik und der semantischen Strukturen</u>: Es geht ja nicht nur darum, dass Laute phonemisch „funktionieren"; vielmehr hat das Kind zu lernen, dass die Wörter etwas bedeuten. Beim Erwerb der Wortbedeutungen sind zwei entgegengesetzte Kräfte wirksam: Bedeutungserweiterungen („Ball" ist nicht nur der konkrete Ball des Kindes) und Bedeutungsverengungen („Wauwau" ist nicht sowohl auf den Hund als auch auf die Kuh anwendbar); natürlich beeinflussen die Reaktionen der Umwelt diese Entwicklung.

● <u>Entwicklung von Syntax und Morphologie</u>: Wörter werden kombiniert und müssen dabei „morphologisch" angemessen verändert (z.B. konjugiert, dekliniert) werden. Neben Einwortsätzen benutzen Kinder universell ab ca. 1;6 Zweiwortäußerungen, gegen Ende des 2. Lebensjahres Drei- und Vierwortäußerungen, dann kommen Sätze mit Subjekt und Prädikat vor....später Passiv usw.

● Auch die Fähigkeit, <u>Text</u>e oder Geschichten zu erzählen, entwickelt sich.

● <u>Pragmatik</u>: Es entwickelt sich, im Zusammenspiel mit den oben genannten Entwicklungssträngen, auch die Kommunikationsfähigkeit aus den mehr basalen, nicht-verbalen Interaktionsformen heraus; Sprache wird mit Absichten eingesetzt, z.B. um einen Partner zu überzeugen.

Es würde den Rahmen dieses Textes bei weitem sprengen, würde man den Spracherwerb auf all diesen linguistischen Ebenen auch nur annähernd genau beschreiben oder gar die jeweiligen Erklärungsansätze vorstellen wollen.

4.5.3 Linguistische Ebene – Störungsformen: Beispiele

Ebenso wenig können und sollen hier die verschiedenen Arten der Störungen der Sprachentwicklung besprochen werden, welche dann einer logopädischen Behandlung zugeführt werden. Bei Sprachentwicklungsverzögerungen (SEV)[1] oder Sprachentwicklungsstörungen (SES)[2] muss als Voraussetzung für eine gezielte Behandlung unter anderem die jeweils aktuelle kindliche Sprache auf den wichtigsten Ebenen beschrieben werden[3]. Eine weitere Voraussetzung ist natürlich, dass bereits beherrschte Verhaltensweisen und Abweichungen von der üblichen Erwerbsreihenfolge registrierbar und Ziele bestimmbar sind. Daneben sind Kenntnisse der Ursachen einer SES/SEV nötig.[4]

Weil die Entwicklung auf den einzelnen der erwähnten Ebenen hier nicht systematisch durchgegangen werden kann, folgen zur Illustration

[1] SEV: Sprachlicher Entwicklungsverlauf setzt erheblich später ein bzw. verläuft langsamer, ist aber in sich normal organisiert.

[2] SES: Komponenten der Sprachentwicklung sind in sich nicht „normal" organisiert, also strukturell, nicht nur zeitlich „betroffene" Sprachentwicklung.

[3] Hauptbeschreibungsebenen: Bedeutung, Form, Gebrauch (s.o.)

[4] Ursachen z.B.: Mangel an sprachlicher Anregung, geistige Entwicklungsstörung, Erkrankungen des ZNS, Erkrankungen peripherer Sprechwerkzeuge wie z.B. Lippen-Kiefer-Gaumenspalte

einige Beispiele dafür, wie Störungen oder Entwicklungsverzögerungen diesen Ebenen zuzuordnen wären.

Bei einem 5-jährigen Kind könnten z.B. im Rahmen einer SES Schwächen in der Geräuschdifferenzierung (auditive Wahrnehmung) auffallen. Diese Schwächen können maßgeblich sein beim Zustandekommen von Problemen in der Lautentwicklung. Beispiele für Letztere wären (als eine Form der „Dyslalie") ein Sigmatismus - Probleme mit der korrekten Aussprache des harten oder weichen „s" - oder Schetismus - betrifft Aussprache des „sch" - oder Chitismus - betrifft Aussprache des „ch". Für die korrekte Artikulation benötigt das Kind Hör-Erfahrung; Sprache anderer Sprecher muss gehört werden (dabei muss auditiv diskriminiert werden zwischen den unterschiedlichen Lautbildungen und auf dieser Basis müssen entsprechende interne Standards oder „Soll-Werte" gebildet worden sein), und das selbst Artikulierte muss gehört werden - Eigenhören -, damit es, im Sinne des sensomotorischen Regelkreises[1], geprüft und korrigiert werden kann. Logopäden arbeiten hier also nicht nur auf der Ebene der Artikulationsverbesserung; vielmehr ist eine verbesserte Differenzierung auf der Ebene des Hörens (Diskrimination von Geräuschen und Klängen, von Rhythmen, auditive Merkfähigkeit etc.) eine wichtige Voraussetzung für die Ausbildung von Fähigkeiten auf der Lautbildungsebene. – Ganz anders liegt das Problem, wenn bei einem erwachsenen Menschen eine Funktionsbeeinträchtigung der motorischen Hirnnerven zu einer Störung des Sprechens führt („Dysarthrie" als Folge der Störung der muskulären Kontrolle über die Sprechmechanismen).

Auf der Ebene der Entwicklung von Syntax und Morphologie wäre z.B. an Entwicklungsverzögerungen der Art zu denken, dass ein korrekter Satzbau nicht altersgemäß möglich ist. Kinder mit einem Dysgrammatismus stellen z.B. häufig verbale Elemente an das Satzende („Heiner Hose macht.") oder stellen das Subjekt nach („Zähne rausmacht der"). Es scheint hier eine reduzierte Verfügbarkeit über Sprachverarbeitungsstrategien vorzuliegen; die Merkfähigkeit für Formeln/Regeln ist offenbar eingeschränkt.

Auf der Ebene der Pragmatik hätte man eine Störung vorliegen, wenn ein Kind z.B. noch mit acht Jahren nicht in der Lage wäre, einem anderen Kind Gegenstände situationsangemessen[2] zu benennen („Benennungsflexibilität" als Aspekt der kommunikativen Kompetenz).

[1]⇒ Kap. 2.3: „sensomotorischer Regelkreis"
⇒ Kap. 4.2. über Sprachwahrnehmung

[2]⇒ Kap. 4.5.4.2

4.5.4   Theorien zur Erklärung des Spracherwerbs

Beim Spracherwerb wirken angeborene Grundlagen, das sprachliche Milieu (einschließlich der Art, wie wir sprachlich angeregt und für Sprachproduktion verstärkt werden), Lernprozesse und die kognitive Entwicklung zusammen.

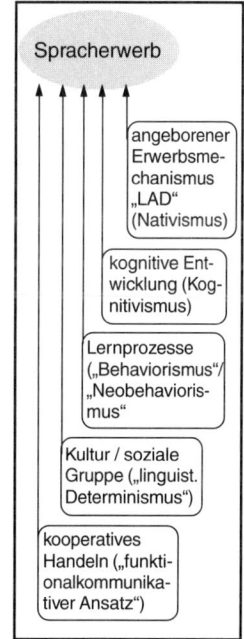

Spracherwerb

angeborener Erwerbsmechanismus „LAD" (Nativismus)

kognitive Entwicklung (Kognitivismus)

Lernprozesse („Behaviorismus"/ „Neobehaviorismus"

Kultur / soziale Gruppe („linguist. Determinismus")

kooperatives Handeln („funktionalkommunikativer Ansatz")

4.5.4.1 Erklärungsansatz des „Nativismus"

Chomsky (und ähnlich Lenneberg) betonte die angeborenen Voraus-setzungen für den Spracherwerb.[1] Er bestreitet, dass diese durch Er-fahrung, Übung usw. entstehen und spricht vielmehr von einem (an-geborenen) Spracherwerbsmechanismus (LAD, language acquisition device). Spracherwerb beruht demnach nicht auf Gewohnheitsbildun-gen und Assoziationen (z.B. von Reaktionen mit Reizen, wie sie in behavioristischer Perspektive so bedeutsam sind) sondern darauf, dass die zugrunde liegenden Organisationsprinzipien angeboren sind. Sprachliches Verhalten wird keineswegs immer durch erkennbare Sti-muli ausgelöst; es ist kreativ (nie zuvor Gehörtes kann formuliert werden). Sprachliche Äußerungen, die ans Ohr des Kindes gelangen, sind tatsächlich recht unregelmäßig, oft viel zu unvollkommen, als dass man annehmen könnte, dass daraus nur nach den Prinzipien des Lernens Sprache erworben würde.

Wichtig ist in dieser Auffassung, dass Sprache unter anderem durch Regelbildungsprozesse erworben wird. Wir verfügen über angeborene Fähigkeiten, Eingabesignale (gehörte Sprache) intern zu repräsentieren (also sozusagen innerlich abzubilden, festzuhalten). Ferner besitzen wir

Hypothesen über Regeln der Sprache

angeborene Fähigkeiten, Hypothesen über die Sprachstruktur (also die Struktur des innerlich Repräsentierten) zu bilden, und zwar auf Basis von Anfangseingrenzungen (quasi Richtungsvorgaben) für die Hypo-thesenbildung, so dass nicht x-beliebige Hypothesen gebildet werden. Dann verfügen wir über Methoden der Hypothesenüberprüfung und -bewertung, wobei vor allem einfachere Regeln bevorzugt werden, wenn verschiedene unterschiedlich komplizierte Regeln gleiche Erklärungs-kraft hätten. Dies sind also die wesentlichen Fähigkeiten, die den LAD ausmachen.

Nach dieser Auffassung gibt es sog. Universalien; dies sind Hypo-thesen über die Natur der Sprache im Sinne universell gültigen Wissens über Sprache. Etwas unklar bleibt, ob diese Universalien selbst als uns angeboren aufzufassen wären oder ob eher zu vermuten ist, dass wir aufgrund unseres LAD dazu angelegt sind, zuerst diese universellen

Universalien

Regeln zu entdecken. Solche Universalien sind z.B.: Sprache besteht aus Konsonanten und Vokalen; Nomen und Verben werden in Einheiten zu Nominal- und Verbphrase zu Sätzen komponiert (Beispiel: Der Ang-ler - fängt einen Hecht); Sprache ist hierarchisch gegliedert, sie hat eine Tiefenstruktur, die durch Transformation in eine Oberflächenstruktur überführt wird; teils wird auch angenommen, dass syntaktische Basis-relationen wie Subjekt des Satzes, Prädikat des Satzes, Objekt des Sat-zes Universalien, vorgeformte Organisationsformen des Gehirns sei-en[2].

Kritisch muss zu Chomsky angemerkt werden, dass es für einiges auch plausible andere Erklärungsansätze gibt; als Psychologe fragt man sich, ob man an quasi angeborene Kategorien wie „Subjekt des Satzes" glauben soll, wenn es wichtige Voraussetzungen in der normalen kog-nitiven Entwicklung gibt - basierend durchaus auf vorsprachlichen In-teraktionsmustern zwischen Bezugspersonen und Kind -, die sozusagen den Erwerb dieser grammatischen Kompetenzen vorbereiten, wenn nicht erklären. Eingewandt gegen die Chomsky-Annahme des LAD wurde auch, dass der „Sprachinput" (das, was Kinder in ihrer Umgebung hören) keineswegs so ungeordnet ist[1], dass man daraus keinerlei Strukturen „lernen" könnte. Zum Beispiel bemühen sich Erwachsene meist, indem sie ihre eigene Sprache vereinfachen, kindgerecht zu kommunizieren („Regression im Dienste des Kindes")[2]. Sie machen dem Kind dadurch die Regeln sehr deutlich, als erwachsenem Zuhörer scheint einem manchmal: fast überdeutlich. Damit wird nicht behauptet, dass Spracherwerb aus einfachen Konditionierungsprozessen und Imitationen besteht. Aber Chomskys (in Abgrenzung zum Behaviorismus vorgebrachte) Annahme vom ungeordneten Sprachinput scheint doch etwas gewagt.

Lenneberg wies darauf hin, dass es auch wichtige hirnorganische Grundlagen des Spracherwerbs gibt. Das menschliche Gehirn erwirbt Sprache besonders gut und leicht, solange es noch „plastisch" ist; schwerer wird es (nach 5 Jahren, besonders aber nach 12 Jahren), wenn die Strukturen gefestigt sind. Dagegen wurde oft eingewandt, dass sogar das nicht sprachkundig aufgefundene Mädchen *Genie* Sprache noch nach 12 Jahren erwirbt. Festgestellt werden aber muss auch, dass es große Probleme mit der Syntax behielt, also nicht so flüssig sprach wie Kinder es normalerweise tun.

4.5.4.2 Erklärungsansatz des „Kognitivismus"

In der Piaget-Tradition[3] wird davon ausgegangen, dass zum einen der Spracherwerb in den jeweiligen Phasen durch die kognitive Entwicklung bestimmt ist.[4] Zum anderen kommt diese kognitive Entwicklung durch das Wechselspiel von (biologischer) Reifung, individueller und sozialer Erfahrung und Selbstregulationsprozessen zustande.

Man kann sich z.B. leicht vorstellen, dass für die Fähigkeit, über etwas zu sprechen, das real gerade gar nicht da ist („imaginiertes Zeigefeld" - Grimm & Engelkamp, 1981, S. 95), einige kognitive Voraussetzungen erworben sein müssen, z.B.

- dass man sich etwas überhaupt innerlich vorstellen kann;
- dass man glaubt, dass Dinge überhaupt über die momentane sinnliche Wahrnehmung hinaus „permanent" existieren;
- dass man davon ausgehen kann, dass etwas „symbolisch" bzw. durch sprachliche Zeichen darstellbar ist usw.

Was den Umgang mit der Sprache betrifft, so erwerben wir beim Heranwachsen grundsätzlich zwei Arten von Kompetenzen, die zu unterscheiden sinnvoll sind (vgl. Grimm, 1982; Grimm & Schöler, 1978), nämlich eine grammatische und eine sozial-kommunikative. Die grammatische oder auch linguistische Kompetenz betrifft die Fähigkeit zum Umgang mit der Sprache als (linguistischem) System. Hier wird darauf abgehoben, dass es zwischen den Komponenten der Sprache, z.B. Wörtern, Sätzen, eine innere Ordnung gibt, regelhafte Beziehungen.

Von sprachlich-linguistischer oder grammatischer Kompetenz kann man reden, wenn jemand dieses System beherrscht, also z.B. korrekt Wörter im Satz verwenden, Pluralbildungen usw. vornehmen kann, wenn

[1] Ist die Sprache, die das Kind zu hören bekommt, „geordnet" genug oder zu chaotisch, um nach Konditionierungsgesetzen grammatische Regeln daraus lernen zu können?

[2] Erwachsene passen ihre Sprache dem Kind an.

[3] ⇒ Kap. 1.3: kognitives Paradigma

[4] ⇒ Kap. 3.3.1

Sprache als System und die grammatische Kompetenz

er Sätze konstruieren und verstehen bzw. Abweichungen von dieser Ordnung registrieren kann.

Diese Fähigkeiten entwickeln sich beim Kind innerhalb einer überwältigend kurzen Zeitspanne sehr weitgehend. Darüber hinaus müssen wir aber Sprache im sozialen Kontext auch so benutzen, dass wir andere damit erreichen, unsere Absichten durchsetzen, uns selbst ausdrücken, etwas über etwas anderes sagen können; wir wollen damit auch regulieren und appellieren. Wir wollen uns situationsadäquat und effizient äußern, nicht nur grammatisch richtig. Dazu brauchen wir Alltagswissen über Menschen („Laienpsychologie"), über soziale Beziehungen, über soziale Normen. Diesen zweiten Aspekt kann man als (sozial-) kommunikative Kompetenz bezeichnen (Grimm: Sprache als „Handlung"). Auch diese Fähigkeiten entwickeln sich allmählich, und natürlich arbeitet diese Fähigkeit erst dann auf einem höheren Niveau, wenn wir kognitiv in der Lage sind, die verschiedenen Aspekte der Situation und unseres Wissens zu integrieren.

Wie man es sich konkret am Beispiel vorzustellen hat, wenn behauptet wird, dass kognitive Entwicklung bestimmter Art Voraussetzung dafür sei, dass sich linguistische oder kommunikative Kompetenz zeigt, dies wurde oben im Kapitel Kognition illustriert. Dort ging es schwerpunktmäßig darum, hinter den sich entwickelnden sprachlichen Fähigkeiten die kognitiven Voraussetzungen ausfindig zu machen, und bezüglich Letzterer habe ich mich vor allem an Piagets Theorie orientiert. Hier soll nun noch der Ansatz von Slobin (1973) erwähnt werden. Slobin interessierte sich für die Informationsverarbeitungsprozesse oder „Operationsprinzipien" im Kind, wenn es grammatische Strukturen der gehörten Sprache entdeckt. Weil hier der unmittelbare Bezug weniger die kognitive Entwicklungstheorie Piagets ist, sondern unmittelbar die Verarbeitung der gehörten Sprache, scheint mir dieser Ansatz im Kapitel über Sprache besser untergebracht als im Kapitel über Kognition. Welches sind nun die Operationsprinzipien, die das Kind anwendet? Hier Beispiele :

- Achte auf das Wortende. (Kinder richten ihre Aufmerksamkeit primär hierauf und lernen dadurch schneller die entsprechenden Markierungen am Wortende, also z.B. Frau oder Frau*en.*)
- Beachte die Ordnung von Wörtern und Morphemen.
- Vermeide die Unterbrechung oder Reorganisation sprachlicher Einheiten (z.B. treten Fragen bei Kindern zunächst ohne Inversion auf, also in gleichem Satzbau wie Aussagen).
- Vermeide Ausnahmen (zunächst also z.B. keine Vergangenheitsform).

Diese Vorgehensweisen lassen sich zwar nicht direkt auf Piagets Entwicklungstheorie beziehen, sollen aber illustrieren, wie eine kognitivistische Alternative zur Annahme eines angeborenen LAD „arbeitet".

Vor Abschluss der Besprechung des kognitivistischen Ansatzes muss man der Vollständigkeit halber erwähnen, dass Piaget selbst auch einige inzwischen überholte Vorstellungen über die Sprachentwicklung hatte. Gemäß seinem allgemeinen kognitiven Entwicklungsmodell sieht er das Kind ja anfangs „egozentrisch" (vgl. Kap. 3.2.3). So hielt er denn egozentrisches Sprechen des Kindes für den Ausgangspunkt der eigentlichen Sprachentwicklung. Er meinte, nachzuweisen, dass bei 3-6-Jährigen ca. 50%, bei 7-Jährigen weniger als 33% der Äußerungen „egozentrisch" seien. Er hielt Monologisieren, Echolalien (Wiederholungen), aber auch Monologe zu zweit (Partner ist nur Stimulus für eigenes Reden) für Kennzeichen egozentrischer Sprachverwendung. Heute muss man annehmen, dass „egozentrischer Sprachgebrauch", wie inneres Sprechen, Selbstgespräche, wichtig ist, auch als Begleitung des Denkens z.B. beim Problemlösen, und zwar auch beim Erwachsenen. Wichtig ist aber (vgl. z.B. Wygotsky, 1986), dass der Beginn des Spracherwerbs wesentlich dialogischer Natur ist (sozial, nicht egozentrisch). Wygotsky weist auf die soziale Herkunft des Sprechens aus der Kommunikation hin, auf ein frühes vorintellektuelles Sprechen sowie umgekehrt auch auf nicht-sprachliche Anfänge des Denkens. Im Verlauf der Entwicklung gehen Sprache und Denken eine enge Symbiose ein. Innere Sprache hilft dann beim Denken und äußerliches Sprechen dient weiterhin der Kommunikation. Dabei stellen Worte durchaus auch „Einladungen" zu Begriffsbildungen dar.[1]

> Sprache beginnt im Dialog, nicht egozentrisch

> [1] ⇒ Kap. 6.5.4.4

4.5.4.3 Funktional-kommunikativer Erklärungsansatz

Im funktional-kommunikativen Erklärungsansatz (vgl. z.B. Bruner (1972, 1982) wird Sprache als spezialisierte und konventionalisierte Erweiterung kooperativer Handlungen aufgefasst. Eine Strukturgleichheit von Handlung und Sprache wird angenommen: Aktionen von Bezugspersonen im Umgang mit dem Kind haben Strukturen, die später bei der Benutzung von Sprache auch sichtbar werden. Zunächst sind es die Handlungen allein, die dann von Sprache begleitet werden, und schließlich kann Sprache die Handlung sogar ersetzen.[2]

4.5.4.4 These des „linguistischen Determinismus"

> [2] Bereits in Kap. 3.3.1 wurde erwähnt, dass Mütter Spiele inszenieren und Kindern geradezu Strukturen demonstrieren, die unter anderem auch Strukturen der Sprache sind.

In der häufig als Sapir-Whorf-Hypothese bezeichneten Ansicht über den Spracherwerb (vgl. Oksaar, 1977) wird angenommen, dass die Sprache meiner Kultur mir Kategorien für mein Wahrnehmen und Denken liefert. Wenn es innerhalb einer Umwelt relevant ist, wird sprachlich gut differenziert: Dann gibt es sehr viele verschiedene Namen für unterschiedliche Reissorten und -zustände, für Grüntöne, für Schneesorten, für Verwandtschaftsgrade usw. Es ist aber empirisch nicht ausreichend belegt, dass Menschen, die nur einen einzigen Namen für x1, x2 und x3 kennen (statt drei), NICHT zu ähnlichen kognitiven Differenzierungen in der Lage wären wie Menschen, die dafür verschiedene differenzierende Namen kennen. Dennoch wird in der Sapir-Whorf-Hypothese eine AUCH wirksame Kausalrichtung (Sprache → Denken und Wahrnehmen) angesprochen, die an der erwähnten Wechselbeziehung zwischen Sprache und Denken beteiligt ist. Wenn festgestellt wird, dass

> Sprache → Denken und Wahrnehmen

in unterschiedlichen sozialen Schichten unterschiedliche Differenzierungsgrade der Sprache (Vokabular, Differenziertheit der Syntax etc.) vorzufinden sind, kann das auch bedeuten, dass hier die Sprache sozusagen das Transportmittel für verschiedene Grade der Wahrnehmungs- und kognitiven Differenzierung darstellt. Diese werden also via Sprache weitergegeben. Darin werden sich sicher nicht nur soziale Schichten voneinander unterscheiden, sondern soziale Gruppen generell. Auch hierin spiegelt sich der enge Zusammenhang von Sprache und Denken wider. Gemeinsam können sie Zugangschancen in dem Sinne versperren, als in der Gesellschaft soziale Mobilität von einer Sphäre in die andere, z.B. von unten nach oben (Aufstiegschancen), erschwert wird, wenn die (sprachlichen und kognitiven) Mittel der angestrebten Sphäre nicht beherrscht werden.

4.5.4.5   Behavioristische und neobehavioristische Ansätze

Es hat Versuche gegeben, das gesamte Spektrum menschlichen Verhaltens einschließlich des Spracherwerbs „behavioristisch" zu erklären. Dies erscheint aber heute nicht mehr aktuell oder sinnvoll. Gleichwohl spielen Lernprozesse beim Spracherwerb unzweifelhaft eine wichtige Rolle, und zwar an den verschiedensten „Stellen". Einige sollen beispielhaft hier erwähnt werden.

Ohne Imitationslernen[1] ist Spracherwerb kaum denkbar. Woher sonst soll ein Kind es nehmen, dass einem wahrgenommenen Gegenstand (Person/Ereignis/Zustand) ein verbales Zeichen zugeordnet werden kann, das andere auch benutzen, um diesen Gegenstand zu bezeichnen? Während bestimmte (nonverbale) Gesten, sozusagen im Sinne analoger Kommunikation[2] auch instinktive Wurzeln haben[3], also auch recht direkt aus unserem genetischen Erbe hervorgehen, setzt die Verwendung eines konkreten sprachlichen Zeichens sozialen Konsens über das Zeichen und seine Zuordnung zu dem damit Gemeinten voraus. Das Zeichen ist nicht an sich irgendwie logisch. So entsteht als Ergebnis erlebter Kommunikation eine innere Repräsentanz dessen, was man gehört hat (wie das Wort klingt) oder des schriftlichen Zeichens (wie das geschriebene Wort sich ansieht oder anfühlt). Hingegen erscheint es unwahrscheinlich, dass grammatische Regeln nur über Imitation gelernt werden; dieser Erwerbs-Prozess beinhaltet vielmehr komplexere kognitive Vorgänge wie die Ableitung und Überprüfung von Regeln. (Dass hier speziell beim Menschen gegebene angeborene Grundlagen beteiligt sind, erscheint plausibel.)

Neben dem Imitationslernen sind Bekräftigungsprozesse wichtig (instrumentelle Konditionierung). Bekräftigungen oder Verstärkungen erfolgen meist selektiv, durchaus einem „shaping"-Programm[4] vergleichbar; auf niedrigem Entwicklungsniveau verstärkt die Mutter das Kind vielleicht dafür, dass es überhaupt versucht, etwas Wortähnliches bei angeblicktem Gegenstand zu benutzen (wenn es z.B. „Wauwau" zu einer Kuh sagt); später verstärkt sie solche „falschen" Äußerungen nicht mehr, sondern selektiv die „richtige" Wortwahl, aber auch „richtige Sät-

[1]⇒ Kap. 8.2.4

[2]⇒ Kap. 4.1

[3]zum Vergleich: Droh- und Paarungsrituale bei Tieren, vgl. z.B. Tinbergen, 1966

[4]⇒ Kap. 8.2.3: „Verstärkungsprogramme"

ze" im Gegensatz zu solchen, die auf ein falsches Regelverständnis rückschließen lassen. Die Mutter passt sich also auch mit ihrem Bekräftigungsverhalten dem Entwicklungsstand des Kindes an (und „regrediert" auch insofern im Dienste des Kindes, erweist sich dabei in der Regel als recht kompetente Lerntheoretikerin).

Klassische Konditionierungsprozesse finden beim Spracherwerb immerzu statt, aber auch bei Erweiterungen oder Modifizierungen des Wort-Bedeutungs-Repertoires des Erwachsenen. Beispiel: Wenn es nicht gerade um sinnlose Silben geht, werden mit einem Wort, einem Namen, Gefühle verbunden; oft auch Fantasien, natürlich auch visuelle Bilder und dgl. Diese Kopplungen (z.B. Wortklang → Gefühl der Angst) beruhen auf Verbindungen, die man erlebt hat. Solche Verbindungen können im behavioristischen Paradigma als S-R-Verbindungen verstanden werden (Stimulus-Response), die nach dem Muster des Klassischen Konditionierungsprinzips entstehen (also wie beim Pawlow'schen Hund die Verbindung zwischen akustischem Signal und Speichelfluss)[1].

Wort und Gefühl

[1]⇒ Kap. 8.2.2

> Wenn ich auf der für mich zuvor emotional neutralen „Gründelstraße" schlimme Unfälle erlebe oder in Erzählungen immer wieder darauf hingewiesen werde, wie furchtbar Ereignisse auf der Gründelstraße waren, verbindet sich in mir diese emotionale Reaktion (Angst, Schrecken oder zumindest Abneigung) mit diesem Wort. Das Ganze kann auch sozusagen über mehrere Ecken herum laufen: Wenn ich immer wieder mit der Verbindung eines Namens mit dem Namen Kennedy konfrontiert bin, konnotiere ich mit diesem Namen anderes, als wenn der Zusammenhang immer wieder mit Stalin oder Auschwitz hergestellt würde. In der Werbung wird von solchen Zusammenhängen reichlich Gebrauch gemacht: Der Name einer Spirituose mag z.B. immer wieder in Zusammenhang mit braun gebrannten wohlgestalteten Menschen fallen, die sich im Urlaub amüsieren, und so bekommt der Schnapsname allmählich im Zuschauer einen „Beigeschmack" von Erotik, Urlaub, Abenteuer.

So können sich also Bedeutungsaspekte (Aspekte der Wortbedeutung, Konnotationen) verändern oder überhaupt erst aufgebaut werden.

Auch wenn allerorten Lernprozesse beim Spracherwerb mitbeteiligt sind, wäre wie gesagt die Behauptung falsch, Sprache werde ausschließlich auf diesem Wege erworben. Auch eine Annahme, Sprechen sei nichts anderes als lautes Denken, Denken nichts anderes als leises Sprachverhalten (so genannte „Identitätshypothese"), beides auf gleiche Weise nach den bekannten Konditionierungsmechanismen[2] gelernt, befriedigt nicht.

[2]⇒ Kap. 8

Literaturempfehlungen zu Kapitel 4:

Schulz von Thun (1981) hat die genannten vier Seiten der Kommunikation als „Kommunikationsquadrat" beschrieben und Vorschläge gemacht, wie man sich dafür sensibilisieren kann, diese Aspekte besser herauszuhören. Zur Sprachentwicklung empfiehlt sich für Logopäden das Buch von Szagun, 1996. Zur Allgemeinen Sprachpsychologie, also Sprachwahrnehmung, -rezeption, -produktion empfiehlt sich für Logopäden das Buch von Grimm & Engelkamp, 1981. Das von mir häufiger zu Rate gezogene Buch von Herrmann (1985) zur Allgemeinen Sprachpsychologie ist relativ schwere Lektüre. „Klassische" Werke zum Zusammenhang von Sprache und sozialer Schicht/Gruppe: Bernstein, 1972; Oevermann, 1972.

Fragen zu Kapitel 4:

- Welche der sog. Watzlawick-Axiome über Kommunikation kennen Sie?
- Welche Funktionen hat Kommunikation?
- Welche nonverbalen Aspekte der Kommunikation gibt es und über welche „Medien" werden sie vermittelt?
- In welche Phasen lässt sich der Spracherwerb einschließlich der vorsprachlichen Entwicklung untergliedern?
- Welche theoretischen Positionen können Sie nennen, die zur Erklärung des Spracherwerbs in der Psychologie eingenommen wurden? (Nennen Sie für jeden Ansatz zwei Beispiele, die seine Fruchtbarkeit illustrieren und nehmen Sie zu universellen Erklärungsansprüchen solcher Ansätze Stellung.)
- Was ist LAD?
- Welche „informationsverarbeitenden Strategien" des Kindes beim Grammatikerwerb beschreibt Slobin?
- Was versteht man unter „Analyse durch Synthese" und „Motortheorie" bei der Sprachwahrnehmung?
- Welche „Voreinstellungen" sind bei der Sprachrezeption hilfreich?
- Welche Gegebenheiten werden bei der Sprachproduktion mitverarbeitet?
- Was ist ein Netzwerkmodell, was ein propositionales Modell? Was wird dadurch dargestellt?
- Speziell Ergotherapeuten: Welche Störungen im Zusammenhang mit der Sprache sollten Sie zumindest im Groben erkennen können?

5 PERSÖNLICHKEIT UND PERSÖNLICHKEITSENTWICKLUNG

5.1 Definition für Persönlichkeit

Persönlichkeit kann man definieren als die einzigartige Struktur von Wesenszügen eines Menschen. Etwas ausführlicher könnte man sagen: Mit Persönlichkeit meint man die

- relativ situationsstabile
- zeitlich überdauernde - aber gleichzeitig -
- dynamische

Organisation von Eigenschaften, Gewohnheiten, Einstellungen, Motivationen, Interessen u.Ä. einer Person.

Diese Organisation kommt zustande durch die Interaktion der

- biologischen, primären Triebe mit der
- sozialen, kulturellen und physischen Umwelt.

Mit situationsstabil ist gemeint, dass man man selbst (als Persönlichkeit) bleibt, auch wenn man die Situation, den Kontext wechselt und z.B. verschiedene soziale Positionen übernimmt (Vater, Arbeitnehmer usw.). Das Gleiche gilt für verschiedene Zeitpunkte. In diesem Zusammenhang wird in der Literatur oft der Aspekt der Kohärenz und Konsistenz betont - vgl. Stern, 1992 und Scharfetter, 1985. Es würde ja wenig Sinn machen, überhaupt von Persönlichkeit zu sprechen, wenn nicht etwas die Situationen und die jeweiligen Zeitpunkte Überdauerndes da ist. Andererseits sind wir ja nicht starr. Es wird von uns verlangt, uns anzupassen - und wir selbst kommen dem auch nach, um unsere Bedürfnisse und Anliegen zu befriedigen. Wir benehmen uns in Freundschaften anders als in Liebesbeziehungen oder Arbeitsbeziehungen, bei Begräbnissen anders als im Rock-Konzert. Dies ist der dynamische Aspekt neben dem der Kontinuität, Konsistenz oder Stabilität.

In der Perspektive der Verhaltenstheorie betont man den Aspekt gelernten Verhaltens und somit wiederkehrende Verhaltensmuster. In der tiefenpsychologischen Perspektive betont man oft die Aspekte der Triebkontrolle und der Regulation innerer Ängste. Jeder Mensch hat diesbezüglich sein eigenes Muster. Der eine reagiert eher depressiv, der andere eher zwanghaft, und so hält jeder auf seine Weise Triebe und Ängste unter Kontrolle und gewährleistet sich zugleich ein Stück Triebbefriedigung.

Empirische Forschung (vgl. Herrmann, 1991) hat aufgezeigt, dass man Menschen auf Beschreibungsdimensionen „anordnen" und so vergleichend charakterisieren kann. Solche Dimensionen sind z.B. Extraversion, Ängstlichkeit oder Intelligenz.

Es ist eine alte Streitfrage, ob es „Typen" in der Realität wirklich gibt oder ob wir sie nicht vielmehr (als Beobachter) „konstruieren" und solche Bilder dann an reale Personen herantragen, d.h. auf sie projizieren. (Was man sich mit kognitiver Ökonomie erklären könnte oder auch mit dem Bedürfnis, die Welt überschaubar und vorhersehbar zu machen.) Jemand erscheint uns dann als zwanghafter, depressiver, schizoider oder hysterischer Typ.

Extraversion: nach außen gekehrt, gesellig - gegenüber Introversion

Typen: Konfigurationen oder bestimmte Muster von Eigenschaften

97

Im Folgenden wird nun die Rede vom dynamischen Persönlichkeits-modell der Psychoanalyse sein, von den hinter menschlichem Handeln anzunehmenden Motiven und dann wird weitergefragt, wie man sich die Entwicklung der menschlichen Persönlichkeit vorzustellen hat.

5.2 Persönlichkeitsinstanzen nach psychoanalytischem Verständnis

Wenn nun von Es, Ich und Überich gesprochen wird, so ist damit ein dynamisches Persönlichkeitsmodell (aufbauend auf Freud, 1923) ange-sprochen - ein Instanzenmodell, bei dem von einer inneren Dynamik zwischen den Instanzen ausgegangen wird. Je nachdem, wie gut Ich und Überich bei einer Person ausgeprägt sind, sprechen wir von einer gut strukturierten oder einer weniger gut strukturierten Persönlichkeit (Letzteres z.B.,wenn jemand keine ausreichende Steuerung durch ein Gewissen oder Überich hat). Ein solches Modell hilft uns zu verstehen, was in Menschen vor sich geht, wie Menschen mit schwierigen (z.B. Versuchungs- oder Versagungs-) Situationen umgehen.

Das Es: Es ist Sitz der Triebquellen für Libido („Lebenstrieb" bzw. Sexualität in einem breiten Verständnis) und für den Todestrieb sowie des Verdrängten[1]. Für Triebe unterscheidet Freud: Triebquelle, Trieb-stärke („Drang"), Triebziel (Art der Befriedigung) und Triebobjekt (z.B. Sexualpartner). Der Wirkmechanismus besteht nach Freud in der Abfolge: Ansteigen von Spannung, Spannungsabfuhr, Befriedigung. Besonders relevant für die Persönlichkeitsentwicklung sind Lebenstrieb/ Libido und Todestrieb/Aggression. Auf die „Libido" wird weiter unten eingegangen[2]. Was den „Todestrieb" betrifft, so blieb Freud (z.B. 1920) zeit seines Lebens zögerlich und vorsichtig, was diese Annahme betrifft, meinte aber, für viele Phänomene keine bessere Erklärung zu finden. Der Todestrieb richtet sich zunächst mal gegen das eigene Leben. Es ist die in uns wirksame Tendenz, abzusterben, unterzugehen. Der Todes-trieb wird manchmal besonders deutlich, wenn Patienten einfach krank bleiben „wollen", nicht zu heilen sind; er tritt auch in gewissen Formen des Wiederholungszwanges in Erscheinung (man entwickelt sich nicht fort, verändert sich nicht zum Besseren hin, sondern wiederholt immer die gleichen starren Muster). Und natürlich richtet er sich in Form aggressiver Regungen nach außen. In so gewaltigen wie gewalttätigen Vorgängen wie den Weltkriegen erscheint der Todestrieb geradezu als gewaltige Tendenz zur Destruktion entfesselt und letztlich, wenn man sich das Ganze anschaut, auch zur Autodestruktion. Melanie Klein (1997) räumte dem kindlichen Sadismus als Träger des Todestriebes eine zentrale entwicklungspsychologische Rolle ein.

Das Ich: Das Ich kann als die zentrale, integrierende Instanz der Persönlichkeit verstanden werden. Das Ich stellt den Realitätsbezug her. Dazu gehören Wahrnehmen und Verstehen der Umwelt, Alltagswissen, Denken, Planen; dazu gehört auch, in der Umwelt zielgerichtet zu handeln, also etwa sich durchzusetzen und seine Interessen sinnvoll zu vertreten. Wenn das Ich Impulse nicht in den Griff bekommt, mün-

Es:
- Libido
- Todestrieb
- Verdrängtes

[1] ⇒ Kap. 5.2: „Triebkon-trolle/Abwehr"

[2] ⇒ Kap. 5.6.1

Todestrieb und kindliche sadistische Fantasien

Ich:
- Realitätsbezug (Denken, Durchsetzen...)
- Ichbewusstsein (Be-wusstsein seiner selbst)
- Triebkontrolle

98

det dies in so genannte Triebdurchbrüche, Affekthandlungen oder Wahn.

In der psychoanalytischen und entwicklungspsychologischen Literatur der letzten Jahrzehnte trat der Begriff des <u>Selbst</u> in den Vordergrund. Die Beziehung zwischen Ich und Selbst wird kontrovers diskutiert. Das „Selbst" kann man als strukturierte Organisation von Erfahrungen, die der Person einen Sinn von sich selbst verleihen, definieren (Wolf, 1988). Es entwickelt sich im frühen Kindesalter im affektiven Austausch mit den Eltern (affektive Einfühlung, Begleitung). Es organisiert sich also im Zusammenwirken von Empfinden seiner selbst und Bezogenheit auf andere, eben zunächst auf die Eltern. Ein zentraler Bereich des Selbst ist das Körperselbst[1].

[1]⇒ Kap. 2

<u>Ichbewusstsein / Bewusstsein seiner selbst</u>: Eine wichtige Frage für den klinischen Alltag in den Bereichen Psychiatrie, Psychosomatik, Sucht ist die, wie wir uns unserer selbst eigentlich gewahr werden. Es gibt nämlich höchst auffallende Störungen bei Menschen, was diese Frage betrifft; Störungen, die so gravierend sind, dass der ganze Mensch in seinen Bezügen zur Umwelt und zu sich massiv beeinträchtigt ist, wie das z.B. bei akuten Psychosen oder bei schwersten Depressionen der Fall ist. Störungen können sich auch in anderen Zuständen ergeben, z.B. bei hochgradiger Erregtheit oder Panik, wo es zu einer Fragmentierung des Selbst (im Gegensatz zu „Kohärenz" des Selbst) kommen kann.

Der Schweizer Psychiater Scharfetter (1985) hat im Rahmen seiner Allgemeinen Psychopathologie wichtige Hinweise zum Verständnis der Störungen des Bewusstseins seiner selbst gegeben.[2] Sein Ansatz ist zwar kein „psychoanalytischer", passt sich aber m.E. gut in die Besprechung der Instanzen ein. Die Facetten dieses Bewusstseins sind:

[2]Ergotherapeuten können Hinweise zur Behandlung schizophrener Ichstörungen auf Basis dieses Modells nachlesen in Scheepers, 1993.

- *Ich-Vitalität* ist das Gefühl der eigenen Lebendigkeit, das z.B. vermindert sein kann wie im Falle von Depressionen oder Erkrankungen des schizophrenen Formenkreises.
- *Ich-Aktivität* - wir erfahren uns als eigentätig, „eigenmächtig" in unserem Handeln; im Falle schwererer Störungen kann diese innere Gewissheit verschwinden, so dass wir nicht mehr das Gefühl haben, uns selbst zu steuern, sondern evtl. sogar, dass wir von außen gesteuert werden (womit gleichzeitig eine Grenzstörung verbunden ist).
- *Ich-Konsistenz oder -Kohärenz* - sich als zusammengehörige Einheit erleben. Die Störung äußert sich z.B. darin, dass jemand das Gefühl des Zusammenwirkens zwischen Absicht und Umsetzen der Absicht in die Handlung verloren hat. Er weiß, was er will, aber kann es nicht tun.
- *Ich-Demarkation* - Abgrenzung; Unterscheidung Ich und Nicht-Ich. In Körperzeichnungen zeigen sich bei Menschen mit Grenzunsicherheiten oder Unsicherheiten ihres Selbst und seiner Abgrenzung oft entsprechend unscharfe Konturen (oder auch besonders krass aufgezeichnete Konturierungsversuche als Bemühung um Grenzsicherheit).
- *Ich-Identität* - Bewusstsein der Selbigkeit trotz des Wandels von eigener und Umweltgestalt im Verlauf der Lebensgeschichte; „Ich-Identität ist untrennbar vom Leibgefühl". Bei schweren Ich-Identi-

täts-Störungen hat jemand z.B. zwei oder mehrere (multiple) Identitäten.

Ein ganz wichtiger weiterer Funktionsbereich des Ichs sind die Mechanismen der <u>Triebkontrolle</u> (Abwehrmechanismen) - und die Fähigkeit
zum Befriedigungsaufschub. Innerpsychische Abwehr wird in der psychoanalytischen Theorie und Therapie so verstanden, dass sich etwas
im Menschen dagegen wehrt, mit eigenen schmerzhaften oder angstbesetzten Themen oder Wünschen (vor allem libidinösen oder aggressiven) in bewussten Kontakt zu kommen. Man schützt sich dagegen. Teils
geschieht dies durch Verdrängung des ganzen bedrohlichen Komplexes
(man „weiß" es nicht mehr, man erinnert sich nicht mehr daran).

> Wenn man an die im Kapitel über Kognition/Intelligenz gemach
> ten Bemerkungen denkt (Thema: Begriffe), kann man es auch so
> fassen: Die zugehörigen Netzwerkbereiche oder Propositionsstruk
> turen können nicht aktiviert werden, oder auch: Sie können nicht in
> den Arbeitsspeicher hineinkopiert werden. Hier liegt die Ähnlich
> keit zwischen einer tiefen Verdrängung und dem, was z.B. bei einer
> Aphasie gegeben sein kann. So wie bei einer Aphasie der Logopä
> de manchmal versucht, eine blockierte Verbindung (z.B. zwischen
> Begriff und Wort) zu deblockieren, so versucht man manchmal in
> nerhalb der Psychoanalyse, den Patienten frei assoziieren zu las
> sen, um auf diese Weise vielleicht dann mithilfe einer analytischen
> Deutung den blockierten Inhalten näher zu kommen. Der Unter
> schied liegt natürlich darin, dass es sich bei der Verdrängung um
> ein psychisches Trauma handelt, was Ursache der Blockierung
> wurde (z.B. wenn jemand eine Missbrauchssituation verdrängt hat).

Auch die anderen innerpsychischen Abwehrmechanismen funktionieren großteils unbewusst, sie sind also einem unbewussten Teil des Ichs
zuzurechnen.

> Bei der Projektion wird etwas Eigenes nach außen geworfen, je
> mand anderem zugeschrieben; jemand, der z.B. mit eigenen ag
> gressiven Impulsen Schwierigkeiten hat (meist aufgrund von ver
> innerlichten Verboten), der mag dazu neigen, Aggressivität vermehrt
> bei anderen „wahrzunehmen". Dann wird Aggression zwar Thema
> (was ein Stück Ersatzbefriedigung ist), aber eben ohne eigene Ver
> antwortung oder „Schuld". Bei der Wendung gegen die eigene Per
> son würde der aggressive Impuls statt gegen einen anderen (z.B.
> den Vater oder Chef) gegen die eigene Person gerichtet - im Ex
> tremfall in Form eines Suizids, weniger extrem in Form von Selbst
> vorwürfen. Manche bringen sich auch in kleinen Dosen um, indem
> sie zu wenig essen oder nicht zum Arzt gehen oder zu viel Alkohol
> trinken, Zigaretten rauchen usw.

Es können hier nicht alle diese Abwehrmechanismen im Detail durchgegangen werden. Es gibt in der Literatur Versuche, sie zu klassifizieren. Mentzos (1997) ordnet sie z.B. von den unreifsten (z.B. psychotische, wahnbildende Projektionen) hin zu den reifsten (z.B. Wendung
gegen das Selbst). Ein paar Beispiele, bei welchen Symptomen welche
Abwehrformen beteiligt sind:

* Wahnideen: Projektion
* Selbstverletzung: Wendung gegen eigene Person
* Sucht: Verleugnung, Wendung gegen eigene Person, orale Abwehr

Triebkontrolle

Abwehrmechanismen: Verdrängung, Verschiebung,
Regression, Ungeschehenmachen, Reaktionsbildung,
Projektion, Verkehrung ins
Gegenteil, Wendung gegen
die eigene Person, Introjektion, altruistische Abtretung, Sublimierung, Isolierung, Verleugnung, Rationalisierung, Somatisierung,
Identifikation

- Depression: Wendung gegen eigene Person
- Zwänge: Reaktionsbildung (s.u.)

Das Ich entwickelt sich nach der Vorstellung Freuds aus dem Es heraus. Die Energien, die das Ich braucht, um seine Funktionen auszuüben (z.B. Befriedigungsaufschub, später: Denken, Planen), bezieht es aus dem biologischen „Pool", über den zunächst das Es verfügt. Das Ich entwickelt sich, weil das kleine Kind Frustrationen ausgesetzt ist, mit denen es sonst auf Dauer nicht umgehen könnte. Die Triebimpulse des Es werden nun mal nicht alle gleich erfüllt, Unlust muss ertragen werden. Das Es hat aber keine Handhabe, Unlust zu ertragen, zu warten bis später, sich vorübergehend auf ein anderes Ziel auszurichten usw. Es sind Energien nötig, das auszuhalten. Diese Energien sollen letztlich helfen, Unlust zu vermeiden, zu reduzieren, aber diese Techniken müssen sich erst entwickeln, und das können sie nur, wenn sich eine Instanz entwickelt, die zwischen Trieben und Außenwelt vermittelt: Das Ich bildet sich.[1] Es kann momentan Triebaufschub zustande bringen, es entwickelt dann auch diverse Abwehrmechanismen, die es uns erlauben, mit Triebimpulsen und Gefühlen in der gegebenen Umwelt (und später auch angesichts der Forderungen des Überich - s.u.) umzugehen. Das Ich wird die zentrale Steuerungsinstanz, die Kompromisse zu finden hat, und die letztlich dann auch die neurotischen Symptome zustande bringt. So kann in dem Waschzwang u.a. eine innerseelische Verarbeitung (Reaktionsbildung) von Exkretionslüsten (Lüsten, auszuscheiden, etwas zu produzieren und in die Umwelt zu schmieren) sichtbar werden oder auch z.B. ein Versuch, „unerlaubte" Masturbation „ungeschehen zu machen". Die Energien und Schuldgefühle werden nun aber in Form der Zwangsmaßnahmen gebunden, unter Kontrolle gehalten.

Im Denken sieht Freud eine besondere Art, mit den ursprünglichen Energien des Es umzugehen. Das Denken ist natürlich eine Ichfunktion. Die dabei verwendeten seelischen Energien sind aber gar nicht mehr als ursprünglich „sexuell" erkennbar. Sie sind von ihren sexuellen Funktionen abgelöst, „neutralisiert" oder auch „entsexualisiert", sublimiert.

Freud spricht bei Regungen des Ichs, die ja nicht primär auf Fortpflanzung (wie die des Es), sondern auf Selbsterhaltung, Durchsetzung usw. ausgerichtet sind, auch von Ichtrieben (im Unterschied zu den Lebens- und Todestrieben des Es).[2] Es gibt aber auch eine bestimmte Form von Ichtrieb, die durchaus noch erkennbaren libidinösen Charakter hat. Das sind die narzisstischen Bestrebungen des Menschen:

- Der primäre Narzissmus ist der ursprünglich beim Säugling vorzufindende Narzissmus. In den frühesten Lebensstadien ist der Mensch demnach nur auf sich bezogen, an eigener Befriedigung interessiert und kann außen noch gar nichts libidinös „besetzen". Wir brauchen in diesen ersten Lebenswochen auch diese narzisstische Zufuhr von außen, die ganz bedingungslos erfolgen muss.
- Freud hatte die Vorstellung, dass libidinöse, auf Objekte gerichtete Triebregungen manchmal wieder „eingezogen" und auf das eigene Ich gerichtet werden; er sprach dann vom sekundären Narzissmus.
- Kohut (1976) sieht das etwas anders: Demnach entwickelt sich der kindliche Narzissmus auf zwei Bahnen weiter, die eine hin zur Fähigkeit zur „Objektliebe", die andere hin zum normalen Narzissmus z.B. in der Form unseres Selbstwertgefühls.

[1] Es gibt auch psychoanalytische Autoren, die glauben, das Ich sei von Beginn an vorhanden - was mit Ergebnissen der modernen Säuglingsforschung eher zu vereinbaren scheint.

[2] nicht nur Estriebe, auch Ichtriebe

101

- Menschen können manchmal gar keine wirklichen libidinösen Beziehungen zu anderen Menschen aufnehmen; sie benutzen andere nur zur Selbstbestätigung, aus Eigenliebe (<u>pathologischer</u> Narzissmus).

Das Überich: Das Überich ist eine innere Regulierungsinstanz, die zu einem erheblichen Teil ohne unser Bewusstsein wirkt. Sie äußert sich zum Beispiel, wenn man sich ungut fühlt, weil man einmal später zur Arbeit gegangen ist, obwohl man ganz genau wusste, dass dies von anderen einschließlich Vorgesetzten gar nicht wahrgenommen wurde und auch keine Funktionsabläufe störte. Falls es zu diesem unguten Gefühl oder dieser kleinen Gewissensregung kommt, so meldet sich das Überich trotz besserer Einsicht des Ichs (das ja hier im Beispiel die Situation als ganz in Ordnung einschätzt).

- Ichideal (Idealvorstellungen über sich)
- introjizierte Gebote, Verbote
- „Gewissen"; „Schuldgefühle"
- Zusammenhang mit „Identifizierung" / Lösung des Ödipuskonfliktes

Extreme sind ein Mangel an Überich oder ein strenges sadistisches Überich.

Das Überich ist sozusagen der innere Niederschlag der Elterngebote und -verbote, und es kann in uns sehr viel strenger oder gar sadistischer wirksam sein, als die Eltern es jemals waren. Das liegt daran, dass sich das Überich hauptsächlich in der Kinderzeit gebildet hat, wo unsere Fantasien über die Strafen und die Strenge der Eltern noch viel bedrohlicher gewesen sind als die realen Eltern. Wo sie eine Strafe angedeutet haben, haben wir vielleicht als Kinder schon fantasiert, dass wir verlassen oder verstoßen werden könnten. Besonders deutlich wird seine Bedrohlichkeit z.B. bei Depressionen oder Zwangsstörungen. Es gibt aber auch Menschen, die scheinen keine innere Steuerung durch ein Gewissen zu haben; ihre Einfühlungsbereitschaft in andere (vor allem: deren Leiden) scheint erheblich eingeschränkt. Man spricht manchmal auch von „Psychopathen".

[1]M. Klein (1997) behauptete allerdings, die Überich-Bildung begänne schon viel früher.

Vor allem in der Zeit des Ödipus-Konfliktes (s.u.) erfahren Kinder einen wesentlichen „Schub" an Überich-Bildung[1]. Das Kind löste den Konflikt teils dadurch, dass es sich mit den Eltern - vor allem mit dem gleichgeschlechtlichen Elternteil - identifiziert. Identifizierung bedeutet aber Übernahme des äußeren Objekts in das eigene Innere - und damit auch Übernahme der Idealvorstellungen, Verbote, Vorschriften dieses Elternteils, eben so, wie sie sich für das Kind in diesem Alter darstellen.

5.3   Träume

Als <u>Traumarbeit</u> bezeichnete Freud die Aktivität, bei der unbewusste Wünsche und Gedanken (die „latenten Traumgedanken") bzw. ein unbewusster Konflikt auf entstellte Weise (<u>Zensur</u>) im manifesten Trauminhalt zum Ausdruck kommen. Wenn sie unverhüllt in die Wahrnehmung der Traumbilder hineinkämen, würden wir erwachen. Der Traum ist Hüter des Schlafes; er schafft - für diese Nacht - eine „Lösung" für das unbewusste Problem. Entstellt werden die Inhalte, indem verschiedene Vorstellungen zusammengezogen, <u>verdichtet</u> und Affekte von einer Vorstellung auf die andere <u>verschoben</u> werden. Letztlich ist der Traum nach Freuds Auffassung der „Königsweg zum Unbewussten", vorausgesetzt, er wird angemessen gedeutet, d.h. es werden mithilfe der Einfälle des Träumers dazu die latenten Traumgedanken erschlossen. Von Freud vernachlässigt wurde u.a. der Aspekt der Bedeutung des Traumes für das Verständnis der Übertragung[1] bzw. der „geheimen" Wünsche und Gefühle des Träumers gegenüber dem Therapeuten. Die Traumtheorie wurde von anderen Autoren erweitert, so z.B. von Jung (2001) um die Ideen, dass in Träumen unterdrückte, unbewusste „Kehrseiten" der Person im Sinne einer Kompensation vordrängen und archetypische Bilder auftauchen.

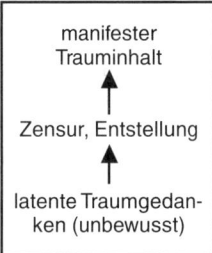

[1]⇒vgl. Kap. 9.2.2

5.4   Widerstand

Nach psychoanalytischer Auffassung stecken in neurotischen Symptomen, aber auch in Alltagshandlungen Triebaspekte und Abwehraspekte. In Therapien ist es meist wenig sinnvoll, die abgewehrten Triebaspekte direkt anzugehen. Wenn man einem patzigen Patienten sagen würde, er wäre ja nur so patzig, weil er keine Nähe zulassen könne, so würde dies bestimmt nicht dazu führen, dass er nun mehr Nähe zulassen könnte; es würde vermutlich seine Ängste verstärken und dazu führen, dass er seine Bedürfnisse (mag ja sein: nach Nähe) noch besser versteckt. Viel besser ist es, ein Stück Verständnis aufzubringen für die Abwehrleistungen eines Menschen und sich zu vergegenwärtigen, dass er ja gute innere Gründe hat, diese Regungen abwehren zu müssen. Man verbündet sich so scheinbar mit der Abwehr und reduziert dadurch Angst.

„Widerstand" ist letztlich Abwehr, die sich gegen den Therapeuten oder die Therapie richtet. Der Zusammenhang zwischen Abwehr und Widerstand ist wohl leicht nachzuvollziehen: Der Therapeut wird als jemand gesehen, der die Abwehrmuster des Patienten (die er sich aus guten inneren Gründen zugelegt hat) infrage stellen will, denn das ist eine wichtige Voraussetzung für Veränderung. Der Patient (genauer: sein Ich) richtet dagegen dann Widerstand: Er kommt zu spät, er versteht nicht, er verwechselt Termine. Auch beim Widerstand kann man zunächst mal nur auf das Verhalten selbst hinweisen. Wenn es deutlich genug ist, wird sich eine Möglichkeit ergeben, therapeutisch damit weiterzuarbeiten. Das Thema „Widerstand" ist ebenso wenig wie das Thema „Übertragung-Gegenübertragung"[2] nur ein <u>Psycho</u>therapiethema. Diese Phänomene tauchen in jeder Art von Therapie auf.

Widerstand als „Selbstschutz" des Systems gegen Veränderung

[2]⇒ Kap. 9

5.5 Die Motive und Bedürfnisse hinter menschlichem Handeln

Nach psychoanalytischer Auffassung gibt es zwei basale Motivatoren, die die Grundlage für alle weiteren Bedürfnisse bilden sollen: libidinös-sexuelle und aggressive Impulse.[1] Das Schicksal, das diese Triebe im Verlauf der kindlichen Entwicklung erfahren, die Art, wie wir aufgrund der Reaktionen unserer Bezugspersonen mit diesen Impulsen umzugehen lernen, wie wir Triebbedürfnisse innerlich abwehren, umlenken, dies bestimmt nach psychoanalytischer Auffassung ganz wesentlich die Persönlichkeitsentwicklung.

[1] ⇒ Kap. 5.2: das Es

Andererseits gab es in der Geschichte der Psychologie schon viele Trieblehren und Vorstellungen von den menschlichen Bedürfnissen. Teils wurden Listen von über 200 Trieben aufgeführt, die unser Verhalten steuern sollen. Manchmal war von einer „Bedürfnishierarchie" die Rede; demnach müssen erst basale (biologische) Bedürfnisse gesichert sein, dann Bedürfnisse nach Sicherheit, nach Anerkennung usw., viel später werden etwa ästhetische Bedürfnisse relevant. Auch in neuer Zeit befassen sich Psychologen mit menschlichen Bedürfnissen sowohl von Kindern (Säuglingsforschung) als auch Erwachsenen. Ergebnisse einer jüngeren deutschen Studie von Deneke et al. (1996) mit dem Klinischen Motiv-Inventar (KMI) lassen folgende vorläufigen Annahmen zu:

2 oder 200 Triebe?

(1) Wenn man davon ausgehen will, dass es zwei Basistriebregungen gibt, dann ist die erste ein Streben nach **Sicherheit und Nähe/Geborgenheit, nach stabilen und zuverlässigen Beziehungen, nach Risikovermeidung.** Dieses neue Ergebnis unterstützt eine ältere Theorie. In der wesentlich auf Bowlby (1983) zurückgehenden „Bindungstheorie" wird das Bindungsstreben als eigenständige Verhaltensklasse angenommen, die, wie Bowlby meint, mindestens ebenso wichtig ist wie das Nahrungs- und Sexualverhalten. Den menschlichen (und natürlich auch beim Säugling schon angenommenen) Bedürfnissen nach Bindung entsprechen beobachtbare „Bindungsmuster" oder Bindungstypen. Es geht um die vom Kind erfahrene Art der Bindung zu seiner Mutter. Heute werden meist drei Bindungstypen unterschieden (hier am Beispiel des Verhaltens Einjähriger):

sicher:

Ein sicher gebundenes einjähriges Kind zeigt Kummer, wenn die Mutter geht, sucht nach ihr, lässt sich von Fremden ungern trösten, aber immerhin zur Neuaufnahme des Spiels ermutigen. Begrüßt die Mutter freudig.

unsicher-vermeidend:

Das Kind ignoriert den Weggang der Mutter, spielt weiter, als wäre nichts passiert, spielt evtl. mit dem Fremden intensiver, ignoriert die Mutter bei ihrer Rückkehr.

unsicher-ambivalent:

Das Kind lässt die Mutter ungern gehen, wirkt gestresst, begrüßt wiederkehrende Mutter, straft sie dann aber (schlägt evtl. oder tritt); zwischen Freude und Verärgerung, eher quengelig.

Man hat diese „Typen" oder „Stile" durch die „Fremde-Situation" erkundet. Dies ist eine experimentelle Situation mit folgendem Ablauf: 1) Mutter und Kind betreten das Spielzimmer. 2) Sie akklimatisieren sich, Kind kann Raum erkunden. 3) Fremde Person tritt ein, nimmt mit beiden Kontakt auf. 4) Mutter verlässt den Raum. 5) Mutter kommt wieder, der Fremde geht. 6) Mutter geht, Kind allein. 7) Der Fremde kommt. 8) Mutter kommt, der Fremde geht wieder. Sicher gebundene Kinder zeigten später adäquateres Sozialverhalten, mehr Fantasie, positive Affekte beim Spiel, längere Aufmerksamkeit, höheres Selbstwertgefühl, weniger depressive Symptome. Wichtig ist - neben Temperamentsunterschieden beim Kind - die Feinfühligkeit der Mutter. Neuere Untersuchungen weisen auf einen vierten Typus hin (desorganisiert/ desorientiert). Zum Zusammenhang zwischen Bindungsstil, Störungen der sensorischen Integration und Verhalten von Kindern in einer ergotherapeutischen Praxis vgl. Kayser & Kayser (2000).

(2) Als zweites Motivationssystem (zweiter Faktor) hätte man dann vom Erkundungssystem auszugehen. Es geht dabei um eine Tendenz zur **Öffnung nach außen** hin: Lebensverändernde Erfahrungen werden gesucht, Fantasie und Kreativität sollen angeregt werden; erotischsexueller Lustgewinn wird angestrebt, ehrgeizige Ziele werden verfolgt. (Aber: Die Welt erkundet wird erst bei hinreichender, zunächst meist durch die Mutter vermittelter, Sicherheit, also von der Bindung aus.)

(3) Wahrscheinlich ist unser Motivrepertoire nicht optimal durch zwei Grundtendenzen zu beschreiben. Den Daten aus Fragebogenuntersuchungen entspricht die Annahme besser, dass es **eine Reihe von Motiven** gibt, die etwa folgende Struktur haben:

Motiv-Faktor
1: „Idealen und Prinzipien folgen"
2: „der Stimme des Gewissens folgen"
3: „Bedürfnisse nach Rückzug und Passivität"
4: „Fürsorgebedürfnisse"
5: „Streben nach lustbetonter Stimulation"
6: „Sicherheit"
7: „Nähe/Bindung"
8: „Selbstbehauptung"

In der Liste tauchen das Bindungsmotiv auf (vor allem Faktor 7) und das Motiv zur Öffnung nach außen (vor allem Faktor 5), aber auch ein wichtiger weiterer Faktor (u.a. in 5 und 6), der seit langem diskutiert wird und in jüngerer Zeit im Zuge der modernen Säuglingsforschung wieder in den Brennpunkt der Aufmerksamkeit gerät, die **Effektanzmotivation**[1]. Für eine normale Entwicklung ist wichtig: Man muss sich zum einen als Urheber seiner Handlungen erleben können, zum andern muss man erleben können, dass diese Handlungen außen auch Effekte zeitigen, dass man Effekte hervorruft. Für den Regelfall gilt: Das Kind erlebt sich, hoffentlich, als tüchtig, als kompetent.[2] Es besteht auch ein inhaltlicher Zusammenhang mit der Leistungsmotivation eines Menschen, bei der ein Bedürfnis, Informationen über die eigene Tüchtigkeit einzuholen, eine wichtige Rolle spielt.

Schon drei Tage alte Säuglinge, die durch eine etwas längere Unterbrechung des Nuckelns an der Flasche oder am Schnuller bewirken konnten, dass eine weibliche Stimme zum Gesang anhebt, stell-

[1] „Wirksamkeits-Motivation"; „instinct to master"

[2] Verwandte Konzepte in der psychologischen Literatur sind: Bewusstsein der Ich-Aktivität, Kontrollüberzeugung, Gefühl der Urheberschaft. Das Gegenteil wäre erlebte Hilflosigkeit.

ten ihr Nuckeln darauf ein. Das Gleiche gilt für Experimentalsituationen, wo Säuglinge es durch eine bestimmte Körperbewegung (z.B. Kopfbewegung) erreichen konnten, dass eine Reihe bunter Lichter anging. Die Säuglinge quittierten den Effekt dann mit einem als freudig verstehbaren Lächeln und freudigem Vokalisieren.

Die Entdeckung von Zusammenhängen zwischen dem eigenen Tun und Veränderung in der Außenwelt haben einen mächtigen motivierenden Einfluss auf Säuglinge, die entsprechend solche Aktivitäten mit Freude wiederholen[1].

[1] ⇒ Kap. 3.2.3: „Zirkulärreaktionen"

Hier werden Zusammenhänge zwischen frühen Erfahrungen (z.B. von Hilflosigkeit) und späterer Psychopathologie vermutet. Sicher kann sich jeder z.B. vorstellen, dass Depressivität ziemlich gegensätzlich ist zu einem Grundgefühl, man könne Faktoren beeinflussen, die einen selbst betreffen.

Dies scheinen also relevante Motive menschlichen Handelns zu sein. Für die Therapie könnte diese Betrachtung menschlicher Bedürfnisse und Triebe vielleicht einen Anhalt in der Richtung geben, dass solche Motive bei verschiedenen Menschen in unterschiedlichem Ausmaß verwirklicht, befriedigt, sind. So kann sich im Einzelfall die Frage stellen, wie die Therapie - in diesem Fall die Ergotherapie in den Bereichen Psychosomatik, Psychiatrie, Sucht - ein Bedürfnis ein Stück weit absättigen kann.[2] Wenn man mal die obige Liste durchgeht, wird man auf vielerlei stoßen, was in der Therapie berücksichtigt werden kann (z.B. Bedürfnisse nach Akzeptanz oder nach Autonomie oder nach Sicherheit). Es geht also um die Frage: Was braucht dieser Mensch ganz besonders? Was kann ich mithilfe

[2] Wichtige Frage für Therapien: Worum soll es gehen? Um bewusstes Wahrnehmen eigener Bedürftigkeit oder Absättigung unerfüllter Wünsche?

- der therapeutischen Medien und Aufgabenstellungen,
- meiner therapeutischen Haltung dem Menschen gegenüber,
- der von mir gewählten Sozialform der Therapie

tun, damit dieser Mensch auf wichtigen Ebenen gefördert wird? Vielleicht ist es auch so, dass dieser spezielle Patient zu ausschließlich auf die Befriedigung eines bestimmten Bedürfnisses fixiert ist (z.B. Selbstbehauptung/Autonomie), so dass andere Bedürfnisse in ihm geweckt bzw. entsprechende Ziele für ihn attraktiver gemacht werden sollten (z.B. sich auf die anderen ein Stück weit einlassen). Vielleicht hat er auch auffallend wenig Vertrauen darauf, selbst effektiv sein zu können, so dass man sich fragen muss, ob man ihm mithilfe therapeutischer Medien und Aufgabenstellungen Wirksamkeitserlebnisse (selbst herbeigeführte Erfolge) ermöglichen kann.

5.6 Psychoanalytische Entwicklungstheorie(n)

Wichtige Aspekte der Persönlichkeitsentwicklung sind nun schon angedeutet worden (Entwicklung des Ich aus dem Es, Bindung etc.). Es sollen noch drei prominente psychoanalytische Entwicklungstheorien zumindest grob umrissen werden, die von Freud, von Mahler (mit Kritik von Stern) und die von Erikson.

5.6.1 Psychosexuelle Entwicklung

Freud hätte sicher nicht abgestritten, dass die bisher genannten Motive und Bedürfnisse wichtig sind. Er hat sich aber besonders intensiv mit dem befasst, was man vielleicht als kindliche Lust bezeichnen könnte; er hat sie unter sexuelle Motive im weiteren Sinne eingeordnet; ferner schien ihm die kindliche Aggression besonders relevant. Auf ihre Lust und Aggression reagieren die Kinder selbst; aber natürlich reagiert auch die (zunächst elterliche) Umwelt. Es werden in der Folge im Kind Fantasien angeregt (z.B. Kastrationsfantasien und -ängste) und Strukturbildungen eingeleitet (z.B. Überichbildung). Somit hat das Triebleben, das bei Freud Ausgangspunkt ist, wichtige Folgen für die Persönlichkeitsentwicklung. Die Theorie beinhaltet demnach unter anderem, dass Kinder schon sehr früh ein „sexuelles Interesse" entwickeln, das aber auf unterschiedlichen Entwicklungsstufen unterschiedliche Form annimmt.[1]

[1] ⇒ Abb. 19 in Kap. 5.6.3

Stadium des primären Narzissmus / Autoerotik (erste Lebenswochen)

> Zunächst, zu Beginn des Lebens, ist es autoerotisch, d.h. nach dieser Theorie ist das Kind zunächst mal gar nicht auf jemanden oder etwas anderes als sich selbst ausgerichtet (*„primärer Narzissmus"*).

Orale Phase (bis ca. 2 Jahre)

> Dann bekommen orale Stimulationen eine zentrale Bedeutung, wie man oft den kleinen Säuglingen geradezu anzusehen vermeint: der Mund, seine Schleimhäute sind die primären Lustzonen (*Oralität im engeren Sinne*). *Oralität im weiteren Sinne* meint, dass das Kind eher in einer passiven Position gesehen wird, es muss versorgt werden, gewärmt, gestreichelt usw. „Orale" Züge in diesem weiteren Sinne hat es auch, wenn Erwachsene zusammenglucken, sich aneinander kuscheln, gemeinsam „regredieren" (kindlich in ihrem Verhalten werden). Auch Therapiesituationen können orale Kennzeichen tragen, eben wenn es um verständnisvolle Zuwendung geht (während Konfrontation wieder Distanz schafft). Während in der oralen Phase die Einheit mit der Mutter, Verschmelzung, Versorgtwerden im Mittelpunkt stehen, wird in der folgenden Phase etwas anderes wichtig.

Anale Phase (ca. 2-4 Jahre)

> Das Kind interessiert sich dafür, dass es es selbst wird, sich selbst nach außen hin ausdrückt, sich von außen absetzt, abgrenzt, aber auch nach außen hin wirkt, dort Spuren hinterlässt. *Analität im engeren Sinne* bedeutet dann: Lustempfindungen an den Ausscheidungsorganen und -vorgängen. Lust an der Exkretion (Ausscheidung), aber auch an dem (bis hin zu trotzigen) Zurückhalten (Retention): Ich will dir nicht geben, was du jetzt willst, will es nicht hergeben. Kinder interessieren sich für Ausscheidungsvorgänge und -produkte. *Analität im weiteren Sinne* bedeutet: Ichwerdung, Individuation; auch: Trotz, Geiz (nicht hergeben wollen - daher der Bezug Kot-Geld in der Psychoanalyse), Pedanterie, Eigensinn. Das Kind macht Erfahrung mit Autonomie, auch mit Macht (den Eltern nicht geben, was die gerade jetzt wollen, nämlich dass es jetzt sein „Geschäft" macht, seine Exkremente hergibt, die Ausscheidungs-

107

vorgänge willentlich - und zwar zunächst nach dem Willen der Eltern – kontrolliert.

Wenn man nach strengen Ordnungsregeln etwas tut, z.B. einen Peddigrohrkorb flicht, wo das Material auch noch recht eigensinnig ist, sich nicht beliebig verbiegen lässt (im Unterschied etwa zu Wolle), hat das mit Analität ebenso zu tun, wie wenn ein Material schleimig, weich und krümelig etc. ist (Pappmaché), an den Fingern klebt und daher Assoziationen in Richtung Ausscheidungsprodukte nahe legt.

Ödipale Phase (ca. 4-6 Jahre)

Nun erwachen im Kind neue Triebkräfte. Es orientiert sich libidinös hin auf den gegengeschlechtlichen Elternteil, d.h. richtet sich vor allem auf den Vater (Mädchen) oder die Mutter (Junge) aus, will von diesen gestreichelt, bewundert werden, streckt sich ihnen evtl. hin, erlebt dagegen den gleichgeschlechtlichen Elternteil als Rivalen. Aufgrund seiner angeborenen Bisexualität kommt es zugleich zu einem „umgekehrten" Ödipuskomplex[1]. So gesehen nehmen die Kinder nun deutlicher wahr, dass die Eltern eine spezielle Beziehung miteinander und eine andere jeweils zu ihnen haben, dass sie auf die beiden Eltern unterschiedliche Impulse richten; es findet also, was den Erlebnishorizont des Kindes anlangt, eine Entwicklung statt von der Dyade (vor allem: Kind-Mutter) hin zur Triade.[2] Das Kind erlebt, dass die Eltern ihm gegenüber ein Paar sind, dass sie aus diesem Paar nicht wirklich einen der Partner „herausbrechen" und nur für sich haben können. Das ist frustrierend, und die Eltern können natürlich den Triebregungen des Kindes nicht einfach nachkommen. Sie sollten Verständnis für die Lage des Kindes aufbringen, müssen aber Grenzen aufzeigen. Mit dieser Frustration wird das Kind durch eine Art inneren Trick fertig, durch die Aktivierung des Abwehrmechanismus der „Identifikation mit dem Aggressor". Es identifiziert sich im gut verlaufenden Fall also vor allem mit dem gleichgeschlechtlichen Elternteil, verbunden mit einer Art Einsicht in der Art (hier am Beispiel des Jungen): Ich werde mal so werden wie der Papa, das dauert noch etwas, dann werde ich auch eine Frau kriegen, wenn auch nicht die Mama, denn die gehört offenbar dem Papa. Dabei übernehmen die Kinder von den Eltern wesentliche Züge, auch Orientierungen, Gebote, Verbote (einschließlich des Inzest-Verbotes). *Ödipale Phase* bedeutet also auch: Erleben von Geschlechtsunterschieden, Geschlechtsrollen, Übernahme geschlechtsspezifischer Verhaltensmuster; Rivalisieren. Allgemein: Expansivität, Initiative.

Latenz (6 bis ca. 12 Jahre)

„Latenz" bedeutet, dass durch diesen beschriebenen Identifikations-Prozess, durch den der Ödipuskonflikt bewältigt wird, die sexuellen Triebbedürfnisse erst einmal beruhigt werden. Es kommt, etwa mit Eintritt in die Grundschule bis zur Pubertät, zu einer Beruhigung der inneren Dynamik; es wird sozusagen sublimiert; Leistung, Erwerb von Kulturtechniken rücken in den Vordergrund. Es geht auch um Geschicklichkeit, Vergleich mit den anderen.

Genitalität (ab Pubertät)

Mit Ausbruch der *Pubertät* und den entsprechenden hormonellen Veränderungen verändert sich der Körper; die Proportionen ändern

[1] Beides zusammen macht nach Freud, 1923, den „vollständigen Ödipuskomplex" aus.

[2] Innerlich handelt es sich beim Kind um eine „Triangulierung".

Ödipus vor der Sphinx. (Simon, 1999, S. 33)

sich und die Geschlechtsmerkmale, sekundäre Geschlechtsmerkmale bilden sich aus; mit dem sich verändernden Körper gehen entsprechende Identitätsprobleme einher; man muss erst einmal in diesen Körper hineinwachsen, der sich aber zugleich verändert; man
hört auf, ein Kind zu sein, in der Regel will man es auch nicht mehr
sein; man sucht eine neue Identität als Mann, als Frau, gegenüber
den anderen. Kontakte außerhalb des Familienumkreises werden
immer wichtiger, teils gar ausschließlich. Man setzt sich von den
Eltern, deren Wertmaßstäben ein Stück weit ab. Die sexuelle Orientierung richtet sich auf Personen außerhalb der eigenen Familie,
teils kommt es zu homoerotischen „Abenteuern", zu häufigen Part-
nerwechseln usw. Aufnahme von Bindungen, Trennungen, deren
Verkraftung bzw. Verarbeitung wird sozusagen eingeübt. Im statistischen Normalfall kommt es zu einer heterosexuellen Orientierung
außerhalb der eigenen Familie, zu intimen Bindungen.

In unserer Kultur werden auch eine homosexuelle und eine bisexuelle
Orientierung zunehmend als „auch normal" akzeptiert; genetische
Grundlagen dafür werden zunehmend anerkannt. In Einzelfällen ist
deutlich, dass es zu solchen Entwicklungen auch durch Erlebnisse (z.B.
unglücklich durchlaufene ödipale Entwicklungsphase; Missbrauchser-
lebnisse - s.u.) in der Kindheit kommen kann, die dem Menschen die
Ausrichtung auf das andere Geschlecht innerlich unmöglich machen.
Von der noch zu Freuds Zeiten üblichen Verdammung der Homosexua-
lität als „Perversion" (mit der Folge entsprechender Diskriminierung/
Stigmatisierung und Benachteiligung, im „Dritten Reich" bis hin zur
Ermordung) rückt die hiesige Kultur inzwischen ab.

Auch wenn man Freuds Annahmen über kindliche Sexualität akzeptiert, wird das Kind (auch wenn es adoleszent ist) nicht dadurch
verantwortlich oder gar „schuldig", dass es evtl. einem grenzüberschrei-
tenden Erwachsenen kein klares Nein entgegensetzen kann. Es sucht
wahrscheinlich Kontakt, Geborgenheit, Halt; ist sicher auch sexuell neugierig, aber die Verantwortung für die Gestaltung der Beziehung und
Situation trägt der Erwachsene.

Anmerkung zu der in diesem Zusammenhang wichtigen Thematik
des sexuellen Missbrauchs: Hierunter versteht man jede Handlung
zwischen einem Kind und einem deutlich Älteren, die zur sexuellen Erregung bzw. Befriedigung der älteren Person dient. Sie nutzt
dabei ein Machtgefälle aus. Die Täter sind vorwiegend Männer (85-
90%), meist dem Kind bekannt, bei einem Drittel ist es der Vater
oder eine vaterähnliche Figur, seltener sind es Fremde. In der Regel handelt es sich auch nicht um nach außen auffällige Männer
oder sog. Triebtäter bzw. Männer einer besonderen Schicht, Ein-
kommensklasse, Bildung. Als Opfer kommt potenziell jedes Kind
in Frage, häufiger Mädchen (die oft mehr zu „Fügsamkeit" erzo-
gen werden; bei Jungen müssen wir aber an die evtl. höhere Dun-
kelziffer denken); oft werden schüchterne, isoliertere Kinder Opfer, etwas sicherer sind selbstbewusste Kinder. Die Täter suchen
Kinder oft gezielt aus, gewinnen deren Vertrauen durch Zuwendung. Erste Übergriffe erfolgen oft scheinbar „zufällig". In der Be-
ziehungsdynamik zwischen Täter und Opfer spielen eine Art Ge-
heimhaltungspflicht und die Strafandrohung (deren Realitätsgehalt

109

durch das Kind schwer überprüfbar ist, wenn z.B. gedroht wird „Mutter stirbt, wenn du ...") eine wichtige Rolle. Die Übergriffe sind seltener „einmalige Ausrutscher", in der Regel auch keine Ereignisse unter Alkohol-Einfluss, sondern geplant, wiederholt. Evtl. ergeben sich erkennbare Verhaltensänderungen beim Kind (Bettnässen, Alpträume), die andererseits aber keine eindeutigen Indizien sein müssen. Anzeichen können sich häufen, und auch „Fachleute" können sich irren, wie Fehlentscheidungen mit gravierenden Folgen (Trennung des Vaters von der Familie, Bestrafung auch Unschuldiger usw.) gezeigt haben.

Sicher sind eine altersangemessene sexuelle Aufklärung (aber nicht mit Missbrauchsthema beginnend) und die Erziehung zu Selbstsicherheit, Abgrenzung und das Eintreten für eigene Bedürfnisse (statt „Hinnehmen" von Unerträglichem) wichtige vorbeugende Maßnahmen. Das Kind muss erfahren können, dass Körperkontakt selbstbestimmt sein muss. Empfohlen wird auch, dass Kinder möglichst gut erfahren sollen, dass es für sexuelle Handlungen Wörter gibt, so dass man sie erkennen und auch darüber reden kann.

5.6.2   Entwicklung der Objektbeziehungen

5.6.2.1 Gegenstand der Theorie
der Objektbeziehungen

Freud hatte ja den Ödipuskonflikt (seine Fehlverarbeitung) und damit vor allem den Sexualtrieb (auch schon des Kindes) in den Mittelpunkt seiner Theorien über psychische Störungen gestellt. Die Objektbeziehungstheorie (wichtige Vertreter: Winnicott, Fairbairn, Spitz, Kernberg) arbeitet nach einem anderen inhaltlichen Prinzip als dieses Triebmodell. Im Mittelpunkt stehen:

- Entwicklung der Fähigkeiten zu Bindung und Lösung aus Beziehungen
- Entwicklung der Fähigkeit, den anderen und sich selbst als eigenständige Wesen zu erleben und zu behandeln
- Entwicklung von Persönlichkeitsstörungen - wenn Menschen z.B. völlig selbstbezogen bleiben und andere nur als Instrumente zur eigenen Bedürfnisbefriedigung benutzen („pathologischer Narzissmus")
- Entstehung von Psychosen - wenn Menschen zwischen eigenen Gefühlen und Gedanken und denen anderer nicht mehr recht unterscheiden können (sich ferngesteuert oder stets verfolgt fühlen oder wahnsinnige Angst bekommen, mit anderen in Kontakt zu treten, weil sie sich selbst dabei verlieren könnten).

Es ist sinnvoll, zwischen den realen Beziehungen z.B. eines Kindes zu seinen Eltern einerseits und den verinnerlichten Objektbeziehungen andererseits zu unterscheiden. Letzteres bedeutet: Welchen Niederschlag haben die Beziehungen in mir gefunden, welchen Nachhall haben sie in mir hinterlassen? Wenn man das zu den Überlegungen im Kapitel über die kognitive Entwicklung in Bezug setzt, könnte man vielleicht von „Schemata" oder von „Prototypen" (verinnerlichte Objekte und Objektbeziehungen) sprechen. Wenn das Kind von klein auf vernachlässigt, wenn es bedroht und verletzt oder wenn es mit Liebe überschüttet und dadurch eingeengt wurde, so wirkt sich all dies langfristig in ihm unterschiedlich aus, findet seinen Niederschlag in den je speziellen verinnerlichten Objektbeziehungen[1], also Beziehungserfahrungen. Aber auch die Teilnehmer dieser frühen Beziehungen, also das Kind selbst und die anderen Bezugspersonen, haben sich in ihm niedergeschlagen: Meine Vorstellungen (Fantasien, damit gekoppelte Gefühle) über mich selbst sind anders, wenn ich willkommen war, beachtet wurde, Anerkennung und emotionalen Zuspruch bekam, als wenn dies nicht der Fall war (Selbstrepräsentanzen, also verinnerlichtes Bild meiner selbst, mit der Folge von mehr oder weniger Klarheit darüber, wer ich bin und was ich wert bin). Der andere Pol ist der andere, also das „Objekt". Gute Erfahrungen mit anderen („gute Mutter") schlagen sich in anderen Grundgefühlen anderen Menschen gegenüber nieder als vorwiegend negative Erfahrungen. Es hinterlässt andere Spuren in mir, ob die frühen Bezugspersonen für mich klar, stabil, konstant-erreichbar waren oder unklar, wechselhaft, inkonstant (verinnerlichte Objektbilder, Objektrepräsentanzen). All dies beeinflusst unsere Neigungen und Fähigkeiten, mit anderen umzugehen.

[1] innere „Schemata" von Selbst, Objekt, Objektbeziehungen

5.6.2.2 Entwicklungsperioden nach Mahler et al.

Die Theorie von Margret Mahler[2] ist ursprünglich aus Beobachtungen psychotischer Kinder (vgl. auch: Kinder- und Jugendpsychiatrie) entstanden.

[2] Mahler gehört nicht zu den ursprünglichen Objektbeziehungstheoretikern, sondern hat eine Zwischenstellung zwischen ihnen und der Libidotheorie. Es wird hier aber Wesentliches über die Entwicklung von Objektbeziehungen gesagt.

> Da waren z.B. Kinder, die sich autistisch aus Kontakten zurückzogen, ausschließlich mit Gegenständen, nicht mit anderen Menschen spielten, teils sehr stereotyp, die offensichtlich auf diese Weise „der anscheinend als bedrohlich erlebten Welt ein Minimum an Ordnung und Regelmäßigkeit" (Dornes, 1996, S. 990) abgewannen. Andere Kinder hatten offenbar panische Angst vor Trennung von der Mutter bzw. konnten diese nicht verkraften und reagierten teils schon auf kleinste Separationen mit „symbiotischen Halluzinationen". Mahler meinte, dies deute darauf hin, dass diese Kinder innerlich in Entwicklungsstadien zurückgefallen waren, die normalerweise alle Kinder durchlaufen, aus denen sie aber herauswachsen. „Der psychoanalytischen Tradition folgend, verstand Mahler diese Kindheitspathologien als besonders deutliche Ausprägungen universaler Phänomene. Sie folgerte, daß autistische und symbiotisch-psychotische Kinder ein Problem 'artikulierten', mit dem alle Kinder konfrontiert sind, das aber von den meisten besser bewältigt wird." (Dornes, 1996, S. 990)

Abb. 18 zeigt die von Mahler erschlossene Stufenabfolge im Überblick:

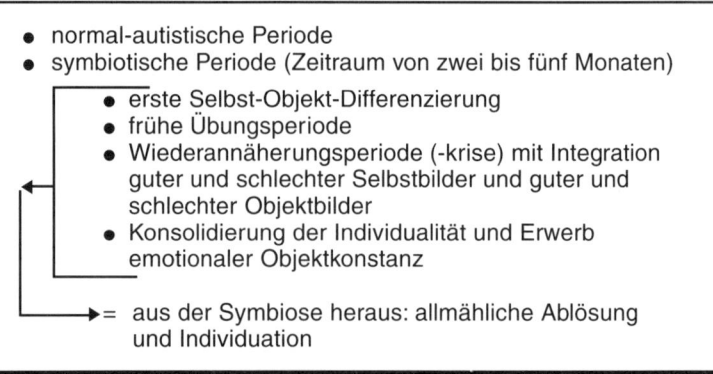

- normal-autistische Periode
- symbiotische Periode (Zeitraum von zwei bis fünf Monaten)
  - erste Selbst-Objekt-Differenzierung
  - frühe Übungsperiode
  - Wiederannäherungsperiode (-krise) mit Integration guter und schlechter Selbstbilder und guter und schlechter Objektbilder
  - Konsolidierung der Individualität und Erwerb emotionaler Objektkonstanz

  = aus der Symbiose heraus: allmähliche Ablösung und Individuation

Abb. 18: Überblick über die Entwicklung nach Mahler et al.

"Normaler Autismus" (ca. erste 4 Wochen): Die These vom normalen Autismus besagt in ihrem Kern, dass der Mensch sehr unausgereift zur Welt komme, zunächst eine Art Reizschild oder -schirm besitze, d.h. eine verminderte Wahrnehmung für Außenreize, die er nämlich so wie er ist gar nicht verarbeiten könne. Er befinde sich in einem Zustand der Innenwahrnehmung und des Beschäftigtseins mit sich selbst, er versuche, eine Homöostase aufrechtzuerhalten zwischen inneren Subsystemen wie Schlafen und Wachen, Nahrungsaufnahme, Verdauung, Temperaturregelung usw. (vgl. auch Dornes, 1997, S. 50) Erst allmählich wird seine Oberfläche "besetzt", und dann geht er in einen Verschmelzungszustand mit der Mutter ein (Symbiose).

Stern weist auf den schwachen empirischen Gehalt der These vom normalen Autismus hin. Die Gegenthese ist die des "interaktiven" und "kompetenten" Säuglings.

Hierzu hat die Säuglingsforschung nachgewiesen, dass Mütter mit ihren Säuglingen in einer ganz engen Interaktionsbeziehung stehen, in der sie ihre Handlungen aufeinander abstimmen. Wo Handlungen nicht zusammenpassen ("Mikrobrüche"), wird das, sofern das Kind wach ist, in 70% aller Fälle innerhalb von 2 Sekunden repariert. Fast alle Interaktionen sind also entweder von vornherein zueinander passend, stimmig oder werden blitzschnell stimmig gemacht, synchronisiert. Hier liegt schon eine wichtige Gelegenheit für Säuglinge, sich als wirkmächtig (Spannungs- und Interaktionsregulierung als Ergebnis eigener Bemühungen) zu erleben. Beobachtet wurden intensive interaktive Regulationsprozesse; also wechselseitig regulierte Abfolgen von mütterlichem und kindlichem Verhalten, die eine bestimmte zeitliche Strukturierung aufweisen. Das klingt sehr abstrakt. Gemeint sind z.B.

- das frühe Blickverhalten als Art der Beziehungsregulierung: Es entsteht ein dyadisches Muster wechselseitigen Anblickens; das Kind kann durch Wegblicken ein Stück Spannung reduzieren, durch Wiederanblicken der Mutter wieder Spannung (Aufregung, Erregung) herstellen, die Mutter ebenso; diese Art der Spannungs- und Affektregulation klappt in manchen Mutter-Kind-Paaren ganz ausgezeichnet; Spannung wird abgebaut, wenn zu viel da ist und hergestellt, wenn es erwünscht ist. In anderen Paaren z.B. versucht die

Gibt es ein „normales autistisches" Entwicklungsstadium?

kompetente Säuglinge

Mutter (aus was für innerlichen Gründen auch immer) das Kind in den Blickkontakt zu zwingen; es gibt Hinweise darauf, dass solche nicht-stimmigen Muster später eher zu Problemen (z.B. mehr Ängsten von Kindern im Kontakt) führen.

- wechselseitige Vokalisierungen (Laute); z.B. unisono: Mutter und Kind „sprechen" gleichzeitig; Alteration: eher nacheinander; beide Arten sind lustvoll und existieren von Anfang an (Dornes, 1997, S. 67).
- wechselseitige Berührungen
- wechselseitige Imitationen: Eltern imitieren Kinder. Teils schon 12 bis 21 Tage alte Kinder konnten Fingerbewegungen Erwachsener imitieren oder die Mund-O-Form etc. Unstrittig ist inzwischen, dass es komplexe Imitationsverhaltensweisen von Geburt an gibt.
- Dornes (1997, S. 66) schreibt: „Es entsteht der Eindruck eines Zwiegesprächs, in dem die gezeigten Verhaltensweisen kommunikative Handlungen sind: Einer spricht, und der andere antwortet. Diese Struktur des frühen Dialogs ist in der Literatur vielfach mit Begriffen wie Reziprozität, Mutualität, Responsivität und ähnlich beschrieben worden."

Wir finden hier also frühe „Dialoge", Kommunikationssituationen, und es wird deutlich, dass hier wichtige Vorbedingungen für den Spracherwerb geschaffen werden[1]. Das Neugeborene erscheint somit keineswegs als ein passiv-empfangendes Wesen, das quasi autistisch von seiner Umwelt abgeschirmt ist. Vielmehr erscheint es als ein recht kompetenter Interaktions- und Kommunikationspartner. Dies entspricht ja auch den zuvor schon geschilderten Forschungsergebnissen, denen zufolge der Neugeborene nicht bloß einem Chaos von Einzelreizen ausgeliefert ist, die ohne jeden Zusammenhang auf ihn einströmen. Vielmehr erscheint er als jemand, der gewisse Strukturen und Zusammenhänge aufgrund seiner Wahrnehmungsfähigkeiten durchaus erkennt. Er ist zu erstaunlich differenzierten Sinneswahrnehmungen in der Lage, und er will die Außenwelt wahrnehmen: Reize wecken nachweislich sein Interesse, werden aktiv gesucht, verarbeitet und wahrgenommen.

[1] ⇒ Kap. 4.5.4.3

> Beispiele: Neugeborene folgen einem Gegenstand in ihrem Blickfeld mit den Augen; unterbrechen sogar die Nahrungsaufnahme, sobald ein „attraktiver" Reiz in ihrem Blickfeld erscheint; machen in objektlosem Lichtfeld Augenbewegungen, um Reizinput zu maximieren.

Symbiotische Periode: In den ersten 5 Monaten werden Selbst und Objekt nicht als getrennt empfunden - Mahler war zunächst von einer Symbiosedauer von 12 Monaten ausgegangen, setzte diese Zeit dann aber von 2. bis 5./6. Monat an. Dann begänne das Kind, zu differenzieren (Selbst-Objekt), seine Umwelt und sein Getrenntsein deutlicher wahrzunehmen.

> Definition von Symbiose in der bisherigen Auffassung der Entwicklung: (Dornes, 1997, S. 59f.): „Normale Symbiose nennt Mahler den Zeitabschnitt zwischen vier bis sechs Wochen und fünf Monaten. Sie ist gekennzeichnet durch ein dunkles Gewahrwerden der Außenwelt und des mütterlichen Objekt. Dieses Objekt wird nicht als unabhängig von der eigenen Person erfahren, sondern als mit ihr verschmolzen. Erlebt wird eine unbegrenzte Zweieinheit. Ich

113

und Nicht-Ich sind ungeschieden und werden wie Innen- und Außenwelt erst allmählich voneinander getrennt wahrgenommen. Wenn man das autistische Stadium objektlos nennen könnte, so das symbiotische Stadium präobjektal, und zwar in dem Sinne, daß das Objekt hier noch kein spezifisches, unverwechselbares ist, sondern nur eine Ahnung entsteht, daß da noch etwas ‚anderes' ist."

Mahler sprach von einer „halluzinatorisch-illusorisch somatopsychisch omnipotenten Fusion mit der Mutter".

Von Seiten der modernen Säuglingsforschung wird angezweifelt, dass es einen (wie auch Piaget sagte) „adualen" Zustand gibt, bei dem das kleine Kind nicht zwischen sich und dem anderen unterscheidet, sondern in einem undifferenzierten Verschmelzungszustand lebt. Bei Stern (1992) steht im Zentrum der Betrachtung das Selbstempfinden und seine Entwicklung. Sie verläuft in vier (bzw. fünf) Stufen:

Selbstempfinden, Kernselbstempfinden, Phase des subjektiven Selbstempfindens, verbales Selbstempfinden; Stern fügte nachträglich eine fünfte Stufe hinzu: die des narrativen Selbstempfindens. Letzteres entsteht zwischen drei und vier Jahren: Fähigkeit, persönliche Erlebnisse und Motive in einer erzählenden, kohärenten Geschichte zu organisieren

Bei Stern ist die Getrenntheitsempfindung das Primäre, und auf dieser Basis sind Gemeinsamkeitserlebnisse mit dem anderen möglich.

Einen Versuch, die „Symbiose" als wichtiges Entwicklungskonzept zu retten, unternahm Pine (vgl. Dornes, 1996)[1]: Es könnte sehr wohl sein, dass Säuglinge in <u>wachen</u> Zuständen zu Selbst-Objekt-Differenziertheit in der Wahrnehmung wie überhaupt zu einer guten und differenzierten Wahrnehmung der Außenwelt und zum Erleben des Getrenntseins fähig sind, wie die Säuglingsforschung beschreibt. In anderen Phasen aber ist wahrscheinlich die Wahrnehmungsfähigkeit vermindert; es kommt vermutlich zu inneren Zuständen der Verschmolzenheit. Man solle also statt von einer symbiotischen Periode von symbiotischen Momenten sprechen, deren Bedeutung dann je nach interagierendem Paar (Bezugsperson-Kind) verschieden ist; manchmal resultieren aber später klinisch auffällige Symbioseprobleme.

Aus dieser Phase heraus erfolgen dann <u>Prozesse von Loslösung/Separation und Individuation</u>:

- Erste Selbst-Objekt-Differenzierungen

    Aus Sicht des Kindes geht es um die Unterscheidung zwischen dem, was zu ihm selbst gehört, also sein Leib - von Bedeutung dabei ist v.a. die Propriozeption -, seine inneren Regungen etc., und dem, was zur Bezugsperson gehört, also deren Leib, der propriozeptiv nicht spürbar ist; ca. mit 8-10 Monaten sind Selbstrepräsentanzen und Objektrepräsentanzen stabil ausgebildet, aber innerhalb noch aufgespalten: gute von schlechten getrennt (Kernberg, 1983 - s.u.)

- Frühe Übungsperiode

    Das kleine, noch nicht ein Jahr alte Kind traut sich von der Bezugsperson weg und interessiert sich für die Umwelt. Diese neue Verfügung über körperliche und Ichfunktionen aktiviert wohl oft auch Größen- („Omnipotenz")-Vorstellungen im Kind. Dadurch sind die Kinder aber auch vermehrten Gefahren (zu fallen, zu stürzen) aus-

[1] Ist die „normale Symbiose" noch zu retten?

gesetzt und stellen die Eltern vor neue Aufgaben; Kinder greifen z.B. nach allem Möglichen und es ist klar, dass Eltern darauf auch reagieren und diese Reaktion im Kind wirkt. Auch erwarten die Eltern zunehmend mehr vom Kind (z.B. bzgl. dessen Selbstkontrolle bei Ärger).

● Wiederannäherungsphase

Das Getrenntsein von der Bezugsperson wird vom Kind innerlich registriert, und es nähert sich - je nach „Gelungenheit" des bisherigen Ablaufes mehr oder weniger ängstlich - an die Bezugsperson wieder an. Das Kind realisiert doch schmerzlich wieder seine Abhängigkeit von der Mutter, es kommt zu Ängsten vor Liebesverlust oder dauerhafter Trennung. D.h. es kommt dann in der Regel zu Verunsicherungen, ob das „Objekt" emotional wieder erreichbar sein wird, wenn sich das Kind abgewendet hat oder die Mutter (das „Objekt") sich selbst mal distanziert (räumlich entfernt oder bei Ärger etc. innerlich abgewendet) hatte; in der Zeit der Wiederannäherung bzw. gar entsprechender Krisen wird das Kind wieder anhänglicher, vergewissert sich, hängt wieder mehr „am Rockzipfel". Dies gestaltet sich wahrscheinlich umso krisenhafter, je unklarer und unsicherer die Beziehung gewesen ist und noch ist. Zugleich aber ist es doch anders für das Kind als in Verschmelzungsmomenten früher, denn es hat sein Getrenntsein und seine Autonomiebedürfnisse realisiert; nunmehr entstehen Ängste vor „symbiotischer Verschlingung" durch die Mutter (ein Phänomen, das auch später noch viele Menschen in engen Beziehungen erleben). Somit steht es in heftigem Konflikt zwischen Annäherungs- (Abhängigkeits-) wünschen und Autonomiewünschen und entsprechenden Ängsten. Das Problem dieser Ambivalenz kann sich durch Schwierigkeiten der Eltern mit dieser Entwicklung verschärfen, etwa dadurch, dass Eltern sich auf die zunehmende Autonomie des Kindes in der vorigen Phase innerlich sehr eingestellt hatten und nun diese Zweifel im Kind, sein Hin- und Herschwanken, seine Anhänglichkeit eigentlich nicht akzeptieren wollen. Umstritten ist, inwieweit dieser Zwiespalt der Eltern vielleicht die „Krise" erst hervorruft oder ob die Eltern nur eine innerseelische Krise des Kindes verstärken. Was im Übrigen die Annahmen über „Größenfantasien" der Kinder in diesem Alter und über deren „Symbioseangst" anbelangt, so ist deren Allgemeingültigkeit keineswegs empirisch bewiesen. Weitgehend ist dies erschlossen aus Analysen älterer Kinder und Erwachsener. Neuere Forschung spricht auch dafür, dass der geschilderte starke innere Konflikt evtl. nicht universell, sondern nur bei Kindern auftritt, deren Beziehung zu den Eltern angesichts kindlicher Bindungs- und Kommunikationsbedürfnisse schon zuvor besonders belastet war. Die Selbst-, Objekt- und Beziehungsrepräsentationen genau dieser Kinder sind ambivalent, sie erwarten dann bald schon inkonsistente Verhaltensweisen der Eltern und verhalten sich entsprechend auffällig. Das heißt (und wurde schon von Mahler gelegentlich angedeutet), dass Wiederannäherungskrisen nicht normal in der Entwicklung sind, sondern eher in diesem Sinne Ausnahmen.

115

• Integration guter und schlechter Selbstbildaspekte und guter und schlechter Objektrepräsentanzen

¹⇒ Kap. 6.2.5

> Dieser Aspekt wurde vor allem von M. Klein und Kernberg beschrieben und von Letzterem als besonders bedeutsam für schwere Persönlichkeitsstörungen (Borderline-Persönlichkeitsorganisation)[1] herausgearbeitet. Ich-Identität ist gekennzeichnet durch die Integration des „Selbst"-Konzepts und die Integration des Konzepts von „bedeutsamen anderen", und diese Strukturen bestimmen die dynamische Organisation des Charakters (Kernberg, 1996, S. 290). Bei erfolgter Integration kann z.B. eine positive Beziehung zum andern aufrechterhalten werden, obwohl einmal schlechte Erfahrungen mit ihm gemacht wurden; trotz eines negativen Erlebnisses kann man ein positives Grundgefühl zu sich selbst behalten; diese Integration erfolgt vermutlich ab 18. Monat; vorher wird die Spaltung aufrechterhalten. Also: In der Zeit der Wiederannäherungskrise, etwa zwischen 16 und 24 Monaten (aber wahrscheinlich ansatzweise schon viel früher), muss das Kind die Aufgabe bewältigen, gute und schlechte Repräsentanzen zu integrieren (einheitliche Selbst- und Objektrepräsentanzen auszubilden). „Bei Borderline-Störungen gelingt diese Integration wegen eines Übermaßes an konstitutioneller oder erworbener Aggression nicht. Aggressiv aufgeladene 'böse' Objektrepräsentanzen herrschen vor und drohen, bei Kontakt mit den 'guten' diese zu dominieren. Deshalb kommt es zum Gebrauch der Spaltung als einem Abwehrmechanismus, der die Restbestände an guten Selbst- und Objektrepräsentanzen vor der Übermacht der bösen schützen soll." (Dornes, 1996, S. 1004. Dies ist ein Vorgang, den M. Klein schon für die ersten Lebensmonate behauptet hat.) Erst die geglückte Integration bedeutet dann schließlich wirkliche Öffnung des Weges von Separation/Individuation hin zu emotionaler Objektkonstanz.

• Die Entwicklung geht dann also zur Gewinnung emotionaler Objektkonstanz (Ausbildung des Vertrauens, dass die Bezugsperson emotional wieder erreichbar sein wird, auch wenn sie sich „negativ" zeigte oder abwesend war) und Konsolidierung der Individualität hin.

Die Bedeutung des Prozesses von Loslösung und Individuation liegt letztlich darin, innere Sicherheit zu entwickeln, die es einem erlaubt, auch anders zu sein und anders zu handeln - trotz einer engen gefühlsmäßigen Verbundenheit mit dem Objekt - ohne dass man befürchten müsste, das Objekt zu verlieren oder das eigene Selbst dadurch zu vernichten. (Rupprecht-Schampera, 1997, S. 641)

5.6.3 Psychosoziale Entwicklung

E. Erikson baute mit seiner Theorie der Entwicklung (1971) auf der Freud'schen Theorie auf. Er setzte den Akzent auf psychosoziale Entwicklungsaspekte und beschrieb die auf einer Entwicklungsstufe jeweils vorherrschenden Themen / Konflikte, die zu bewältigen sind. Nichtbewältigung bedeutet auch ein Problem für die Weiterentwicklung, d.h. für die Bewältigung der nächsten Phase. Die Stufen werden durch Po-

laritäten gekennzeichnet, die den vorherrschenden Konflikt charakterisieren (in Klammern Altersangaben in Jahren):

(Ur)Vertrauen - Misstrauen (0-2)

> Hier werden die Grundlagen für die Fähigkeit, vertrauensvolle Be-
> ziehungen zu anderen aufzubauen, gelegt. Dazu ist natürlich eine
> entsprechend verlässliche, warme, liebevolle Beziehung zur primä-
> ren Bezugsperson vonnöten. Frustrane Erfahrungen geben immer
> wieder mal Anlass zu Misstrauen; allmählich wird es aber möglich,
> diese Erfahrungen vor dem Hintergrund einer grundsätzlich verläss-
> lichen Beziehung als vorübergehende Episoden einzuordnen, zu in-
> tegrieren.

Autonomie - Scham, Selbstzweifel (2-4)

> Aus der symbiotischen Beziehung zur Mutter heraus entwickelt sich
> die Individualität, ein Gefühl für Autonomie. Seine dauerhafte Un-
> terdrückung mündet in Scham und Selbstzweifel.

Initiative - Schuldgefühl (4-6)

> Die ödipale Phase bei Freud wird hier anders gesehen: Es geht um
> die Entwicklung von Initiative; bei der dauerhaften Unterbindung
> derselben (die Eltern vermitteln: das ist nicht in Ordnung) domi-
> nieren Schuldgefühle.

Leistung - Minderwertigkeit (6-12)

> Wie wir oben sahen, ordnet Freud der Latenzperiode die Aneig-
> nung von Kulturtechniken zu; es ist eine Phase der Sublimierung,
> die Triebimpulse sind insofern „beruhigt", als der Ödipuskonflikt
> gelöst wurde. Erikson weist auf den Aspekt von Leistung und Ver-
> sagen hin, der hier in den Vordergrund rückt.

Identität - Identitäts- (und Rollen-) Diffusion (Adoleszenz, Pubertät)

> Wie schon oben angedeutet, hat der Heranwachsende sehr schwie-
> rige Probleme zu lösen. So hat er sich in und mit dem „neuen"
> Körper als Mann oder Frau zurechtzufinden, soziale Rollen zu fin-
> den, Positionen den anderen gegenüber sozusagen auszuarbeiten.

Intimität - Isolierung (junges Erwachsenenalter)

> Aufbauend auf den Erfahrungen der vorausgehenden Phasen (Ur-
> vertrauen, Autonomie usw.) entstehen Fähigkeiten, vertrauensvolle
> Beziehungen aufzunehmen; der Gegenpol bedeutet Isolation.

Produktivität, Generativität - Stagnation (mittleres Lebensalter)

> Hauptthema wird das Erzeugen von etwas (Werke, Haus, Kinder),
> was über die eigene begrenzte Existenz hinausweist. Der Gegenpol
> ist die Stagnation (klischeehaft ausgedrückt: von der Arbeit heim-
> kommen, sich mit paar Flaschen Bier vor den Fernseher setzen, ins
> Bett gehen, zur Arbeit gehen, von der Arbeit heimkommen...usw.).

Integration - Lebensekel, Verzweiflung (hohes Alter)

> Zurückblicken können und annehmen können, was gewesen ist oder
> eben Verzweiflung darüber, dass man feststellt, alles Wesentliche
> versäumt zu haben, aber keine Zeit mehr zu haben, etwas nachzu-
> holen.

Erikson verstand also Entwicklung als lebenslanges Phänomen. Sicher
ist vieles zu sehr vom Standpunkt der Mittel- oder Oberschicht westli-
cher Länder aus gedacht, doch besonders bemerkenswert ist der Aspekt, dass sich Entwicklung immer innerhalb oder zwischen Polaritäten vollzieht; so gehört natürlich auch zur normalen Phase, in der Im-

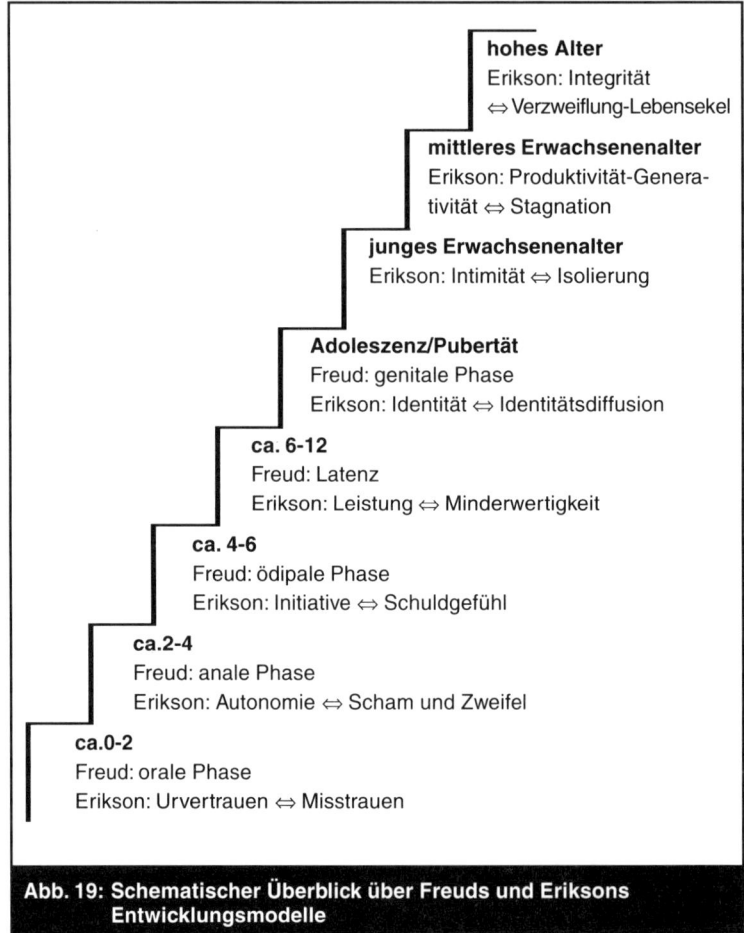

hohes Alter
Erikson: Integrität
⇔ Verzweiflung-Lebensekel

mittleres Erwachsenenalter
Erikson: Produktivität-Genera-
tivität ⇔ Stagnation

junges Erwachsenenalter
Erikson: Intimität ⇔ Isolierung

Adoleszenz/Pubertät
Freud: genitale Phase
Erikson: Identität ⇔ Identitätsdiffusion

ca. 6-12
Freud: Latenz
Erikson: Leistung ⇔ Minderwertigkeit

ca. 4-6
Freud: ödipale Phase
Erikson: Initiative ⇔ Schuldgefühl

ca.2-4
Freud: anale Phase
Erikson: Autonomie ⇔ Scham und Zweifel

ca.0-2
Freud: orale Phase
Erikson: Urvertrauen ⇔ Misstrauen

Abb. 19: Schematischer Überblick über Freuds und Eriksons Entwicklungsmodelle

pulse zur Initiative vorherrschen, dass man auch Schuldgefühle bekommt; auch in der Frühzeit der Entwicklung machen wir negative, frustrane Erfahrungen, die Anlass zu Misstrauen geben. Wichtig ist es, diese Erfahrungen integrieren zu können; wenn das Negative zu massiv und zu ausschließlich auf uns zukommt, können wir es nicht in eine Reihe guter Erfahrungen einreihen und relativieren. Das wiederum erschwert es uns, mit den Anforderungen, die dann auf uns einströmen, umzugehen. Abb. 19 zeigt sehr stark schematisiert die Entwicklungsmodelle von Freud und Erikson.

5.6.4   Der ältere Mensch

Neben Erikson haben sich viele Wissenschaftler, natürlich auch außerhalb des tiefenpsychologischen Paradigmas, auch in Deutschland, mit den psychologischen Aspekten des Älterwerdens befasst. Heute sind in der BRD 15.7% der Bevölkerung über 65 Jahre alt; 2020 werden es voraussichtlich 21.7% sein. Abzusehen sind vermehrte Spannungen innerhalb der Gesellschaft allein dadurch, dass es immer mehr ältere Menschen gibt, die berentet sind, aber immer weniger Menschen, die berufstätig sind und Beiträge in die Renten- und Pflegeversicherungen einbezahlen - ein gesellschaftliches Problem, das sich zusätzlich aktuell durch einen hohen Anteil Arbeitsloser verschärft.

Abgesehen davon vergrößert sich natürlich auch allmählich der Anteil älterer Patienten bei Logopäden und Ergotherapeuten.

Es gibt ein weit verbreitetes <u>Klischee vom älteren Menschen</u>: In der Werbung in den Medien treten „Alte" als Zahnprothesenträger, stille Genießer von Alkohol bzw. von alkoholhaltiger Aufbau-„Medizin" auf.

Klischee vom „defizitären" alten Menschen

Betroffene selbst schildern vor allem folgende <u>negative subjektive Kriterien</u> des Älterwerdens:

> Verringerung der Merkfähigkeit; Verringerung der gedanklichen und affektiven Umstellungsfähigkeit; Festhalten am Gewohnten; motorische Verlangsamung; leichtere Ermüdbarkeit; Überwertigkeit des Rückblicks; Nachlassen der Kräfte, Schwäche, Erschöpfung....

Auch die psychologische Beschreibung des Alterns folgte lange einem solchen „Defizitmodell", bei dem die abnehmende Leistungsfähigkeit betont wird. Lehr (1996) weist darauf hin, dass gerade eigene Negativerwartungen an die Leistungsfähigkeit zu den hemmenden Faktoren gehören, was die Anpassungs- und Lernfähigkeit älterer Menschen betrifft. Dieses Thema wird unten im speziellen Zusammenhang mit der EDV-Problematik nochmals aufgegriffen werden.

Radebold unterschied <u>drei Phasen normalen Alterns</u>:

1. Phase, ca. 50-65: Übergang vom mittleren Alter bis zum Ausscheiden aus dem Berufsleben; es ergeben sich Einschränkungen in der körperlichen und psychischen Leistungsfähigkeit; die Zweierbeziehung muss nach dem Ausscheiden der Kinder aus dem Haushalt neu definiert werden; eine Einstellung auf das Ausscheiden aus dem Beruf ist nötig sowie das Sichbefassen mit Wunschvorstellungen hinsichtlich der künftigen Lebensgestaltung. Diese muss auch vorbereitet und eingeübt werden.

2. Phase, ca. 60-75: Man muss sich mit zunehmenden sozialen Einschränkungen und mit Krankheiten auseinander setzen; die Selbständigkeit ist bedroht und damit das, was in wichtigen Entwicklungsphasen („Individuation") zentral war. Man muss sich mit der Möglichkeit von Sterben und Tod befassen. Es scheint, dass etwa 10% der über 60-Jährigen dem furchtsam-ängstlich gegenüberstehen, während etwa 45% eine positive Einstellung (im Sinne von „selbstverständlich") haben und etwa gleich viele (44%) das Thema verdrängen.

3. Phase, nach 75: Die Auseinandersetzung mit zunehmenden Einschränkungen und Einbußen, mit Bedrohungen und Verlusten setzt sich fort. Es geht um das Akzeptieren des Altgewordenseins und um das Vertrautwerden mit Sterben und Tod.

Objektiv ist ein zentraler Aspekt des Älterwerdens der der <u>Rollenabtritte</u>.

- Dies beginnt meist mit dem „leeren Nest" (Kinder ziehen weg, lösen sich ab, man hat ohne sie zu leben).
- Partner- und Freundesverluste bedeuten weitere „Rollenabtritte"

119

(man verliert seine Rolle als Ehemann/-frau bzw. Partner, evtl. als jemand, der einen Freundeskreis hat).

- Bedeutsam ist dann selbstverständlich in unserer Kultur die Pensionierung, Berentung, der Ruhestand. Auch hier ist ein zentraler Identitätsbereich betroffen (Beruf als eine der „Säulen der Identität"). Grob unterscheiden kann man als wissenschaftlich relevante Theorien über das Altern:

- „Aktivitätstheorie": Für ältere Menschen ist es ganz wichtig, aktiv zu bleiben. Sie brauchen für die weggefallenen Rollen Kompensation, Ersatzrollen (z.B. in Vereinen).

- „Disengagementtheorie": Im Alter führen Selbstregulationsprozesse dazu, dass jemand sich weniger engagiert, seine Kontakte reduziert, sich mehr auf sich selbst bezieht, entsprechend den sich ändernden Bedürfnissen.

Wie bei vielem so liegt auch hier die Wahrheit irgendwo dazwischen bzw. bei beidem. Vermutlich ist das frühere Aktivitätsniveau des Menschen, also das, woran er gewöhnt ist, mitentscheidend für die Frage, ob er nun Aktivität in Form neu zu wachsender Rollen braucht oder „Disengagierung".

ältere Arbeitnehmer

Auf viele ältere Arbeitnehmer haben die technologischen Veränderungen der letzten zwei Jahrzehnte traumatische Auswirkungen gehabt. Viele konnten sich entweder an die Einführung der elektronischen Medien oder an die nach ihrer Einführung immer rascheren Veränderungen (z.B. der Software) innerhalb der EDV nicht anpassen. Durch die technologische Revolution wurden sie von „Jüngeren", die sich damit leichter taten, überholt, jüngere Vorgesetzte rückten auf, bei denen zugleich diejenigen Wertmaßstäbe von geringerer Bedeutung waren, auf die sich die älteren Mitarbeiter ein Arbeitsleben lang eingestellt und verlassen hatten: dass langjährige Erfahrung „zählt", dass fleißige Mitarbeit honoriert wird. Es „zählte" aber nun zunehmend flexibles Sich-Einstellen auf neue Entwicklungen, rasches Begreifen der Veränderungen, möglichst ohne lange Zusatzunterweisungen in den Betrieben. Vielfach erleben sich Ältere nun ausgegrenzt, als „Mobbing-Opfer". Vor allem dürfte das verminderte Zutrauen Älterer in die eigene Umstellungs- und Anpassungsfähigkeit ein Hemmnis für sie sein. Lehr (1996) diskutiert dies gerade für den Bereich des Umgehens mit der EDV und mit jüngeren Vorgesetzten. Es dürfte gerade dieser Faktor der negativen Selbsteinschätzungen relevant sein. Was nämlich die psychomentale Leistungsfähigkeit selbst betraf, so ließ sich kein generelles Absinken der Leistungsfähigkeit im mittleren und höheren Erwachsenenalter auch bei hoch technisierten Arbeitsplätzen nachweisen.

heikle Bereiche: EDV, Umstrukturierungen am Arbeitsplatz, jüngere Vorgesetzte

Erst allmählich werden solche Vorgänge als Hintergrund psychosomatischer und psychoneurotischer Dekompensationen durch Forschung belegt (vgl. Beutel et al., 2000a,b). Natürlich finden sich die Betroffenen auch vermehrt in psychosomatischen Kliniken, oft mit der Einweisungsdiagnose eines psychovegetativen Erschöpfungssyndroms.

Literaturempfehlungen zu Kapitel 5:

Zur Persönlichkeit Erwachsener vgl. Herrmann, 1991. Zu Persönlichkeitstypen vgl. Riemann, 1981; er beschreibt vier Grundformen von Angst und vier typische Bewältigungsformen, die verschiedenen Persönlichkeitstypen entsprechen. Zum „Selbst" und seiner Beziehung zum „Ich" vgl. Kernberg, 1983 sowie Kohut, 1976, 1977. Persönlichkeitsentwicklung: Mahler et al., 1980. Zur modernen Säuglingsforschung sind einschlägig: Dornes, 1996, 1997 und Stern, 1992. Zur Bindungstheorie siehe Ainsworth et al., 1978. Das Effektanz- oder Wirksamkeitsmotiv wurde ursprünglich beschrieben von Hendrick, 1942 und White, 1959; zum Konzept der „Urheberschaft" vgl. Stern, 1992, der dies für zentral für die Entwicklung des Selbst hielt. Zum Leistungsmotiv siehe z.B. Heckhausen, 1965 sowie Meyer, 1973; zur „Kontrollüberzeugung" siehe Krampen, 1991. Das Konzept der „gelernten Hilflosigkeit" diskutierte Seligman, 1975. Zusammenhänge zwischen Selbst, Objekten, Objektbeziehungen einerseits und Ergotherapie andererseits werden ausdrücklich hergestellt in Kayser, 1999; es geht u.a. um „Objekte" in der Ergotherapie (therapeutische Medien, deren Erlebnisgehalt und Bezug zur individuellen Entwicklung). Zu den therapeutischen Medien und Libido-Entwicklungsphasen siehe auch v. Rotberg, 1987. Zur „Psychologie der Dinge" siehe auch Habermas, 1999. Zum Thema „Älterwerden" und Alter siehe Lehr, 1996; Radebold, 1992.

Fragen zu Kapitel 5:

- Welche Definition für Persönlichkeit kennen Sie? (Skizzieren Sie dabei die Aspekte der Stabilität/Konsistenz und die dynamischen Aspekte!)
- Was versteht man in der psychoanalytischen Sicht unter Selbst, Objekten, Objektbeziehungen und -repräsentanzen? Welchen Akzent setzt die „Objektbeziehungstheorie" im Gegensatz zum triebgenetischen Ansatz?
- Welche Instanzen enthält das psychoanalytische Instanzenmodell? Welche Funktionen des Ichs kennen Sie? Was versteht man unter „Abwehrmechanismen"? Welche Abwehrmechanismen kennen Sie? Welche Zusammenhänge zwischen Abwehrmechanismen und Neurosen können Sie beschreiben? Ist das Ich bewusst?
- Welche Triebe ordnete Freud dem Es zu? Beschreiben Sie die Libidogenese.
- Was versteht man unter Ichbewusstsein, und welche Facetten desselben können Sie benennen und erläutern? Auf welche Weise kann das Ichbewusstsein gestört sein?
- Effektanzmotivation: Was ist das, welche Bedeutung hat sie vermutlich? Welche psychologischen Konzepte stehen damit in Zusammenhang?
- Was besagt die Bindungs-Theorie, welche Bindungs-Typen kennen Sie, was versteht man unter der „Fremde-Situation"?
- Welche Entwicklungsstadien behauptete Freud?
- Was versteht man unter dem Ödipuskonflikt, wie wird er „gelöst"? Was ist „Triangulierung"? Wie entsteht das Überich?
- Welche Stufen enthält das Mahler'sche Entwicklungsmodell, welche Kritik bringt die moderne Säuglingsforschung dagegen vor?
- Welche Stufen (Polaritäten) enthält das Erikson-Entwicklungsmodell?

121

- Welche Phasen des Alterns kennen Sie?
- Was bedeutet es, wenn von einem „Defizitmodell des Alterns" gesprochen wird?
- Was versteht man unter „Rollenabtritt"?
- Welche zwei grundlegenden Theorien über das Älterwerden wurden formuliert?

6 PSYCHOPATHOLOGIE

6.1 „Multifaktorielles Krankheitsmodell", „bio-psycho-soziales Modell"

Wieso wird jemand psychisch krank? Recht gängig sind heute, zumindest was psychopathologische Phänomene betrifft, so genannte multifaktorielle Erklärungsmodelle. In engem Zusammenspiel bringen eine ganze Reihe von „bio-psycho-sozialen" Faktoren schließlich eine z.B. schizophrene Symptomatik hervor, so bedingen zunächst (vgl. z.B. Ciompi, 1981)

- genetische und somatische Einflüsse (Konstitution, prae- und perinatale Schäden) und
- psychosoziale Einflüsse (so frühkindliche Traumen und familiärer Kommunikationsstil)

die Entwicklung verletzlicher, sensibler, unklar strukturierter praemorbider Persönlichkeiten. Durch

- unspezifischen Stress („life events", verworrene Familienbeziehungen usw.)

kann es zu akuten psychotischen Dekompensationen kommen, durch

- weitere psychosoziale Einflüsse

z.B. zu schwereren chronischen Residualzuständen.

„Residualzustände": residuum=Rest; meist mit sog. „Minus-Symptomatik" bei chronisch verlaufenden endogenen Psychosen, verbunden u.a. mit Antriebsverminderung, Interesselosigkeit

Klarerweise wird von der Psychoanalyse der Aspekt der Primärobjektbeziehungen betont, bei vielen Autoren (z.B. Klein, Kernberg) aber auch die Bedeutung der angeborenen Aggression und Angst bzw. Angsttoleranz.

6.2 Klassifikation psychischer Krankheitsbilder

Psychische Krankheitsbilder lassen sich verschiedenen Klassen[1] zuordnen: Abnorme Reaktionen, Neurosen, Psychosomatische Störungsbilder, Sucht, Persönlichkeitsstörungen, Psychosen.

[1]hier an ICD9 angelehnt, mit der tiefenpsychologischen Perspektive kompatibel

6.2.1 Abnorme Reaktionen

Es handelt sich bei abnormen Reaktionen um psychische Störungen, die nachvollziehbar (verstehbar) durch Ereignisse in einem überschaubaren Zeitraum, also etwa bis hin zu drei Jahren zuvor, ausgelöst sind. Solche Ereignisse sind z.B. Verlust eines Partners, einer Arbeit (nachdem man sich jahrelang sehr mit ihr identifiziert hatte), ungelöste Konflikte im Zusammenhang mit familiären Beziehungen oder der Arbeit, Verlust von eigenen körperlichen Funktionen oder Teilen (z.B. Kehlkopf- oder Gebärmutterentfernung; Amputationen), Fehlgeburten, Abtreibungen, Krebserkrankungen, Nierenerkrankungen (Dialyse; Warten auf Ersatzniere), Entwurzelungen. Bekannt sind z.B. abnorme Trauerreaktionen auf den - seelisch nicht adäquat verarbeiteten - Verlust einer bedeutenden Bezugsperson oder der Arbeit. Vielfach reagieren Menschen depressiv, manchmal auch eher „hysterisch" (sehr aufgewühlt, von außen betrachtet „überzogen", bei kleinem Anlass stark weinend oder auch mal schreiend). Manchmal wird ein innerer Konflikt auch ins Körperliche verlagert - meist im Zusammenspiel mit einem körperlichen „Schwachpunkt"; so etwas kann z.B. einer Stimmstörung eines Lehrers zugrunde liegen[1], wobei die medizinischen Aspekte einer Funktionsstörung stets vorrangig genau abzuklären sind. Nötig ist dann meist die Aufarbeitung des gravierenden Lebensereignisses bzw. der Krise: Darüber sprechen, die implizierten Gefühle klarer machen usw. Dazu ist häufig keine längere Psychotherapie vonnöten. Vielen Menschen helfen ganz normale Entlastungsmöglichkeiten im Gespräch. Wenn das im Alltagsumfeld nicht gegeben ist, bedeutet auch das noch nicht automatisch, dass eine Psychotherapie indiziert ist. Bei der oben als Beispiel angeführten Stimmstörung des Lehrers wird z.B. die Logopädin den Belastungs- oder Konflikthintergrund des Patienten berücksichtigen und besprechen. Wenn sich Fixierungen, Kränkungen etc. so nicht auflösen lassen, muss ein Vorgespräch mit einem Psychotherapeuten empfohlen werden. Geht die Störungsursache über einen aktuellen Konflikt hinaus und ist in Konflikten begründet, deren Entstehung im weiter zurückreichenden lebensgeschichtlichen Hintergrund anzusiedeln ist, handelt es sich nicht mehr nur um eine „abnorme Reaktion" oder „Anpassungsstörung", sondern um eine Neurose (s.u.).

[1] „Konversion", ⇒ Kap. 5.2, „Abwehrmechanismen"

6.2.2   Neurosen

Bei Neurosen handelt es sich um seelische Erkrankungen, die vom aktuellen Erscheinungsbild her oft wie abnorme Reaktionen aussehen (z.B. Depressivität oder Angst). Sie haben aber eine längere individuelle Geschichte. „Geschichte" bedeutet lerntheoretisch / verhaltensmedizinisch gesehen „Lerngeschichte"; psychoanalytisch bedeutet „Geschichte": Auf Grundlage von Fixierungen in der Kindheit, auf Grundlage früher „gestörter" Objektbeziehungen wurden innerseelische Strukturen, auch Abwehrmechanismen (gegen Ängste, andere Gefühle, Bedürfnisse) entwickelt, die später - z.B. in Belastungssituationen oder auch ohne erkennbaren Auslöser - zu Problemen und Symptomen führen. Letztlich ist diese Entwicklung verstehbar, erklärbar, nachvollziehbar und die Krankheit bei entsprechender Motivation behandelbar - sei es direkt bei der Symptomatik ansetzbar durch Verhaltenstherapie oder durch aufdeckende Psychotherapie oder auch durch Kombination verschiedener Therapieverfahren.

Als Beispiel stellen Sie sich eine Frau vor, die schon in der Kindheit wenig Zuwendung und Beachtung fand, z.B. auf einem wirtschaftlich schlecht laufenden, einsam gelegenen Bauernhof, früh mit zupacken musste, so dass kindliche Bedürfnisse aller möglichen Art auf der Strecke blieben. Die Mutter war oft krank, die Patientin richtete später alle ihre nicht-erfüllten Sehnsüchte nach Geborgenheit und Versorgung auf ihren Mann; dieser mag sich in dieser Umklammerung eingeengt gefühlt oder eigene derartige Wünsche bedroht gesehen haben, behandelte die

Frau schlecht oder ging immer wieder fremd und kränkte sie so. Die Verschlechterung der Partnerschaft ist die Auslösesituation für depressive Verstimmungen (eine neurotische Depression = depressive Neurose wird sichtbar), vielleicht kommt es auch zu einem psychosomatischen Beschwerdebild. So könnten körperliche Korrelate der inneren Konfliktspannungen wie Verspannungen der Muskulatur, Kopfschmerzen, Gelenkschmerzen oder auch Schwindel auftreten (Somatisierungsstörung).

Die klassischen Neuroseformen sind: depressive Neurose, Zwangsneurose, Angstneurose und Phobien, Konversionsneurose bzw. „hysterische" Neurose. Nach psychoanalytischer Auffassung liegen immer Konstellationen innerer Konflikte (zwischen nicht-gelebten Triebwünschen, innerer Abwehr gegen die Wahrnehmung derselben und Realitätsanforderungen) zugrunde.

Depression, Zwang, Angst & Phobie, Konversion

Unter „Phononeurosen" versteht man Störungen des Stimmklanges oder der stimmlichen Leistungsfähigkeit ohne primär organische Veränderungen am stimmbildenden Apparat, deren Ursache vorwiegend im psychischen Bereich liegt.

psychogene Dysphonie oder Aphonie, spastische Dysphonie

6.2.3 Psychosomatische Störungsbilder

Eigentlich ist es ja eine Selbstverständlichkeit, dass Gefühle, Gedanken und körperliche Vorgänge miteinander zusammenhängen. Jeder, der Angst kennt, weiß das: Da sind meist bestimmte Gedanken, z.B. an Situationen oder Gefahren, da sind unangenehme Gefühle, dann werden die Hände vielleicht feucht, man spürt das Herz stärker schlagen usw.[1] Oft können Patienten ziemlich genau angeben, was es ist, das ihnen Magenbeschwerden bereitet (z.B. Konflikte in der Familie, ein trinkender Ehemann, ein überfordernder Chef), oft auch nicht. An sich darf man von einem psychosomatischen Leiden nur sprechen, wenn die körperlichen Beschwerden nicht organisch erklärt werden können und ein irgendwie plausibler Zusammenhang zwischen den Beschwerden und der Persönlichkeit (deren Erleben etc.) herstellbar ist. Allerdings wird in der Praxis heute „Psychosomatik" sehr weit gefasst. In psychosomatischen Kliniken sind auch Patienten mit „reinen" Neurosen, auch Patienten mit Persönlichkeitsstörungen und auch Patienten mit deutlich somato-psychischen Problemen (wenn sich z.B. aufgrund einer körperlichen Erkrankung seelische Probleme ergeben oder auch zusätzlich dann psychosomatische Beschwerden). Natürlich gibt es auch klassische Formen von Psychosomatosen wie Colitis Ulcerosa in solchen Kliniken. Dabei handelt es sich nicht „nur" um eine funktionelle Störung, sondern auch um ein ganz handfestes organisches Geschehen mit evtl. lebensbedrohlicher Entwicklung.

[1] Alltagssprache: „Es geht mir an die Nieren." - „Es schlägt mir auf den Magen."

6.2.4 Sucht

Es gibt die verschiedensten, stoffgebundenen und nicht-stoffgebundenen Süchte. Beispiele sind Alkohol-, Medikamenten-, Spiel-, Arbeits-

Suchtverhalten:
Ist die Gesellschaft schuld?
Sind die Eltern schuld? Ist
man selbst verantwortlich?

sucht. Es hat wenig Sinn, hier auf dem beschränkten Raum auf Einzelheiten und Abgrenzungsfragen einzugehen. Grundsätzlich muss man zwischen der Sucht selbst und den organischen (und neuropsychologischen) Folgen lang währenden Suchtverhaltens unterscheiden. Über Sucht zu sprechen ist immer ein wenig schwierig. Es gibt gesellschaftliche Ursachenaspekte, z.B. die Doppelmoral hinsichtlich des Alkohols oder des Glücksspiels in der Gesellschaft wie im staatlichen Handeln oder Doppelmoral bei Medikamentenverschreibungen (Beruhigungsmittel) auch im ärztlichen Handeln. Letztlich trägt jeder Erwachsene die Verantwortung für jedes Glas, das er trinkt und jede Zigarette, die er raucht, selbst. Da stellt der Hinweis auf die gesellschaftlichen Verhältnisse oder die schwierige Kindheit eine Verleugnung, Bagatellisierung, Rationalisierung dar und gehört zu den üblichen Abwehrformen innerhalb des Suchtgeschehens. In der professionellen Suchtbehandlung wird eigentlich grundsätzlich davon ausgegangen, dass viererlei zu geschehen hat:

- Entgiftung und der angemessene medizinische Umgang mit Entzugssymptomen,
- Unterbrechung der Suchtmechanismen (z.B. kein Alkohol mehr, als Hilfestellung evtl.: Patient darf Klinik vorerst nicht verlassen, dann eine Zeit lang nur in Begleitung, dann probeweise allein),
- Psychotherapie (und/oder Selbsthilfegruppe) zwecks Aufarbeitung der innerseelischen Hintergründe für das Suchtverhalten und Erarbeitung alternativer Umgehensweisen mit der Lebenssituation. (Zu beachten ist, dass Letzteres nicht möglich ist ohne die beiden ersten Bedingungen.)
- Maßnahmen, die dem Wiedereinstieg ins Berufsleben dienen (Arbeitstherapie; berufliche Rehabilitation).

Wissenschaftlich umstritten ist die Annahme einer „Suchtstruktur", womit auf Persönlichkeitsaspekte hingewiesen wird, die sich nicht erst nur in Folge des Suchtverhaltens entwickeln, sondern schon von vornherein dazu prädisponieren, zu Suchtmitteln zu greifen. Es ist sicher schwierig, das mithilfe von Fragebogen, Tests usw. nachzuweisen. In der praktischen klinischen Arbeit zeigt sich aber, wie sehr bei Patienten der konkrete Inhalt der Sucht wechseln kann, weil einfach in der Person selbst dieses Süchtige drin ist. Zu solchen „Wesenszügen" mag gehören: Frustration schlecht aushalten (auf Triebbefriedigung schlecht warten können), Tendenz, die Welt in „Gute" und „Böse" aufzuspalten (vgl. Theorie der Objektbeziehungen), Tendenz zu vermeidendem, verleugnendem, bagatellisierendem Umgang mit Problemen und Gefühlen etc.

von Sucht zu Sucht

6.2.5 Persönlichkeitsstörungen

Menschen mit Persönlichkeitsstörungen fallen nicht so sehr durch spezifische Symptome auf (wie das z.B. bei Neurosen der Fall ist). Sie kommen mit sich als Person nicht zurecht, oder sie leiden unter den Reaktionen der Umwelt auf sie (kommen mit Kollegen, Chefs, Nachbarn nicht klar). Häufig sind narzisstische Persönlichkeitsstörungen.

Meist haben narzisstische Menschen zwei Seiten. Die eine Seite wirkt etwas überheblich, fast in sich selbst verliebt, da kommt man nicht so recht an sie heran, sie werten oft andere ab. Mit Beziehungen tun sie sich schwer. Die andere Seite, die sie sehr verbergen, ist die Seite ihrer Fehlschläge, der Ohnmacht, die oft durch die grandiose Fassade überdeckt wird. Wenn es einem als Therapeut gelingt, zu dieser Seite Zugang zu finden (was nicht gelingt, solange man die „grandiose" Seite attackiert), kann Therapie gut verlaufen. Kränkung wäre furchtbar für diese Menschen, darum muss man bei „Angriffen" auf ihr Größenselbst mit massiver Abwehr rechnen. Fast immer steckt im lebensgeschichtlichen Hintergrund ein früher Mangel an Anerkennung, Zuwendung, Bewunderung z.B. durch den Vater. Eine andere Klasse von Persönlichkeitsstörungen sind „Borderline-Persönlichkeiten". Besonders auffällig ist hierbei die mangelhafte Integration guter und schlechter Selbstbildaspekte und die mangelhafte Integration guter und schlechter Objektbildaspekte[1]. Es kommt leicht und aus geringfügigem Anlass zu einem „Umkippen" der ganzen Haltung zu sich selbst und der Haltung anderen gegenüber. Der Therapeut, der eben noch idealisiert wurde, der aber nun auch den Ansprüchen des Patienten eine Grenze setzt, kann dann evtl. sehr plötzlich abgewertet werden. Schwierigkeiten haben eigentlich alle Borderline-Patienten mit der Affektkontrolle, insbesondere mit dem Umgang mit aggressiven Tendenzen. Bei vielen kommt es zu selbstverletzendem Verhalten (Ritzen). Es können auch suizidale Krisen auftreten, im Alltag auch Suchtphasen, bei einigen auch, meist kürzere, psychotische Episoden.

[1]⇒ Kap. 5.6.2: „Objektbeziehungen"

6.2.6 Psychosen

Sie sind Thema der Psychiatrie. Unter den Psychosen gibt es solche, die durch nachweisbare hirnorganische Veränderungen bzw. toxische Einflüsse von außen - etwa bei einem akuten Alkoholrausch oder dann bei einem alkoholbedingten Delir nach Dauerkonsum des Suchtstoffes - ausgelöst sind, aber auch solche, über deren genaue Ursachen man noch wenig weiß, die so genannten „endogenen Psychosen". Man geht heute von einem „multifaktoriellen Ursachenmodell" aus[2]. Besonders auffallend sind Störungen auf der Ebene des Icherlebens[3], auf die medikamentös eingewirkt wird (v.a. Neuroleptika), aber auch durch körperorientiertes Vorgehen (vgl. Scheepers, 1993) und durch ergotherapeutische Angebote (Realitätsbetonung). Aufdeckende Psychotherapie ist selten angesagt. Besonders häufig sind hier Krankheiten des schizophrenen Formenkreises (wo Wahnideen, Störungen des formalen Denkens, Ichbewusstseinsstörungen im Vordergrund stehen) und affektive Psychosen (mit eher depressiver oder eher manischer oder beiderlei Auslenkung). Patienten mit akuten psychotischen Erkrankungen werden natürlich in Psychiatrischen Einrichtungen behandelt.

[2]⇒ Kap. 6.1

[3]Icherleben: zu den Störungen der Ich-Vitalität, -Demarkation, -Aktivität, -Konsistenz, -Identität ⇒ Kap. 5.2: das Ich

6.3   Psychotherapieverfahren

Psychotherapieverfahren zur Behandlung von Neurosen, aber auch abnormen Reaktionen, psychosomatischen Störungen, teils auch als Bestandteil von Suchttherapien, zur Behandlung von Persönlichkeitsstörungen sind neben Verhaltenstherapie und Psychoanalyse: Gestalttherapie; Psychodrama; Gesprächspsychotherapie; Transaktionsanalyse; psychoanalytisch orientierte Gruppentherapie[1]. Sehr starken Körperbezug haben: Bioenergetik; Konzentrative Bewegungstherapie; tiefenpsychologisch orientierte Körpertherapiegruppe; teils Gestalttherapie; auch Tanztherapie, Bewegungstherapie, die nicht eigentlich zu den Psychotherapieformen zählen. Unmittelbar an den zwischenmenschlichen Beziehungen knüpfen systemische und familientherapeutische Verfahren an. Hier gibt es wiederum Ansätze, denen mehr eine verhaltenstherapeutische (Watzlawick), gesprächspsychotherapeutische (vgl. Schulz v. Thun) oder psychoanalytische Orientierung (psychoanalytische Familientherapie) zugrunde liegt. Grundsätzlich kann man Einzeltherapie von Gruppentherapie unterscheiden, ferner ambulante von stationärer Therapie. Im stationären Rahmen ergibt sich der Vorteil, dass auch flankierende Therapiemaßnahmen wie Ergotherapie zum Zuge kommen, von deren Seite her eine wesentliche Unterstützung, oft auch ganz wesentliche initiale Impulse für die Psychotherapie kommen.

[1] ⇒ Kap. 1.3: „Paradigmen"

Literaturempfehlungen zu Kapitel 6:

Zur Thematik des bio-psycho-sozialen Krankheitsmodells vgl. den recht anspruchsvollen Text von Uexküll & Wesiack, 1996; ferner Ciompi, 1981. Zu Neurosen siehe Mentzos, 1997; zur Psychosomatik Uexküll, 1996; Psychotherapieverfahren werden beschrieben in Petzold, 1994.

Fragen zu Kapitel 6:

* Was versteht man unter einem bio-psycho-sozialen Krankheitsmodell?
* Was heißt „multifaktorielle Verursachung"?
* Wodurch unterscheidet man Neurosen von abnormen Reaktionen? Nennen Sie Beispiele.
* Was sollte geklärt sein, wenn man eine Störung als „psychosomatisch" bezeichnen will?
* Was sind Persönlichkeitsstörungen? Nennen Sie Beispiele.
* Nennen Sie konkrete Störungen bei endogenen Psychosen.

7 PSYCHODIAGNOSTIK

7.1 Beiträge zur psychodiagnostischen Urteilsbildung

Um eine Diagnose im Zusammenhang mit Störungen der psychisch-mentalen bzw. psychosomatischen Befindlichkeit zu stellen, benötigt der psychologische oder ärztliche Diagnostiker in der Regel:

- Angaben über die <u>aktuellen Beschwerden</u> und <u>deren Entwicklung</u> (Psychopathogenese); so über die Art der Beschwerden und deren Intensität, Dauer, Häufigkeit; bezüglich psychischer einschließlich psychiatrischer Beschwerden ist z.B. wichtig: *(Beschwerden)*
- klares Bewusstsein?
- zu allen Qualitäten orientiert? (Raum, Zeit, eigene Person)
- Intelligenz?
- formales Denken (Geordnetheit der Denkabläufe): formale Denkstörungen?
- Gedächtnis, Merkfähigkeit?
- Wahn oder Halluzinationen?
- Antrieb (vermindert? erhöht?) und Psychomotorik (bildet sie den Affekt jeweils ab?)
- Affekt (Ängste? Depressivität? affektlabil? mitschwingend?)
- differenziert in der Selbst- und Fremdwahrnehmung? (Introspektionsfähigkeit? soziale Wahrnehmung?)

Dies wird meist anhand von Gesprächen, z.B. in klinischen Interviews und in der Anamneseerhebung, beobachtet. Gut ist es allerdings, wenn man eine breitere Beobachtungsbasis hat (z.B.: Wie verhält sich der Patient gegenüber Mitpatienten bei Konflikten in festeren Beziehungen?). Teilweise kann man auch Messinstrumente einsetzen, z.B. für die Konzentrationsfähigkeit, die Intelligenz, die Interessen, bei Kindern für den Entwicklungsstand (Wahrnehmungs-, kognitive, Sprachentwicklung).

- die <u>Anamnese</u>: biographische Daten und Erleben der Ereignisse; *(Anamnese)* aber auch bisherige Krankheiten, Krankheiten in der Familie usw. sowie die Arbeits- und Berufsanamnese
- <u>Verfahren zur Erfassung der Persönlichkeit</u>; hier wird je nach *(Persönlichkeit)* Klinik / Einrichtung ganz unterschiedlich vorgegangen. Vieles wird im Gespräch erfragt (z.B. die Interessen oder Erfahrungen mit Beziehungsgestaltung) oder aus dem Gespräch erschlossen (evtl. z.B. die vorherrschenden Abwehrformen, oft erfährt man das aber erst im Gesamtverlauf). Evtl. werden Persönlichkeitsfragebogen vorgegeben, um die Persönlichkeitszüge auf verschiedenen Dimensionen zu erfassen und Angaben über ihre relative Ausprägung machen zu können (durchschnittlich intro-/extravertiert? durchschnittlich ängstlich? etc.). Hier kann man wieder unterscheiden, ob Merkmale erfasst werden sollen, die eher stabile Persönlichkeitsmerkmale sind wie Introversion oder ob Merkmale erfasst werden sollen, die eher veränderbar sind wie Ängstlichkeit, soziale Unsicherheit usw. Natürlich gibt es auch Tests, die ganz konkrete

129

Symptom- bzw. Beschwerdenbereiche abfragen, wie das in der Symptomchecklist SCL90, in Angst- oder Depressionsskalen der Fall ist.

Auf der Grundlage solcher Beobachtungen und Messwerte und der Kenntnis der Lebensgeschichte des Patienten und seiner Art, mit Problemen umzugehen, kann man dann zu einer Diagnose kommen (z.B. „reaktive Depression"), evtl. auch zu einer Angabe der Persönlichkeitsstruktur („reaktive Depression bei eher depressiver Persönlichkeit" oder „bei eher zwanghafter Persönlichkeit") oder einer Persönlichkeitsstörung (z.B. „narzisstische Persönlichkeitsstörung").

7.2   Psychometrische Tests

Vermessung der „Seele"

Normalerweise ist ein Test sehr weit vorstrukturiertes Material. Der Testleiter (Tl) hat ganz bestimmtes Reizmaterial, das er der Testperson (Proband, Pb) vorgibt; im einen Fall stellt er mündlich Fragen (zum Beispiel bei einem Sprachentwicklungstest für Kinder oder einem Intelligenztest für Kinder), auf die es (richtige oder falsche) Antworten gibt, die er registriert (meist auf einem Antwortformular). Im anderen Fall gibt er den Pb ein Testheft mit den Fragen darin; in diesem Fall erläutert er meist, wie die Fragen zu beantworten sind, d.h. wo und wie auf dem Antwortbogen die Antworten aufzuschreiben oder (meist) anzukreuzen bzw. durch einen Strich im richtigen Kästchen zu markieren sind. Bei Leistungstests (wie das Intelligenztests für den geistigen Bereich ja sind) sagt er meist, dass in der gegebenen Zeit kaum alle Fragen bearbeitbar sind, dass es auch erlaubt ist zu raten, wenn man unsicher ist, dass man sich nicht zu lange mit der einzelnen Aufgabe aufhalten soll. All diese Anweisungen entnimmt der Tl der <u>Handanweisung</u> (dem „<u>Manual</u>") des Tests. In ihr wird meist darauf hingewiesen, dass man sich ziemlich genau an die Vorgaben halten muss (sonst sind Messwerte nicht vergleichbar, Normentabellen nicht heranziehbar). Sie enthält meist eine allgemeine Beschreibung des Tests, sie enthält ferner genaue Vorgaben, wie der Test durchzuführen und auszuwerten ist, die Vergleichswerte selbst sind in Tabellenform, so dass man z.B. einschätzen kann, was es bedeutet, wenn ein Pb in einem bestimmten Altersbereich und mit Hauptschulabschluss als höchstem Schulabschluss diesen oder jenen Wert hat und Hilfestellungen zur Interpretation des Ergebnisses.

Im Manual eines Tests steht: Was soll der Test messen, wie ist er aufgebaut, welche Vergleichswerte sind erhoben worden, zu denen man das Testergebnis eines konkreten Pb in Beziehung setzen kann - z.B. Altersnormen?

Tests, bei denen zahlenmäßig ausgewertet wird - dabei wird in der Regel von den angekreuzten Antwortalternativen ausgegangen -, stellen sozusagen Versuche dar, die Seele oder den Geist „zu vermessen"; daher stammt der Ausdruck „<u>psychometrische</u>" Verfahren.

Es gibt auch „<u>projektive</u>" Verfahren, bei denen der Pb zu vorgegebenen Bildtafeln (z.B. Tintenklecksen) sagen soll, was ihm dazu einfällt; er „projiziert" etwas aus seinem Inneren in das Bildmaterial hinein, diese Angaben werden ausgewertet und interpretiert; man sieht so z.B., ob die Leistungsthematik oder verschiedene Ängste für ihn eine große Rolle spielen. Diese projektiven Verfahren sind allerdings für Ergotherapeuten oder Logopäden kaum von Bedeutung, und diese reichen auch an die heute normalerweise angelegten Qualitätsmaßstäbe

Tests:
● psychometrisch
● projektiv
● objektiv

für psychologische Tests nicht heran. Seltener benutzt werden sog. ob-jektive Tests, dabei werden objektive Daten wie Blutdruck, Atemfrequenz, elektrischer Hautwiderstand usw. erfasst. Vorteilhaft ist, dass diese Daten weniger willentlich verfälschbar sind als etwa Fragebogenantworten, das Problem ist aber, dass die Interpretation der Ergebnisse umso schwieriger ist (wie die jahrzehntelange Diskussion um den „Lügendetektor" zeigt).

Um sich über Gütekriterien, die an Tests anzulegen sind, zu verständigen, müssen nun noch einige – in Kapitel 1 dieses Buches schon angekündigte - Ausführungen zur „Statistik" ergänzt werden.

7.3   Korrelation, Normalverteilung, Testgütekriterien

In Kapitel 1.4 wurden bereits einige Begriffe aus Statistik und Testtheorie (Mittelwert und Streuung, Stichprobe, Signifikanz) besprochen, die man auch beim Umgang mit Tests oder bei der Verwendung von Testergebnissen kennen sollte. Hier wird weiterführend erläutert: Korrelation, Normalverteilung, die wichtigsten „Testgütekriterien".

Korrelation: Ein Korrelationskoeffizient ist ein Maß für die Enge eines Zusammenhanges. Ist er hoch positiv, ist der Zusammenhang zwischen zwei Zahlenreihen eng, ist der Wert hoch negativ, ist der Zusammenhang eng aber umgekehrt (gegenläufig); ist der Wert null, besteht kein wirklicher Zusammenhang, die Werte variieren unabhängig voneinander. Zum Beispiel besteht kein wirklicher statistischer Zusammenhang zwischen der Körpergröße eines Menschen und dem Tag im Monat, an dem die Person geboren ist. Natürlicherweise besteht kein Zusammenhang zwischen der Hautfarbe eines Menschen und seiner Intelligenz.

> Misst man aber Intelligenzanteile, die ausbildungsabhängig sind und vergleicht dann Weiße, die gute Ausbildungsmöglichkeiten hatten mit Schwarzen, die kaum Ausbildungsmöglichkeiten hatten, so erscheinen die Weißen „intelligenter" als die Schwarzen; aber tatsächlich hat man natürlich etwas gesellschaftlich „Gemachtes" vor sich.

Korrelationskoeffizienten sind Zahlen zwischen +1.0 (maximaler gleichläufiger Zusammenhang), 0 (kein Zusammenhang) und -1.0 (maximaler gegenläufiger Zusammenhang). Ein Beispiel für einen gegenläufigen Zusammenhang ist Folgendes: Die Zahl der Stunden, die für das Wegschaufeln eines Sandhaufens nötig ist, korreliert negativ mit der Anzahl der Leute, die schaufeln (je mehr Leute, umso schneller ist der Sand weggeschafft).

Nicht verwechseln darf man „Korrelation" mit „Kausalität". Ein enger Zusammenhang zwischen zwei Messwertreihen besagt nichts darüber, ob das eine Ursache des andern ist oder umgekehrt. Oft liegen die Kausalitäten ganz anders.

> Ein Standardbeispiel ist: Wenn es einen positiven korrelativen Zusammenhang gibt zwischen der Zahl der Störche in Orten und der Zahl der Geburten, so kann man nicht daraus schließen, dass die Störche ur-

Statistik: Was ist eine Korrelation?

Korrelation nicht verwechseln mit Kausalität

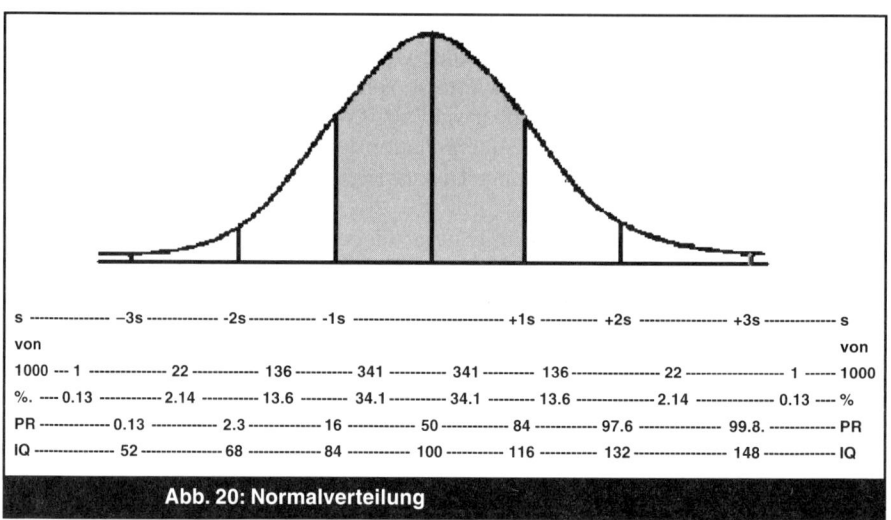

s	------------ –3s ------------	-2s ------------	-1s ------------------------	+1s ----------	+2s -------------	+3s ------------	s
von							von
1000 --- 1 -------------	22 -------------	136 ----------	341 ---------	341 ---------	136 ----------------	22 ------------------- 1 -----	1000
%. ---- 0.13 -----------	2.14 -----------	13.6 --------	34.1 ---------	34.1 --------	13.6 ----------------	2.14 -------------- 0.13 ----	%
PR ------------ 0.13 -----------	2.3 -------------	16 -----------	50 -------------	84 -----------	97.6 ----------------	99.8. ------------	PR
IQ --------------- 52 --------------	68 --------------	84 -----------	100 ----------	116 ----------	132 ----------------	148 --------------	IQ

Abb. 20: Normalverteilung

Statistik: Normalvertei-
lung

sächlich für den Geburtenreichtum sind. Es könnte ja z.B. so sein, dass beides mit der Verstädterung zu tun hat.

Jedenfalls darf man Kausalität und Korrelation nicht gleichsetzen, wenn auch in Einzelfällen einer hohen Korrelation ein wirkliches Kausalverhältnis (Ursache-Wirkungs-Zusammenhang) zugrunde liegen mag (die im Beispiel erwähnten Arbeiter sind ja wirklich Ursache dafür, dass der Sand weggeschaufelt wird).

Für das Verständnis von Tests ist ein weiteres Konzept aus der Statistik wichtig:

Normalverteilung: Viele Merkmale sind in der Bevölkerung „normal" verteilt. Vereinfacht gesagt ist es dann so, dass viele Leute um den Durchschnittswert herum liegen, aber man findet umso weniger, je mehr man in die Extreme kommt. So liegen die meisten Menschen etwa in einem mittleren Intelligenzbereich, sehr wenige z.B. über einem IQ von 200. Abb. 20 zeigt die Gauß'sche Glockenkurve, benannt nach dem Mathematiker Gauß. Zur Erläuterung:

Unten stehen die Messwerte: „s" steht für Standardabweichung als einem statistischen Maß für die Streuung; darunter ist abzulesen, wie viel von 1000 Menschen in einem bestimmten Bereich liegen bzw. darunter, ferner wie viel % aller dies sind; ferner stehen die Prozentränge PR und die Intelligenzquotient-Werte unter der Kurve. Je höher die Kurve an einer bestimmten Stelle, umso mehr Leute haben diesen Wert. Logischerweise ist deshalb die Kurve in der Mitte am höchsten. Ein IQ von 100 bedeutet, dass jemand exakt in der Mitte liegt (exakt im Durchschnitt); dies entspricht einem Prozentrangwert von 50 (50% sind „besser" und 50% „schlechter"). In IQ-Einheiten betrachtet, liegen zwischen 84 und 116 etwa 68% der Bevölkerung (dies entspräche dem grauen Flächenstück unter der Kurve, es umfasst etwa 68% der Gesamtfläche). Wenn man „Durchschnitt" großzügig interpretiert, ist dies der Durchschnittsbereich der Bevölkerung. Manchmal will man aber den „Durchschnitt" enger gefasst haben und sagt z.B., wie das häufig getan wird, nur zwischen 90 und 110 liegt jemand intelligenzmäßig im Durchschnitt. Das sind willkürliche Festlegungen, denn einen „objektiven" Durchschnittsbereich gibt es selbstverständlich nicht.

Testgütekriterien: An moderne Tests müssen einige Gütekriterien angelegt werden können, über deren Erfüllung das Manual Auskunft zu geben hat. Diese sind im Wesentlichen:

● Standardisierung: Untersuchungssituation, Instruktion, Testmaterial sollen so weit standardisiert sein, dass jeder, der sich dem Test unterzieht, gleiche Bedingungen vorfindet.

● Eine Stärke psychometrischer Tests ist deren Normierung: Es liegen Vergleichswerte (also z.B. unter gleichen Erhebungsbedingungen, mit gleichen Instruktionen und gleichem Testmaterial erhobene Ergebnisse) anderer Individuen vor, so dass die relative Position der Testperson auf einer Skala bestimmt werden kann.

● Objektivität von: (a) Durchführung: Verschiedene Testleiter können den Test auf übereinstimmende Weise durchführen, so dass das Ergebnis nicht davon abhängt, wer den Test durchführt. (b) Auswertung: Das Gleiche trifft auf die numerische Auswertung des Tests zu. (c) Interpretation: Diese soll unabhängig vom spezifischen Testleiter möglich sein. Diese Kriterien setzen natürlich exakte Vorgaben (wie der Test durchzuführen ist usw.) im Manual voraus.

● Reliabilität (=Zuverlässigkeit). Hier geht es um die Zuverlässigkeit und Genauigkeit, mit der ein Test etwas misst. Parallelformen sollten ebenso messen; Testteile sollten ebenso messen wie andere Testteile; bei Testwiederholungen sollte dasselbe herauskommen, es sei denn, man misst ein von vornherein als instabil bekanntes Merkmal. In diesem Fall sollte der Test natürlich so beschaffen sein, dass die Messung z.B. am Ende eines Klinikaufenthaltes auch etwas anderes ergeben kann als eine Messung zu Beginn. Bei der Intelligenz hingegen erwartet man eher, dass sie über eine so kurze Zeitspanne hinweg gleich bleibt, so dass auch der 2. Test sehr Ähnliches ergeben soll.

● Validität: Dies ist die Gültigkeit des Tests: Misst er tatsächlich, was er messen soll? Sind z.B. Leute, die besser im Intelligenztest abschneiden, auch „intelligenter"? Dazu kann man das Ergebnis mit dem in einem anderen bewährten Test vergleichen („interne Validität") oder mit einem externen Kriterium (z.B. Studienerfolg)[1].

[1] ⇒ Kap. 3.1

Die Testkonstrukteure versuchen, diese Kriterien zufrieden stellend zu erfüllen. Ausgewiesen wird dies meist anhand von Korrelationskoeffizienten aus entsprechenden Untersuchungen an größeren Mengen von Probanden. So erwartet man z.B. eine hohe Korrelation (z.B. $r=0.90$ oder darüber) zwischen den Testwerten der Gruppe von Probanden, die der Versuchsleiter X untersucht hat, mit den Testwerten derselben Gruppe, die aber von Testleiter Y untersucht wurde (Objektivität). Bei einem Test, der ein stabiles Merkmal messen soll, erwartet man auch eine hohe Korrelation zwischen den Ergebnissen einer ersten Messung und einer zweiten späteren Messung (Test-Retest-Reliabilität = Stabilität).

133

Allgemein lässt sich kaum über einen Test sagen, ob er gut oder schlecht ist. Es kommt immer darauf an, was man damit anfangen will. Der im Kapitel über Wahrnehmung erwähnte Frostig-Test z.B. ist sicher hinsichtlich seiner Güte nicht gerade ein Musterexemplar.

„Screening": Überblicks-
verfahren über einen
Leistungsbereich

Dennoch wird er viel verwendet, weil er als ein Screening-Verfahren viele wichtige Aspekte der Wahrnehmungsentwicklung anspricht und weil man mit den einzelnen Aufgaben selbst dann noch etwas anfangen kann, wenn man den Test gar nicht quantitativ auswerten will.

Literaturempfehlungen zu Kapitel 7:

Literatur über psychometrische Tests ist normalerweise „schwere Kost". Jemand, der/die sich ernsthaft mit der Konstruktion solcher Tests befassen möchte, müsste auf entsprechende Fachliteratur, in der es natürlich auch um mathematische Formeln geht, zurückgreifen, z.B. Lienert, 1972. Zu „Statistik" in der Klinischen Forschung siehe Bortz & Lienert, 1998.
Das Handbuch psychologischer und pädagogischer Tests von Brickenkamp, 1997, liefert eine Übersicht über die wichtigsten Tests. Man kann auch bei den großen Psychologiebuch-Verlagen nach einem Testkatalog fragen.

Fragen zu Kapitel 7:

- Worauf gründet sich ein psychodiagnostisches Urteil?
- Was ist ein psychologischer Test?
- Was versteht man unter einem Korrelationskoeffizienten? In welchem Verhältnis stehen Korrelation und Kausalität zueinander?
- Was versteht man unter „Normalverteilung"?
- Was ist ein psychologischer Test?
- Welche Merkmale eines psychometrischen Tests kennen Sie (einschließlich der Gütekriterien Objektivität, Reliabilität und Validität)?
- Was ist ein psychometrischer, was ein projektiver Test?
- Was ist ein Intelligenztest, welche Art von Ergebnis liefert er? (Bei der Beantwortung ist auch einzubeziehen, was im Kapitel „Kognition" über die Intelligenz Erwachsener geschrieben wurde.)

8 GEDÄCHTNIS UND LERNEN

8.1 Gedächtnis: Eine Modellvorstellung

Abb. 21 zeigt ein - schon in Kap. 3.1.4 erwähntes - Modell zum Verständnis der Funktionsweisen unserer Speicher- und Abrufprozesse:

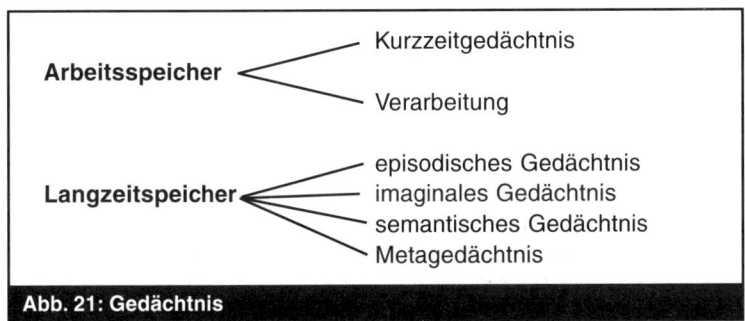

Abb. 21: Gedächtnis

8.1.1 Kurzzeitgedächtnis

Wie jeder bei sich leicht feststellen kann, ist die Zahl der ins Kurzzeitgedächtnis ablegbaren und wieder abrufbaren Informationen ziemlich begrenzt. Merken kann man sich normalerweise 5-9 sinnlose Elemente („Gegenwartsdauer").

Die Gegenwartsdauer ist andererseits vergrößerbar:
- z.B. durch Zusammenfassung von Elementen
- oder durch Herstellung von Sinnbezügen (wenn z.B. eine Telefonnummer zufällig dem Geburtsdatum meines Bruders entspricht).

Auch die Informationsverarbeitungsgeschwindigkeit ist begrenzt.

Der Kurzzeitspeicher ist leichter „störbar", z.B. als Folge eines hirnorganischen Psychosyndroms oder im Alter. Für die Merkfähigkeit im Alter gilt aber: Nachweislich ist Übung, Training wichtig.

Kurzzeitspeicher:
- *begrenzte Kapazität*
- *störbar*
- *trainierbar*

8.1.2 Langzeitgedächtnis

Ungeklärt ist das Fassungsvermögen des Langzeitspeichers; wir können nicht davon ausgehen, dass etwas nicht mehr darin ist, wenn wir es nicht mehr abrufen können. Manchmal taucht im Traum oder durch eine zufällige Begegnung eine Erinnerung auf, die wir schon längst „verloren" glaubten.

Der Langzeitspeicher scheint aus verschiedenen, untereinander verbundenen Speichereinheiten zu bestehen:
- Erlebte Ereignisse werden im episodischen Gedächtnis mitsamt emotionalen Komponenten abgespeichert.

Langzeitspeicher:
- *Kapazität ungeklärt*
- *mehrere Arten des Wissens*

135

- „Imaginal" bedeutet vorstellungsmäßig, also z.B. visuelle Bilder, auditiver oder taktiler Eindruck.
- „Semantisch" meint das Sprachgedächtnis, Wörter, Wortbedeutungen.
- Das Metagedächtnis enthält abgespeichertes Wissen über das Funktionieren des eigenen Gedächtnisses.

Arbeitsspeicher ⇒
Langzeitspeicher

8.1.3   Ablage im Langzeitspeicher

Vom Arbeitsspeicher aus erfolgt eine Ablage von Informationen im Langzeitspeicher. Bei der Einspeicherung ist natürlich wichtig, anhand welchen Registers sie erfolgte. (Stellen Sie sich mal vor, Sie hätten ein Telefonbuch vor sich, das nicht nach einem relevanten Kriterium geordnet ist! Sie würden nichts finden.) Entsprechend speichern wir unter Oberbegriffen ab, unter Themen, aber auch anhand von Gefühlen, Stimmungen. Selbst der Geruch im Raum hat sich als relevant erwiesen. Bei Begriffen kann man sich, wie in Kap. 3.1.4 beschrieben, eine Abspeicherung anhand vielfacher Merkmale vorstellen.

Auffindbar abgespeichert wird verlässlicher, wenn etwas mit Aufmerksamkeit belegt wurde. Wenn man die Kaffeemaschine so nebenher beim Sprechen mit jemandem ausmacht, weiß man es nachher oft nicht mehr.

Darüber hinaus sind so genannte Gedächtnisstrategien nützlich, z.B.
- rehearsal; dies ist eine sehr ursprüngliche Strategie; man wiederholt innerlich immer wieder, was man behalten will,
- Klassifizieren und Verbinden von Informationen (innerhalb eines Sinnzusammenhanges),
- „Eselsbrücken".

Langzeitspeicher ⇒
Arbeitsspeicher

8.1.4   Abruf aus dem Langzeitspeicher

Häufig erfolgt der Abruf durch bewusste Suche. Wichtig ist dabei allerdings wie bereits erwähnt, das Register zu wissen (Oberbegriffe etc.), anhand dessen man die Information abrufen kann. Je „vernetzter" die Information (je „dichter" z.B. das semantische Netzwerk, innerhalb dessen sie aufzufinden ist; je mehr Sinnbezüge da sind), umso besser abrufbar ist sie.

Auch zufällige, assoziative Einfälle führen manchmal zum Erinnern (d.h. können „deblockieren"); dies wird z.B. in der Psychoanalyse angewandt (freie Assoziation zum Überwinden von Verdrängungswiderständen).

Begriffe werden in der Arbeitseinheit vermutlich je nach Bedarf aus im Langzeitspeicher abgespeicherten Komponenten „generiert" (z.B. „APFEL" - vgl. Kap. 3.1.4 sowie Abb. 10).

Modellvorstellung:
Aktivierung von Netzwerkbereichen
im Langzeitspeicher

Man kann sich mit folgender Modellvorstellung behelfen: Wenn man mit einer Situation konfrontiert ist, man sie wahrnimmt, kommt es zur Aktivierung von Netzwerkbereichen des Langzeitspeichers. Diese

- und nicht andere, nicht-aktivierte Bereiche - kommen dann für eine sprachliche Encodierung („Verwörterung") in Frage[1].

Eine andere Modellvorstellung könnte vielleicht noch hilfreicher sein: Details aus dem Langzeitspeicher werden in die Arbeitseinheit hineinkopiert, d.h. dort dann entsprechend zusammengesetzt[2]; die Arbeitseinheit ruft die Informationen also ab und verarbeitet sie, damit ein brauchbarer Output (z.B. Sprachproduktion) erfolgen kann.

[1]⇒dazu Kap. 4.4

Modellvorstellung:
Kopie von Material des
Langzeitspeichers
in der Arbeitseinheit

[2]⇒Kap. 3.1.4 zur Konzeptgenerierung

8.2   Lernprozesse

8.2.1   „Blackbox", Reiz, Konsequenz

Hier werden verschiedene Lernprinzipien vorgestellt. Es geht um die Antwort auf die Frage: Wie entsteht unser Verhaltensrepertoire? Sinnvollerweise bewegt man sich bei dieser Betrachtung im Rahmen des „behavioristischen" Paradigmas. Dann unterliegt dem Ganzen die Behauptung: Verhalten ist gelernt (soweit es nicht angeboren ist wie etwa der Saugreflex oder das Atmen). Im Großen und Ganzen handelt es sich dabei um folgendes Modell:

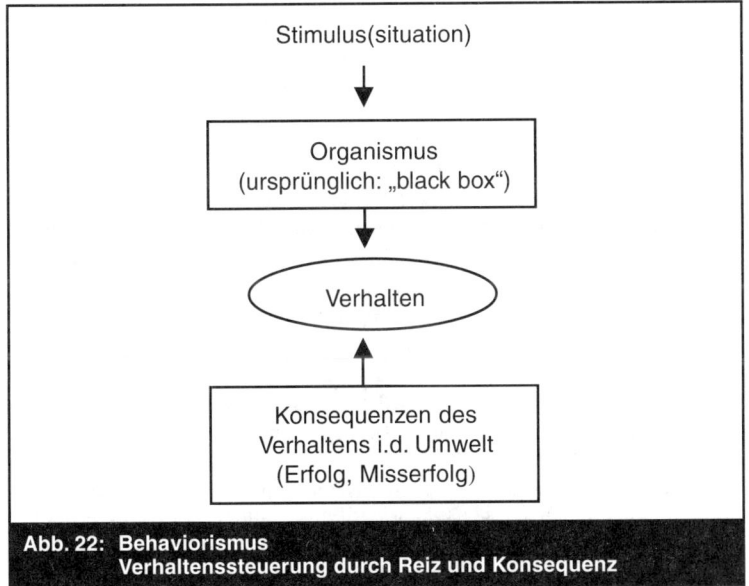

Abb. 22:   Behaviorismus
Verhaltenssteuerung durch Reiz und Konsequenz

Dabei bedeutete im ursprünglichen, rein auf das Verhalten hin bezogenen behavioristischen Ansatz das Innere des Menschen (Denkprozesse, Gefühle) etwas, was nicht selbst Gegenstand der wissenschaftlichen Betrachtung war (nicht beobachtbar, nicht quantifizierbar - „black box"). Mit der Abfolge „Reiz (Stimulus)" - Reaktion (Verhalten) befasst sich das folgende Lernprinzip.

8.2.2   Klassische Konditionierung

Man lernt dabei, eine Verhaltensweise, über die der Organismus bereits verfügt, auf andere, neue Reize („Signale" - deshalb auch der Terminus „Signallernen")[1] hin zu zeigen - und zwar reflexartig, d.h. ohne willentliches Zutun[2]. Der berühmte Pawlow'sche Hund (Versuchstier des russischen Wissenschaftlers Pawlow) sondert zunächst dann Speichel ab[3], wenn er (vorausgesetzt er ist hungrig) z.B. frisches Fleisch unter die Nase[4] gehalten bekommt. Ertönt parallel dazu ein Signal[5] und erfolgt diese Koppelung häufig, sondert der Hund schließlich Speichel auch dann ab, wenn nur das Signal ertönt (wodurch es zum Auslöser wurde, zum konditionalen Stimulus CS; die Reaktion hierauf ist zwar weitgehend identisch mit der UCR, nunmehr nennt man sie aber konditionierte Reaktion, CR).[6] Wer eine Katze hat, bemerkt vielleicht rasch, dass sie bald schon allein dann angelaufen kommt, wenn der Kühlschrank geöffnet (oder eine Dose aufgemacht) wird. Das gleiche Prinzip: Jemand setzt sich an den Tisch in seiner schummrigen Kneipe und greift automatisch zur Zigarettenschachtel. Dies sind gelernte Verhaltensweisen und was auf dem Wege der „Klassischen Konditionierung" dabei erworben wurde, ist diese fast beliebig mögliche Koppelung von Reiz und Reaktion.

Weitere Beispiele für „Klassische Konditionierungen":

- Furchtbarer Lärm löst Schreck-Angstreaktion bei Kind aus; Lärm gekoppelt mit zunächst (bezüglich Angst) neutralem Reiz, z.B. Anblick einer Ratte, auf die das Kind bislang positiv reagiert hatte; nach einigen Kopplungen löst Anblick des Tieres Angst aus; schließlich Generalisierung: Alle Felle lösen Angst aus. („Kleiner Albert" bei Watson & Rayner, 1920)
- Wort „Gründelstraße" zunächst neutral. Dann immer wieder im Zusammenhang mit dem Wort andere sprachliche Mitteilungen von Unfällen, Katastrophen; allmählich löst das Wort Gründelstraße unangenehme affektive Reaktionen bei dem Hörer aus.
- Ursprünglich neutrales Wort (z.B. Name einer Spirituose) wird immer wieder per TV mit Inhalten gekoppelt, die bestimmte Emotionen auslösen (Urlaub, Sonne, braun gebrannte Menschen und Erotik, Gesellligkeit); allmählich bekommt das Wort entsprechende „Konnotationen" (als Aspekt der Bedeutung; es schwingt mit: Urlaub, Erotik usw.).
- Wenn eine sinnlose Silbe immer wieder mit Wörtern der Art „Stalin" gekoppelt wird, bekommt sie eine andere „Bedeutung" im Hörer, als wenn sie immer wieder mit Worten der Art „Kennedy" gekoppelt wird. Ermittelt werden kann die (sich wandelnde) Bedeutung zumindest teilweise über das so genannte „Semantische Differential", eine von Osgood entwickelte Methode, Wörter einschätzen zu lassen; dies geschieht anhand – meist 7-stufiger - bipolarer Skalen wie warm-kalt, gut-schlecht. „Aktivität", „Potenz", „Bewertung" scheinen wichtige Dimensionen zu sein, anhand derer wir Begriffe/Wörter bezüglich ihres Bedeutungsgehalts einschätzen. „Stalin"-ähnliche Wörter unterscheiden sich von „Kennedy"-ähnlichen vor allem hinsichtlich der Bewertung, weniger hinsicht-

[1] Pawlow: Sprache = „zweites Signalsystem"

[2] ein anderer Begriff dafür: assoziatives Lernen

[3] unkonditionierter Reflex, UCR

[4] unkonditionaler Stimulus, UCS

[5] z.B. Glockenton, zunächst ein hinsichtlich der Speichelreaktion neutraler Reiz/Stimulus

[6] „konditioniert": conditio = (lat.) Bedingung; die Bedingung für das Auftreten der Reaktion auf den Glockenton ist die vielmalige Koppelung von Glocke und Futtervorgabe. Man spricht auch von bedingten Reflexen (Speichelfluss auf Glockenton hin).

lich der „Potenz". Entsprechend übernehmen die zuvor neutralen Silben oder Wörter durch Kopplung diese Bewertungsrichtung allmählich.

Bei den Beispielen waren einige dabei, wo sich die Kopplungen über die Sprache abspielen. D.h. Klassische Konditionierungsprozesse spielen auch beim Wort-Bedeutungserwerb eine wichtige Rolle. Das beginnt schon da, wo ein kleines Kind lernt, mit einem bestimmten Lautbild, das es hört, etwas Interessantes, was es sieht (Hund, Kuh, Ball), zu verbinden.

Im Beispiel des „kleinen Albert" wurde angesprochen, dass auch die Entstehung neurotischer Symptome (er bekam eine experimentell ausgelöste Phobie[1]) manchmal durch derartige Lernprinzipien beschrieben werden kann. Daraus kann man den Schluss ziehen, dass diese Symptome auch auf dem Wege eines Umlernprozesses wieder verlernt werden könnten.

[1]In Deutschland würde heute zumindest die „Ethik-Kommission" ein solches Experiment nicht zulassen.

> Man könnte zunächst daran denken, dass man ja nun einfach den Anblick des Tieres öfter mal mit einem positiven Reiz koppeln könnte (genauer: mit einem Reiz, der bislang angenehme Gefühle auslöste). Die Gefahr ist aber, dass der positive Reiz diese unangenehmen Qualitäten übernimmt, d.h. zum Angstauslöser im Sinne eines CS wird. Bei dem verhaltenstherapeutischen Verfahren der „Systematischen Desensibilisierung" geht man einen vorsichtigeren Weg:

> ● Man erhebt eine „Angsthierarchie" beim Patienten: Er stuft Reize ein, die sehr angsterregend sind bis hin zu Reizen, die eine neutrale Qualität haben.

> ● Man macht mit dem Patienten ein Entspannungstraining, also etwa die Jakobson'sche Progressive Muskelrelaxation (PMR), bei der man Muskelgruppen anspannt und dann entspannt; dabei sagt man sich innerlich etwas der Art „entspannen" oder „loslassen" und entspannt daraufhin einen Körperteil. Dadurch lernt man also auf ein bestimmtes Signal hin zu entspannen.

> ● Dann wird aus der Angsthierarchie ein relativ ungefährlicher Reiz ausgewählt und man entspannt sich daraufhin; wenn das gelingt, nimmt man den nächst-gefährlicheren Reiz usw. Auf diese Weise lernt man, statt Angst zu haben, sich zu entspannen („Antagonist" der Angst). Evtl. nähert man sich dann später den angsterregenden Reizen oder Situationen tatsächlich zusammen mit dem Therapeuten (auf der Straße einem Hund im Falle einer Hundephobie), setzt also das Training „in vivo" fort.

> Manchmal wird bei starken Ängsten von Patienten auch ein anderes verhaltenstherapeutisches Verfahren eingesetzt: Wenn eine gute Beziehung zwischen Therapeut und Patient entstanden ist und man insofern eine tragfähige Arbeitsgrundlage hat, setzt sich (oft indem der Therapeut „vorausgeht", also die „gefährliche" Situation selbst aushält) der Patient den angsterregenden Reizen direkt aus, konfrontiert sich mit ihnen (Konfrontation oder Exposition; auch „Flooding": Der Patient wird mit den angstauslösenden Reizen „überflutet"). So etwas kann nur in einem professionellen verhaltenstherapeutischen Setting gemacht werden. Ohne auf physiologische Prozesse dabei einzugehen, kann man sagen: Der Patient lernt wieder, dass er sich den Reizen der Situationen aussetzen kann und dies

sehr wohl überlebt, während er vorher durch sein Vermeidungsverhalten diese Erfahrung gar nicht mehr machen konnte. Diese Verfahren zeitigen bei Phobien oft gute Effekte. Tiefenpsychologische Therapeuten wenden dagegen ein, dass der Patient nur lernt, seine Angst tiefer zu verdrängen, was dann wieder andere ungute Folgen habe (neue Symptombildungen, z.B. psychosomatische). Dagegen können Verhaltenstherapeuten wieder einwenden, dass bei neuen Symptombildungen, so sie auftreten, keineswegs bewiesen ist, dass sie durch dieselben innerseelischen Ursachen gespeist werden, also lediglich eine Symptomverschiebung stattgefunden hat, und sie können auf Statistiken verweisen, nach denen bei verhaltenstherapeutisch behandelten Patienten nicht signifikant häufiger als bei anderen Personen neue Symptome auftreten.

Ergotherapeuten wie Logopäden bemühen sich meist, ihre Räumlichkeiten angenehm zu gestalten, so dass es Freude macht, darin zu sein. Therapien sind ja meist auch ein Stück anstrengend, und die angenehme Gestaltung kann einen Kopplungseffekt im Sinne der Klassischen Konditionierung hervorrufen: Man assoziiert schließlich mit der Therapie auch positive Effekte dieser „Neben"-Reize. Therapie bekommt dabei einen positiven Beiklang, wird positiv konnotiert. Ganz besonders wichtig sind solche „atmosphärischen" Einflüsse bei Kindern. Mit Spielmaterialien wird oft Freude, Unterhaltung, Überraschung, Aufregung assoziiert. Es sind also bestimmte Reize, die diese inneren Reaktionen auslösen. Diese Assoziation von Reiz und Reaktion bringt das Kind meist schon mit (es hat dies bereits „gelernt"). Man bedient sich nun in der Therapie solcher Reize, um unter ihrem Eindruck die therapeutischen Inhalte (Aufgabenstellungen, Zielsetzungen) unterzubringen. Ohne diese Einbettung ins „Angenehme" wären Aufgaben, bei denen ein Kind etwa in einer logopädischen Behandlung ähnlich klingende Laute besser unterscheiden lernen soll, schlicht nicht sinnvoll durchzuführen[1]. Langfristig „übernehmen" auch die therapeutischen Aufgabenstellungen ein Stück weit die Auslösepotenzen der (Spiel-)Stimuli für eher angenehme Gefühle.

„Atmosphäre", „freundliches Klima", „spielerisches Angebot"

[1] Wie dabei auch „Belohnungen" eine Rolle spielen, zeigt das nächste Kapitel.

[2] reinforcement=Verstärkung. ⇒ Abb. 21: „Konsequenzen"

8.2.3   Instrumentelle Konditionierung

Diese Art zu lernen wurde auch als „Lernen am Erfolg" bezeichnet. Bekannt geworden sind Filmaufnahmen, in denen der Amerikanische Behaviorist Skinner Ratten, Katzen oder Tauben in Käfigen (sog. „Skinner-Box") nach bestimmten Verhaltensweisen mit Futter belohnte[2] und nachwies, dass auf diese Weise die Auftretenswahrscheinlichkeit für das verstärkte Verhalten anstieg. Er zeigte auch, wie man sukzessive immer konkreter auf ein bestimmtes Verhaltensziel hin orientiert Verhaltensweisen verstärken kann („shaping" = Verhaltensformung), so dass schließlich z.B. Tauben ein Verhalten zeigten, das man vielleicht als „Tischtennisspiel" bezeichnen könnte, auch wenn keine wirkliche Interaktion zustande kommt. Er zeigte auch, dass die Möglichkeit, einen sehr aversiven Zustand (einen unter leichtem Strom stehenden Käfig) verlassen zu können, belohnend wirkt. Immer wieder wurden Abfolgen wie: Reiz (z.B. Aufblinken eines Lämpchens) - Reaktion (Hebel drücken) belohnt (Futter). Auf diese Weise lernen Tiere wie Menschen, auf Reize hin bestimmte Reaktionen zu zeigen, wenn sie damit Erfolg hatten.

Während beim Klassischen Konditionieren ja immer auf schon vorhandene Reaktionen zurückgegriffen wird, diese also nur an neue Reize „angehängt" werden, gilt hier: Reaktionen lassen sich teils umformen. Die oben erwähnten Tauben werden zunächst belohnt, wenn sie nur zufällig mit dem Schnabel an den Ball stoßen, dann für das Gegenpicken, dann für das Wegstoßen des Balles usw. Entsprechend kann ein Kind zunächst belohnt werden (z.B. durch näheres Heranrücken der Erzieherin, wenn das für das Kind belohnend ist), wenn es nur auf ein anderes Kind irgendwie reagiert, schließlich wenn es angemessener, z.B. kooperativ, reagiert usw. Teils können auch neue Verhaltensweisen beim Kind hervorgelockt werden, wenn man ihm etwas vormacht (Imitationslernen, s.u.) oder es gar physisch lenkt, z.B. seine Hand führt (was z.B. - ohne dass dies dort als verhaltenstherapeutischer Ansatz gesehen würde - in Ergotherapien nach dem Affolter-Ansatz oft geschieht). Man kann also auch Verhaltensweisen selbst neu evozieren oder modifizieren und dann verstärken.

„shaping"; Verhaltensformung; selektive Verstärkung

Evozierung eines neuen Verhaltens (um es dann zu verstärken)

Wichtige Arten von Verstärkern sind:
- materielle Verstärker (Bonbons, Löffel Jogurt etc.),
- soziale Verstärker wie ein „Ja, gut!" oder ein Streichler, manchmal auch nur, näher an ein Kind heranzurücken oder positives Zunicken,
- Aktivitätsverstärker: man erlaubt jemandem, etwas zu tun, was ihm Spaß macht (z.B. nach gemachter Hausarbeit rauszugehen und Fußball zu spielen),
- ideelle Verstärker werden manchmal angewendet, kommen für therapeutische Belange nicht in Frage (z.B. Hinweis auf Wohlgefälligkeit gegenüber Gott) oder Verdienst um das Kollektiv.

Sinnvoll zu unterscheiden ist noch zwischen primären und sekundären Verstärkern. Erstere sind natürliche Verstärker wie Nahrungsmittel oder Kontakt. Letztere sind erst entstanden; Dinge oder Tätigkeiten anderer oder eigene Tätigkeiten bekommen Verstärkerqualität dadurch, dass sie mit etwas gekoppelt wurden (Klassische Konditionierung), was schon verstärkend wirkte. Z.B. wird Geld bei Kindern oft mit Lob gekoppelt. Auch später ist Geld immer wieder mit Angenehmem gekoppelt (man kauft sich dafür etwas, was angenehm ist). D.h. (1) Geld erwirbt Verstärkungspotenzial durch Klassische Konditionierung, und es kann (2) dann „instrumentell" eingesetzt werden. Man kann auch eine künstliche Währung schaffen (z.B. derart, dass jemand einen Chip (ein „token") bekommt, und wenn er eine gewisse Anzahl davon erworben hat, kann er diese gegen ein Produkt seiner Wahl eintauschen. Etwas Ähnliches passiert, wenn z.B. eine Logopädin einem Kind jedes Mal, wenn es einen bestimmten gehörten Laut richtig identifiziert (z.B. als „s"), einen „Muggelstein" gibt. Der Muggelstein wirkt häufig als Anreiz im Sinne einer Mischung aus sozialem und materiellem Verstärker, selbst wenn man dafür keinen „Gegenwert" erhält. Relevant ist hier wahrscheinlich die „positive Geste", also der Symbolgehalt, der allerdings vermutlich auch durch Lernprozesse wie die hier beschriebenen erworben wurde.

Arten von Verstärkern: materiell, sozial, Aktivitäten; natürliche und abgeleitete

Schaffung neuer Motivationsquellen (Verstärker) durch Klassische Konditionierungsprozesse

141

Verstärker sind immer nur personbezogen wirksam. Wenn man kein Bedürfnis nach etwas hat, z.B. weil man schon genug davon hat, ist das Ding oder die Aktivität kaum als Verstärker geeignet. Skinner drückte das etwa so aus: Etwas ist dann und nur dann ein Verstärker, wenn sich dadurch die Auftretenswahrscheinlichkeit des vorangegangenen Verhaltens erhöht.[1]

Verstärkend kann wirken: Eine Belohnung; die Beendigung eines unangenehmen Zustandes. Die Auftretenswahrscheinlichkeit eines Verhaltens wird normalerweise vermindert, wenn das Verhalten negative, aversive Konsequenzen hat oder wenn eine Belohnung nicht mehr gegeben wird. Wenn ein Verhalten von anwesenden Personen ignoriert wird, führt dies normalerweise dazu, dass es in der Folge seltener auftritt. Allerdings wirkt es umso verstärkender, wenn man irgendwann das Ignorieren nicht mehr durchhält und dann doch reagiert - so wie bei einem Kind, das „Unarten" macht: Die Mutter nimmt sich vor, das zu ignorieren, irgendwann aber greift sie doch ein und verstärkt das Kind dann durch diese Zuwendung umso mehr. Man spricht in diesem Fall auch von intermittierender Verstärkung (s.u.).

die schwierige Aufgabe, Störendes zu ignorieren

Ein Verhalten zu bestrafen soll in der Regel teils den Ärger des Bestrafenden reduzieren und hat soweit gar nichts mit verhaltensmodifikatorischen Absichten zu tun. Teils soll die Strafe dazu führen, dass das Verhalten nicht mehr, zumindest seltener, auftritt. Man spricht auch von „aversiven Konsequenzen". Zum einen kann man dies von einem ethischen oder moralischen Standpunkt aus betrachten, was hier nicht geschehen soll. Zum anderen treten bei der Verabreichung von Strafen oft unerwünschte Nebeneffekte auf:

Wirkungen und Nebenwirkungen von Strafmaßnahmen

- Strafen sind auch Zuwendungen, die verstärkend wirken können; vor allem ist das dann der Fall, wenn die Beziehung ansonsten - zumindest über eine längere Zeitstrecke - sehr zuwendungsarm ist, wenn es wenig Kontakt gibt.
- Der Einsatz von Strafen setzt voraus, dass das Verhalten dauernd kontrolliert, überwacht wird, damit man wirklich jede „unerwünschte" Verhaltensweise auch „erwischt".
- Strafen verändern natürlich eine Beziehung.
- Es gibt eine Tendenz zur Eskalation, wenn eine Strafe mal nicht wie erhofft wirkt.
- Strafendes Verhalten wird evtl., wie jedes Verhalten, nachgeahmt (im Sinne des Lernens aggressiven Verhaltens).
- Es finden dabei zugleich Klassische Konditionierungsprozesse statt: Alle Reize, die in der Strafsituation vorhanden sind, können mit dem unangenehmen Gefühl, das der Bestrafte bekommt, assoziiert werden und später ein solches Gefühl auslösen, so also z.B. auch die Situation, dass sich ein Kind an den Tisch setzt und mit den Hausaufgaben beginnt.
- Durch die Strafe allein weiß man ja noch nicht, wie das richtige Verhalten aussehen soll, bzw. das richtige Verhalten ist allein so ja noch nicht angebahnt.

So ist also ein altes Lerngesetz auch plausibel, das da besagt: Am effizientesten wird über (positive) Verstärkung gelernt.

Verstärkungsprogramme: Verstärkungen können auf verschiedene Weise verabreicht werden:

- Kontinuierlich, d.h. jedes erwünschte Verhalten wird belohnt; dann steigt sehr schnell die Wahrscheinlichkeit, mit der das Verhalten auftritt, aber bei Wegfall der Verstärkung verschwindet es auch schnell wieder.

- Intermittierend, d.h. es wird nicht jedes Mal verstärkt, wenn das gewünschte Verhalten auftritt. Dadurch gibt es nicht so rasch den Lerneffekt, dafür ist er stabiler, wenn mal nicht verstärkt wird. Wenn man nach Plan vorzugehen wünscht, kann man einen Intervallverstärkungsplan zugrunde legen: Nachdem verstärkt wurde, lässt man ein bestimmtes Zeitintervall vergehen und verstärkt erst danach wieder, sobald das erwünschte Verhalten wieder auftritt. Bei einem Quotenplan legt man vorher fest, wie viel Mal das erwünschte Verhalten auftreten soll, bevor man verstärkt. Beides kann man entweder fix (gleiches Intervall oder gleiche Quoten) oder variabel (nach einem vorher festgelegten Plan variierende Intervalle oder Quoten) gestalten, damit der Lernende nicht zu leicht das zugrunde gelegte Muster verinnerlicht und sein Verhalten darauf abstimmt (also z.B. lernt, dass es sich nicht lohnt, zu Beginn eines fixen Intervalls überhaupt was zu tun). Man kann auch einen Zufallsplan machen, indem man z.B. mit Würfel festlegt, wie viele Verhaltensweisen erfolgen sollen, bevor man verstärkt.

- Ein anderes Verstärkungsprogramm wurde schon genannt: Bei der Verhaltensformung verstärkt man selektiv immer diejenigen Verhaltensweisen, die einem angestrebten Verhaltensziel näher kommen.

Bei heutigem verhaltenstherapeutischem Vorgehen werden - im Sinne eines neobehavioristischen Modells - Bewertungen der Patienten, die ihr Verhalten mitbestimmen, einbezogen und verändert. Auch z.B. das Lenken der Aufmerksamkeit ist veränderbares (inneres oder auch kognitives) Verhalten.

kognitive Verhaltenstherapie

Am Beispiel eines Tinnitusbewältigungstrainings soll das kurz veranschaulicht werden. Eine mögliche Bewertung für das lästige Ohrgeräusch ist: „Ich bin dem ausgeliefert, da kann man gar nichts machen." Eine alternative Bewertung, die man sich in der Therapie erarbeiten, die man ausprobieren, einüben - und sich dafür belohnen - kann, ist z.B.: „Das Ohrgeräusch wird auch wieder schwächer werden, ich kann gelassener sein." Zur Aufmerksamkeitssteuerung: Man kann ein gutes Stück weit lernen, seine Aufmerksamkeit wie einen Scheinwerfer vom Ohrgeräusch weg und etwas anderem (z.B. seinen taktilen Empfindungen) zuzuwenden. Ähnliches kann sehr sinnvoll sein bei chronischen funktionellen Schmerzsyndromen. Ebenso kann man lernen, sich zu entspannen und damit mehr Gelassenheit dem Ohrgeräusch gegenüber zu entwickeln. Ein Beispiel für Bewertungen und Angst: Patienten mit Herzangst interpretieren oft kleinste Missempfindungen in der linken Brustseite so: „Das ist mein Herz; ich werde einen Infarkt bekommen!" Das Resultat ist panische Angst. Alternative Bewertung ist z.B., dass eine Pulszunahme ein normales körperliches Anzeichen von Anstrengung oder Erregung ist. Wie gesagt: Alternative Bewertungen lassen sich erlernen. Man muss sie allerdings wirklich einüben.

143

Wie erwähnt sollen die eben genannten Beispiele auch illustrieren, dass Verhaltenstherapie heute schwerpunktmäßig kognitive Prozesse und deren Veränderung zum Inhalt hat. Es werden hierzu auch zunehmend standardisierte Trainingsprogramme angeboten.

Immer wieder in diesem Buch wurde darauf hingewiesen, wie eng die Themen Kognition und Sprache miteinander verzahnt sind. So nimmt es auch nicht wunder, dass die Wirkung kognitiv-verhaltenstherapeutischer Vorgehensweisen gelegentlich - hier am Beispiel - über Veränderungen am semantischen Netzwerk des Patienten erklärt werden:

```
Bewertungen
(Kognition)

    Verhaltens-
    modifikation
    (Lernen)

semantische
Netzwerke
(Sprache)
```

In den semantischen Netzwerken phobischer Patienten sind phobische Objekte und eigene Furchtreaktionen repräsentiert und miteinander verbunden: Z.B. sind Auslöser- (z.B. Kaufhaus) und Reaktions- (z.B. Herzklopfen) Elemente eng assoziiert. Indem der Patient sich trotz seiner Furcht der Situation immer wieder lange aussetzt (massierte Reizkonfrontation), dies aushält, ohne dass seine Katastrophenerwartungen sich bewahrheiten, werden korrektive Informationen ins Netzwerk integriert; die Erfahrungen führen dann dazu, dass bei der nächsten Exposition geringere physiologische Reaktionen erfolgen (Foa & Kozak, 1986). Neuerdings deuten Studienergebnisse auch darauf hin, dass diese Integration korrektiver Information in semantische Netzwerke auch ohne direkte Konfrontation und physiologische Habituation (Gewöhnung in der Situation) möglich ist (Schneider & Margraf, 1998).

Fast alle Therapeuten verstärken ihre Patienten für Verhaltensweisen, die den therapeutischen Zielen näher liegen, verglichen mit davon entfernterem Verhalten, und es wäre ja auch ausgesprochen unsinnig, das nicht zu tun. Ein Patient, der sonst sehr angepasst ist, wird sicher eine Anerkennung dafür ernten, dass er sich kritischer äußert. Einer, der immer nur kurze sprachliche Äußerungen machte, wird wahrscheinlich Aufmerksamkeit ernten, wenn er sich ausführlicher, grammatisch komplexer äußert. Ein Patient in der Ergotherapie, der kaum initiativ war, wird voraussichtlich eine deutliche positive Antwort finden, wenn er einen Vorschlag macht oder nachfragt. Therapeuten benutzen neben sozialen Verstärkern Aktivitätsverstärker (Kind darf wählen, was zum Schluss noch gespielt wird), aber auch quasi-materielle Verstärker wie tokens oder Muggelsteine. Jedes „hmm" oder „ja" kann als Verstärkung wirken, und dessen sollte sich ein Therapeut einigermaßen bewusst sein.

8.2.4   Imitationslernen

Prinzipiell kann jedes Verhalten, einschließlich aggressiven und autoaggressiven, auch suizidalen Verhaltens, durch Imitation gelernt werden, vorausgesetzt, man hat überhaupt die Potenziale, dieses Verhalten zu zeigen (sensomotorische oder kognitive Voraussetzungen), und man kann es überhaupt beobachten. Im Kapitel über die kognitive Entwicklung (Ende der sensomotorischen Periode) war bereits von der Imitation die Rede. Viele Bestandteile unseres Verhaltensrepertoires sind auf dem Wege der Imitation entstanden; es scheint, dass Kinder ein angeborenes Bedürfnis hierzu haben. Wir werden auch für Imitation verstärkt (z.B. für richtiges Nachsprechen von Wörtern).

Wir imitieren natürlich eher, wenn wir mit dem Imitieren (im Sinne des instrumentellen Lernens) Erfolg hatten.

Man kann eine Aneignungsphase (Erwerb, Acquisition des Verhaltens) und eine Ausführungsphase (Performanz) unterscheiden.

Förderlich für das Imitieren sind verschiedene Faktoren, vor allem:

- gleiches Geschlecht
- gleiches Alter
- mehrere Modelle
- hoher Status
- positive Darstellung des Modellverhaltens (z.B. suizidalen Verhaltens als verständlich, nachvollziehbar!)
- Selbstkompetenzbeurteilung (wenn ich eigene Kompetenz in dem Bereich gering einschätze, imitiere ich eher)
- Stimmungsfaktoren („mood congruence" - Modell und Imitator emotional nahe stehend)
- anspornende Prozesse.

Logopäden oder Ergotherapeuten sind „Modelle" (laden sozusagen zur Imitation ein), wenn sie z.B. selbst Initiative ergreifen, wenn sie aktive Bewältigungsformen für die Überwindung von Schwierigkeiten vorleben; wenn sie etwas vormachen.

Sowohl beim Spracherwerb in natürlicher Umgebung als auch im Rahmen logopädischer Behandlungen spielt „korrektives Feed-back" eine wichtige Rolle. Es bedeutet, dass das Modell an das vom Lernenden Gesagte anknüpft und es in etwas richtigerer Weise sozusagen wiederholt. Damit kritisiert er nicht direkt und verschafft dem Lernenden keine aversive Situation, sondern er verstärkt ihn zugleich für seine sprachliche Bemühung (instrumentelle Konditionierung) und liefert ein Modell für eine noch angemessenere Verhaltensweise (für Imitationslernen). „Korrektives Feed-back" erfolgt - auch im Rahmen von logopädischen Kinderbehandlungen - nicht nur im Hinblick auf das „Lexikon" (also das Lernen von Wörtern). Es erfolgt auch, um dem Kind grammatische Strukturen vorzuführen. Anlässe sind häufig sprachliche Formen, die dem Entwicklungsalter nicht mehr entsprechen, z.B. eine fortbestehende Verbendstellung seitens des Kindes („Heiner Hose macht.").[1] Die sozusagen unauffällige Richtigstellung dient dem Kind zur Hypothesenbildung (bezüglich der adäquaten Satzbauregel) bzw. -modifikation und stellt somit eine Mischung aus instrumentellem Lernen (Verstärkung des sprachlichen Äußerungsvorganges), Vorlage für das Imitationslernen und „kognitivem Lernen" dar.

Imitationsbedürfnis von Kindern

korrektives Feed-back

[1] ⇒ Kap. 4.5.3

145

8.2.5 Lernen durch Übung bei komplexeren Inhalten

Beim (Ein-)Üben komplexerer Verhaltensweisen sind ein paar allgemeine Lerngesetze von Bedeutung, die hier stichwortartig aufgeführt werden:

- Verteiltes Üben ist besser als massiertes (möglichst viel auf einmal) Üben.
- Zwischenschritte sollte man sich erkennbar machen, also den Stoff deutlich gliedern.
- Eselsbrücken können erheblich weiterhelfen - nämlich dadurch, dass die Inhalte besser verankert, besser und vielfältiger katalogisiert werden und man sie dadurch auch besser wieder abrufen kann.
- Bezüge zu Bekanntem sind beim Einspeichern wichtig.
- Ähnliche Lernstoffe können einander behindern, wenn sie unmittelbar nacheinander eingeprägt werden sollen.
- Bei Tätigkeiten, die in sich eine zusammenhängende Einheit bilden, empfiehlt sich eine Ganzlernmethode. Es macht ja z.B. wenig Sinn, isoliert für sich lange nur steuern zu lernen, wenn man Autofahren lernen will. Bei gut gegliederten Tätigkeiten kann das umgekehrte Vorgehen richtiger sein.
- Es lohnt sich, darauf zu achten, was man für ein „Lerntyp" ist: Ob man leichter lernt, wenn man etwas visuell oder wenn man etwas auditiv vermittelt bekommt (sich selbst vermittelt); sicher ist auch von Belang, ob man eher allein oder eher in Interaktion mit anderen lernt.

Insgesamt lässt sich sicher ohne Übertreibung festhalten: Das therapeutische Verhalten von Logopäden wie von Ergotherapeuten hat mit der Anwendung der genannten Lernprinzipien viel mehr zu tun, als den meisten bewusst ist. Dieser Gedanke wird im folgenden Kapitel wieder aufgegriffen.

Literaturempfehlungen zu Kapitel 8:

Zum Thema Lernen schreiben allgemein verständlich: Angermeier, Bednarz & Schuster, 1984. Zu Klassischen Konditionierungen beim Bedeutungserwerb vgl. Staats, 1968. Spezielle Anwendungsgebiete: Ein leicht verständliches Beispiel für ein kognitiv-verhaltenstherapeutisches Trainingsprogramm ist das Tinnitusbewältigungstraining von Kröner-Herwig, 1997. Zur Angstbewältigung aus der Sicht dieses Paradigmas vgl. Margraf & Schneider, 1990.

Fragen zu Kapitel 8:

zum Thema „Gedächtnis":

- Welche Gedächtnisspeicher kennen Sie? Wie kann man sich ihre Zusammenarbeit vorstellen? Wann speichern wir etwas (leichter) ab? Was hilft beim Abrufen (Erinnern)?

zum Thema „Lernprinzipien":

- Was versteht man unter der Blackbox? Was akzentuiert die neobehavioristische Sichtweise (vgl. auch Kap. 1.3)?
- Was ist Klassisches, was Instrumentelles Konditionieren, was versteht man unter Modell-Lernen und unter Lernen durch Üben?
- Wie kann man sich anhand des Klassischen Konditionierungsmodells die Veränderung sprachlicher Bedeutungen vorstellen?
- Was ist Systematische Desensibilisierung?
- Welche Arten von Verstärkern kennen Sie?
- Wie entstehen neue Motivationsquellen?
- Welche Effekte und welche Nebeneffekte des Bestrafens kennen Sie?
- Welche Verstärkungspläne kennen Sie und welche Effekte haben diese?
- Zum neobehavioristischen Modell: Welche inneren Prozesse (Kognitionen) werden heute verhaltenstherapeutisch angegangen?
- Welche Bedingungen erleichtern das Modell-Lernen? (Wenden Sie dies auf die Thematik „Imitation suizidalen Verhaltens" an.)
- Welche instrumentellen Konditionierungsaspekte und welche imitativen Aspekte des korrektiven Feed-backs können Sie nennen?
- Lernen durch Üben: Welche Lerngesetze kennen Sie?
- Wie kann eine Neurose aus der Sichtweise der Lerntheorie entstehen (Beispiel?)?

9 DIE THERAPEUTISCHE BEZIEHUNG

9.1 Allgemeine Charakterisierung der therapeutischen Beziehung

[1] ⇒ Abb 1. im Einleitungskapitel dieses Buches

Man kann die Beziehung zwischen Therapeut (ErgotherapeutInnen, LogopädInnen, andere TherapeutInnen)[1] und Patient so verstehen, dass hier zwei im Grunde gleichrangige, gleichwertige Personen miteinander in Kontakt treten, wobei der Therapeut eine Dienstleistung anbietet und der Patient eine Dienstleistung beansprucht, die ihm aufgrund der Vereinbarungen im Gesundheitswesen zusteht. Darin steckt

- die sicherlich sehr wichtige und richtige Annahme, dass beide Menschen prinzipiell gleichen Werts sind, die sich auch wertschätzend begegnen sollten und sich an elementare Formen von Höflichkeit halten sollten (soweit der Patient krankheitsbedingt diesbezüglich nicht eingeschränkt ist),

- die auch richtige Annahme, dass in dieser Beziehung nicht einer ganz mächtig und der andere ganz ohnmächtig ist. Der Therapeut hat gewisse Verfügungsmacht über den therapeutischen Rahmen (therapeutische Medien, Setting, evtl. auch über die Frage der Aufenthaltsdauer des Patienten); der Therapeut hat auch Informations-(„Experten-")Macht insofern, als er häufig eher als der Patient einen Überblick darüber hat, welche therapeutischen Maßnahmen dem Patienten auf längere Sicht gesehen nützen; aber andererseits wird jedem einleuchten, dass letztlich auch der Patient ein Experte seiner selbst ist (und der Therapeut oft lange braucht, ihn in etwa zu verstehen), dass auch der Patient erhebliche „Gegenmacht" aktivieren kann, z.B. mit Aggressionen eine Gruppe aushebeln kann, den Therapeuten wie auch andere verletzen (z.B. kränken) kann, dass der Patient dem Therapeuten oft auch zeigen kann, wie unwirksam seine therapeutischen Maßnahmen sind, dass er ihm schmeicheln kann, ihn einen Therapieerfolg erleben lassen kann usw.

Aber über diese zweifellos wichtigen Beziehungsaspekte hinaus ist die Vorstellung einer symmetrischen Therapeut-Patient-Beziehung in mancherlei Hinsicht unrealistisch.

- Manchmal ist es so, dass der Patient sich auf geradezu grandiose Weise dem Therapeuten überlegen fühlt (vor dem Hintergrund z.B. einer schwereren narzisstischen Persönlichkeitsstörung oder einer manischen Episode). Vielleicht erlebt sich der Therapeut umgekehrt dem offensichtlich sehr irreal erlebenden Patienten seinerseits auch überlegen. Vielleicht fühlt sich der Therapeut auch hilflos und unterlegen, abgewertet etc.

- Bei den meisten Patienten ist es aber so, dass sie die Therapeut-Patient-Beziehung asymmetrisch erleben und zwar sich selbst eher „unten" und den Therapeuten eher „oben". Ein sehr realer Grund dafür ist, dass der Patient ja in die Klinik oder Praxis kommt, weil er ohne Hilfe schlecht zurecht kommt, also ein Defizit verspürt und hofft oder erwartet, dass die Therapiemaßnahme ihm geben kann, was er braucht.

- Dabei spielen oft aber wiederum Heilserwartungen ganz unrealistischer Art eine Rolle. Der Patient sieht den Therapeuten nicht nur aus realen, vernünftigen Gründen „oben". Die Situation, in der sich der Therapeut und der Patient begegnen, aktiviert im Patienten oft Sehnsüchte und Hoffnungen, wie sie von Kindern ursprünglich an ihre Eltern gerichtet wurden. Die Eltern würden es schon richten, sie würden einen nicht hängen lassen in der Not, sie würden den richtigen Weg wissen. Solche Fantasien werden auch bei Patienten (und oft gerade bei denen) aktiviert, deren Eltern ihnen vieles - und vielleicht gerade dies - schuldig blieben. Normalerweise idealisieren Kinder die Eltern eine Zeit lang, und die Begegnung mit dem Therapeuten reaktiviert oft dieses Idealisierungen. (Auch der narzisstische Patient kommt oft mit solchen Vorstellungen in die Therapie und ist evtl. sehr enttäuscht oder voller Wut, wenn der Therapeut sich auch bloß als Mensch entpuppt; evtl. wertet der Patient ihn dann sehr ab.) Der Therapeut wiederum ist vielleicht durch solche Idealisierungen und Heilserwartungen geschmeichelt; vielleicht fühlt er sich auch dadurch überfordert; vielleicht powert er sich aus, weil er dem Idealbild gerecht werden möchte.

Mit den Facetten der therapeutischen Beziehung haben sich schon eine große Zahl von Forschern/Autoren/Therapeuten genauer befasst. Es folgen ein paar Begriffe, die alle mit der therapeutischen Beziehung und ihrer „Konzeptualisierung" (eben in theoretische Konzepte) zu tun haben. Ich werde dabei folgendermaßen vorgehen:

- Zuerst komme ich auf das vorhergehende Kapitel zurück und erinnere daran, was therapeutisches Verhalten mit den dort aufgeführten Lernprinzipien[1] zu tun hat.

  [1] ⇒ Kap. 1.3, „behavioristisches" Paradigma, Kap. 8

- Dann erläutere ich - teils bereits Gesagtes (vgl. Kapitel 5 über Persönlichkeit) aufgreifend - das Konzept der Übertragung[2]. Und zwar zunächst bezogen auf eine Zweipersonenbeziehung, wie sie zwischen Therapeut und Patient oder Erzieher und seinem Rollenpartner besteht. Ich orientiere mich dabei, dem Konzept der Übertragung angemessen, an der psychoanalytischen Theorie. Dann geht es um Übertragungen auf Gruppen oder Institutionen /soziale Systeme. Weiter geht es dann mit den Reaktionen des Therapeuten auf die Übertragung, also der so genannten Gegenübertragung (nach Freud umfasst sie sogar alle Gefühle, die der Therapeut gegenüber dem Patienten entwickelt).

  [2] ⇒ Kap. 1.3, „tiefenpsychologisches" Paradigma, Kap. 5

- Danach wechsele ich ein wenig das „Paradigma" und bespreche Konzepte aus der „Transaktionsanalyse"[3], die sich ebenfalls gut eignen, die therapeutische Beziehung genauer zu betrachten. Insbesondere geht es mir hier um das „Überkreuzen" von Transaktionen und um den Begriff der therapeutischen Distanz unter diesem Blickwinkel.

  [3] ⇒ Kap. 1.3, „humanistisches" Paradigma

- Dann wird beschrieben, was aus der Sicht der Gesprächspsychotherapie[4] zu diesem wichtigen Thema der therapeutischen Beziehung beigetragen wurde. So werden Sie insgesamt ganz nebenbei feststellen können, dass aus jeder dieser Perspektiven wichtige Facetten der Beziehung zwischen den hier infrage stehenden Rollenpartnern beleuchtet werden.

  [4] ⇒ Kap. 1.3, „humanistisches" Paradigma

149

9.2 Beiträge aus unterschiedlichen Paradigmen zum Verständnis der therapeutischen Beziehung

9.2.1 Lernen und therapeutische Beziehung

[handschriftliche Notiz am Rand: Im Anschluss an das Paradigma d. theor. ...]

Ob der Therapeut will oder nicht: Er konditioniert den Patienten.

Wie erwähnt lässt sich ein erheblicher Teil des therapeutischen Verhaltens von Logopäden wie von Ergotherapeuten auch unter dem Blickwinkel des behavioristischen Paradigmas sehen und verstehen. Über Klassische Konditionierungsprozesse werden positive Reaktionen, die durch bestimmte Reize („freundlicher" Therapieraum etc.) ausgelöst werden, auch an andere Reize (z.B. therapeutische Medien, Aufgaben) gebunden. Instrumentelles Lernen spielt fast stets eine wichtige Rolle. Patienten werden verstärkt, wenn sie Auskünfte geben, mitmachen, Grenzen überwinden, Spannungen aushalten. Imitationslernen: Therapeuten machen Erwachsenen wie Kindern vor, wie man konstruktiv mit Problem- und Konfliktsituationen umgeht, ohne etwa trotzig das Feld zu verlassen, selbst wenn ihnen gerade eher danach ist. Natürlich machen Therapeuten Patienten auch immer wieder konkrete Verhaltensweisen vor, von denen sie sich wünschen, dass die Patienten sie auch praktizieren. Ferner spielt das „Lernen durch Üben" in Therapien immer wieder eine wichtige Rolle, denn viele Verhaltensmuster lassen sich nur erwerben, wenn sie immer wieder eingeübt werden. Das gilt für bestimmte Kommunikationsformen (einander ausreden lassen, in der Ich- statt der Wir-Form reden) genauso wie für die richtige Bearbeitung von Ton oder Peddigrohr in der Ergotherapie.

Wechseln wir nun das Paradigma, gehen wir vom behavioristischen Ansatz zum tiefenpsychologischen über, so werden wir feststellen, dass hier zur therapeutischen Beziehung ganz wesentliche andere Dinge gesagt werden.

9.2.2 Übertragung und Gegenübertragung

[1]Die Entdeckung der Bedeutung dieser Vorgänge für Therapien verdanken wir S. Freud. Übertragung hat zu tun mit „primären organisierenden Mustern oder Schemata" mit denen der Patient eine Erfahrung der Therapie-Situation konstruiert und assimiliert. (vgl. Thomä, 1999, S. 830f.)

Die Psychoanalyse stellt für die in Kap. 9.1 geschilderten Prozesse das Modell von Übertragung-Gegenübertragung zur Verfügung[1]. Der Patient überträgt aus früheren Beziehungen Gefühle, Wertungen, Wünsche, Erwartungen auf den Therapeuten - großteils, ohne dass ihm dies bewusst ist. Altes, in seinem Inneren Unerledigtes, wird reaktiviert und die Wahrnehmung verzerrt, indem der Patient den Therapeuten - meist unbewusst - mit früheren Bezugspersonen identifiziert.

- Beispielsweise erwartet der Patient vielleicht auf eine sehr kindlich-passive Weise Heilung, etwa so wie das Kind von der Mutter (passiv) erwartet, dass sie alles schon „richten" möge.
- Eventuell wird er schon bald im Therapeuten einen „Schuldigen" finden, weil der Therapeut das Wunder der schnellen Heilung nicht zustande kriegt.
- Eventuell identifiziert er von vornherein den Therapeuten mit allen

früheren „sadistischen" Objekten (Lehrer, Meister, strenger Vater) und rebelliert innerlich von vornherein oder bleibt von vornherein entschlossen, nur den eigenen Maximen zu folgen und sich nicht beeinflussen zu lassen („non-compliance").

- Entsprechend kommt der eine Patient mit rein passiven Erwartungen (in der medizinischen stationären Rehabilitation „Kurerwartungen") in die Behandlung und fällt aus allen Wolken, wenn er selbst aktiv mitarbeiten bzw. innere Hürden überwinden soll.
- Der andere kommt mit der Erwartung, dass ohnehin alles Hoffen (wieder einmal) umsonst sein wird und sabotiert unbewusst alles, was zu einem Fortschritt führen könnte.

Solche Übertragungsmuster ergeben sich auch in ergotherapeutischen und logopädischen Behandlungen. „Übertragung" bedeutet also auch, dass wir als Therapeuten mit vielerlei Fantasien, Hoffnungen, Befürchtungen und Verhaltensweisen von Patienten konfrontiert werden, von denen wir oft gar nicht wissen, wodurch wir sie uns 'verdient' haben[1]. Unsere Erscheinung, Rolle, Geschlecht, Alter, unser Verhalten - aber auch die Klinik- oder Praxissituation - liefern für den Patienten 'Übertragungsauslöser', die je nach seiner Geschichte ganz unterschiedlich wirken können.

[1]Übertragungen entstehen von innen und von außen: „Bifokalität" (Thomä, 1999). Außen: „Übertragungsauslöser".

Es gibt nicht nur Übertragungen auf einen Therapeuten. Auch eine Gruppe kann z.B. als mütterliches Objekt erlebt werden; evtl. fühlen wir uns in der Gruppe wohl und geborgen, geschützt, finden Halt usw. Auch sozialen Institutionen gegenüber kann ein Patient Übertragungen entwickeln: Die Institution wird vielleicht als bedrohlich, als böser Verfolger oder in der Erwartung als Quell allen Heils erlebt. Relevant im Therapiekontext sind:

Übertragungen auf:
- Therapeuten
- Mitpatienten
- die Gruppe
- den Leiter der Klinik / Praxis
- die Institution
- den rezeptierenden Arzt
- die Kasse
- ....

- Übertragungen auf den Therapeuten
- Übertragungen auf einen/mehrere andere Therapeuten; vielleicht repräsentiert der eine Therapeut den guten, der andere aber den bedrohlichen sadistischen etc. Elternteil (d.h. entsprechende innere Objekte des Patienten werden von ihm auf den Therapeuten projiziert)
- Übertragungen auf die Gruppe oder Station
- Übertragungen auf die Institution (Klinik)
- evtl. Übertragungen auf den rezeptierenden Arzt
- evtl. Übertragungen auf die (Kosten erstattende, eine Aufenthaltsverlängerung verweigernde usw., also „gütige" oder „strenge", „geizige") Krankenkasse oder den Rentenversicherungsträger; vielleicht verurteilt auch mein Therapeut das Verhalten der Kasse oder des rezeptierenden Arztes (so als würde z.B. die Mutter mit mir gegen den Vater koalieren).

Hintergrund einer passiven Erwartungshaltung kann sein, dass der Patient von Mitmenschen enttäuscht und frustriert ist und/oder wiederholt im Stich gelassen wurde und/oder schon als Kind von den Eltern nicht erhört und nicht beachtet wurde. Hintergrund kann umgekehrt auch sein, dass er als Kind schon immer bedient wurde, dass die anderen immer überbesorgt und überbeschützend waren und in ihm die Erwartung erzeugt haben, es komme immer Fürsorge, ohne dass man sie erst abrufen müsste. Der Therapeut ist dem nun ausgesetzt, und vielleicht spürt er dadurch den Impuls, dem Patienten wirklich alles abzunehmen, ihn zu versorgen usw. Im einen Fall braucht der Patient vielleicht eine solche Verwöhnungsphase („Kur"). Im andern Fall wäre der Therapeut vielleicht schlecht beraten, auf der Basis seiner „Gegenübertragung" entsprechend zu handeln, weil er den Patienten möglicherweise dadurch in einem Zustand der Passivität belässt. Oft erzeugt die Passivität in der Gegenübertragung (als Reaktion auf die Übertragung) auch Ärger und Ungeduld beim Therapeuten.

Viele Therapeuten haben in sich ein Idealbild von dem spontan und direkt reagierenden Therapeuten. Der Therapeut braucht aber eine innere Möglichkeit, etwas Distanz zu seiner Gegenübertragung aufzunehmen und sie nicht zwangsläufig geradewegs in Handeln umzusetzen. Manchmal ist es besser, ganz umgekehrt zu handeln, evtl. auch mal den Patienten zu frustrieren, ihn mal warten zu lassen, ihm mal nicht das Medium zu geben, dass er als liebstes möchte.[1] Dieses Stück innere Kontrolle des Therapeuten kann verhindern, dass man immer auf den alten Geleisen des Patienten weiterfährt, der immer wieder bei anderen Hilfsimpulse auslöst; man würde seine Hilflosigkeit immer weiterfördern; im anderen Fall würde man vielleicht durch spontanes „Ausagieren" seiner Gegenübertragung in Form von Ärger oder Gereiztheit den Patienten nur erneut wieder darin bestätigen, dass alle „Objekte" es schlecht mit ihm meinen.

Auf jeden Fall sollte man als Therapeut im Auge behalten, dass es nicht nur um eine Zwei-Personen-Konstellation geht. Das Geschehen vollzieht sich vor einem Hintergrund; dieser besteht zumindest aus den Facetten:

- Biografie des Patienten, seine früheren Erfahrungen mit Bezugspersonen und Institutionen, die er evtl. hier überträgt,
- Kostenträger/Ärzte/Institution, auf die sich ebenfalls Übertragungen richten können.

Und natürlich ist nicht zu vergessen:

- Der Patient lebt in einem sozialen Umfeld, das ihn beeinflusst und evtl. in Übertragungsmustern (z.B.: „Bringt doch alles nichts!") bestätigt.

[1] In der Psychoanalyse spricht man von der „Abstinenz" des Therapeuten. Er befriedigt nicht Wünsche, sondern ermöglicht es gerade durch diese Abstinenz dem Patienten, seine Sehnsüchte, Wünsche, Defizite zu spüren.

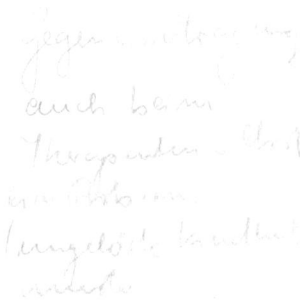

9.2.3 Therapeutische Beziehung als „Transaktion"

Die „Transaktionsanalyse" - eine von Eric Berne begründete Psychotherapieform (Berne, 1977, Schlegel, 1979) - liefert ein plausibles anderes Modell zum Verständnis von therapeutischer Beziehung. Dabei wird von Freuds Instanzenmodell ausgegangen, es wird zwischen einem Eltern-Ich, einem Erwachsenen-Ich und einem Kindheits-Ich unterschieden und zwar in dem Sinne, dass im Grunde jeder Erwachsene über diese inneren Zustände verfügt, d.h. von ihnen aus interagieren kann. Allerdings ist der eine mehr auf sein Erwachsenen-Ich eingeengt, der andere mehr auf sein Eltern-Ich etc. Jemand, der „nur" Eltern-Ich ist, kann weder eine Situation sachlich angehen („erwachsen"), noch ein Stück Kind sein (weder im rebellischen noch im brav-angepassten Sinne noch im Sinne des „freien" Kindes).

- Oft wird bei dieser Sichtweise die „Struktur" der Person mit drei aufeinander gezeichneten Kreisen (für die drei Ichzustände) dargestellt. Die Struktur der Person könnte also umschrieben werden, indem man anzeigt, wie ausgeprägt jeder Kreis ist oder wie abgegrenzt von den anderen Kreisen jeder Kreis ist (Strukturanalyse).

- Interaktionen zwischen Personen können ebenfalls anhand des Modells beschrieben werden: Z.B. kann es sein, dass jemand etwas von seinem Kindheits-Ich aus unternimmt (z.B. rebellisch ist); dies löst beim andern oft eine komplementäre Transaktion aus (Eltern-Ich, z.B. „Reiß dich zusammen!"). In der eigentlichen „Transaktionsanalyse" werden also die Formen des Umgehens zwischen zwei oder mehr Menschen untersucht. Solche

- Transaktionsmuster können sich in Beziehungen einschleifen und bilden dann eine der Grundlagen für „Spiele", die Erwachsene in Beziehungen miteinander treiben (z.B. Opfer-Verfolger-Spiele - „Spielanalyse")

Komplementäre Transaktionen sind also solche, die „zusammenpassen". Ein Beispiel wäre: Der Patient zeigt sich hilflos, der Therapeut beruhigt ihn, hilft. Man muss aber nicht zwingend auf solche Transaktionsangebote eingehen. Man kann eine Transaktion auch „kreuzen". Das ist z.B. nötig, wenn man meint, der Patient sollte nicht immer die Verantwortung abgenommen bekommen, ihm solle es nicht immer so leicht gemacht werden. Man kann die Transaktion dann kreuzen, indem man z.B. dem Patienten (eher vom Erwachsenen-Ich aus) mitteilt, es sei notwendig, die Angst auch einmal auszuhalten oder etwas selbst zu versuchen usw. In diesem Falle - und das war ja hier der Ansatzpunkt - würde also deutlich, dass der Therapeut therapeutische Distanz aufnimmt und nicht nur verlängerter Arm der momentanen Impulse des Patienten ist (im vorher besprochenen psychoanalytischen Modell also: nicht in der Gegenübertragung agiert).

komplementär:

Patient Therapeut

Elt.-Ich
Erw.-I.
Kind-I.

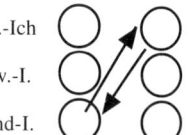

überkreuzt:

Patient Therapeut

Elt.-Ich
Erw.-I.
Kind-I.

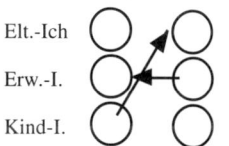

9.2.4 „Therapeutenvariablen"

Zum Schluss soll noch ein anderer Ansatz zur Betrachtung der therapeutischen Beziehung angesprochen werden. Nach Rogers (1973) und anderen Vertretern der so genannten „Gesprächspsychotherapie" sind drei Haltungen ganz wichtig für einen Fortschritt, den ein Klient, Patient (oder auch Schüler/Auszubildender) machen kann. Es geht um Haltungen, die der Therapeut in sich entwickeln und zum Ausdruck bringen kann: Empathie (Einfühlung in die Erlebens-, Denk- und Gefühlswelt des anderen), Akzeptanz (ein grundsätzliches Bejahen der inneren Vorgänge des anderen - was nicht heißt, dass man alle seine Taten gutheißen müsste oder sollte) und Kongruenz (Stimmigkeit, Echtheit: Nichts sagen oder tun, was den eigenen Gefühlen oder Einstellungen zuwiderläuft). Probleme entstehen nahe liegender Weise, wenn man einen Patienten nicht mag, ihn / seine Einstellungen nicht akzeptieren kann etc. Natürlich ist es sehr schwierig, mit jemandem therapeutisch zu arbei-

Therapeutenhaltungen:
- Empathie
- Wärme/Akzeptanz
- Echtheit

153

ten, von dem man weiß, dass er seine Frau schlägt, ein Kind missbraucht hat oder Ähnliches. Da ist „Akzeptanz zeigen" ein sehr hoher Anspruch, ein noch höherer, dabei womöglich noch „echt" zu sein. In solchen Fällen ist es wichtig, sich in Supervision zu begeben, d.h. eine Möglichkeit zu suchen, das persönliche Problem, das sich für einen ergeben hat, mit jemandem zu besprechen, der womöglich als Supervisor ausgebildet ist. Idealerweise soll der Supervisor nicht zugleich Vorgesetztenfunktion für einen haben, weil sich dann das Problem ergibt, sich nicht offen zeigen zu können - z.B. mit seinen eigenen narzisstischen Seiten. Zumindest sollte man sich mit einem Kollegen besprechen, zu dem man einigermaßen Vertrauen hat. Im Übrigen lassen sich die besprochenen drei Therapeutenhaltungen auch schulen; wesentlich dabei sind Rückmeldungen anderer, denn man selbst kann beispielsweise nicht hinreichend seine eigene „Echtheit" einschätzen. Sich einmal bei der Arbeit beobachten zu lassen (z.B. auch von jemandem, der hinter einer Einwegscheibe zusieht - am besten zusätzlich mit Videoaufzeichnung, wie das in der Logopädieausbildung üblich ist), ist sinnvoll und notwendig. Neben sonstigen fachspezifischen Fragen kommen Fragen der Gestaltung der therapeutischen Beziehung in den Vordergrund: Wie wirke ich bei meiner Arbeit? Kann ich einfühlsam mit dem Patienten umgehen? Inwieweit wirke ich stimmig und echt? Diese Art der Selbsterfahrung ist unumgänglich, wenn man sich als TherapeutIn weiterentwickeln will.

Literaturempfehlungen zu Kapitel 9:

Die Rolle des Therapeuten und die therapeutische Beziehung in den unterschiedlichsten Psychotherapieverfahren werden beschrieben in Petzold, 1980. Das Thema „Widerstand" bei den verschiedenen Therapieformen wird in Petzold, 1981, besprochen. Zum Übertragungskonzept in der Psychoanalyse vgl. z.B. Thomä, 1999. Zu den Therapeutenhaltungen (Gesprächspsychotherapie) siehe Rogers, 1973. Zum Aspekt der „Übertragungsauslöser" vgl. König, 1997. Zum Konzept der „komplementären Transaktion": Vgl. auch ähnliche Überlegungen bei Schulz von Thun, 1981. Etwas im Prinzip Ähnliches (auf unbewusste Tendenzen von Beziehungspartnern abzielend) beschrieb Willi (1978) in seinem Kollusionskonzept; innerhalb der „Interpersonalen Therapie" (vgl. Kiesler, 1982) wird Vergleichbares durch das Konzept der „Komplementarität" beschrieben.

Fragen zu Kapitel 9:

- Welche Lernprinzipien werden meist in der therapeutischen Beziehung wirksam?
- Was ist Übertragung, was Gegenübertragung?
- Wie ist anhand des transaktionsanalytischen Modells „therapeutische Distanz" zu verstehen, wie anhand des Übertragungs-Gegenübertragungs-Modells?
- Was ist Supervision?
- Erläutern Sie den Begriff der Empathie und den der Kongruenz.

LITERATURANGABEN

Ainsworth, M., Blehar, M., Waters, E., Wall, S. (1978) Patterns of attachment: A psychological study of the strange situation. Hillsdale, N.J.: Lawrence Erlbaum.

Angermeier, W.T., Bednarz, P., Schuster, M. (1984) Lernpsychologie. München: UTB.

Ayres, A.J. (1989) Sensory Integration and Praxis Tests. Los Angeles: Western Psychological Services.

Ayres, A.J. (1984) Bausteine der kindlichen Entwicklung. Berlin: Springer.

Baldwin, A.L. (1974) Theorien primärer Sozialisationsprozesse, Bd. 2. Weinheim und Basel: Beltz

Berne, E. (1977) Spiele der Erwachsenen. Reinbek: Rowohlt.

Bernstein, B. (1972) Studien zur sprachlichen Sozialisation. Düsseldorf: Schwann.

Beutel, M., Kayser, E., Kehde, S., Dommer, T., Bleichner, F., Schlüter, K., Baumann, J. (2000a) Berufliche Belastungen, psychosomatische Beschwerden und Lebenszufriedenheit in der Zweiten Lebenshälfte: Vergleich von drei Altersgruppen in der psychsomatischen Rehabilitation. Psychotherapeut, 45, 72-81.

Beutel, M., Bleichner, F., Kayser, E. (2000b) Beruflicher Wandel und Psychotherapie älterer Arbeitnehmer. In: Strauß, B., Geyer, M. (Hg.) Psychotherapie in Zeiten der Veränderung. Opladen: Westdeutscher Verlag.

Bloom, L. (1970) Language development: form and function in emerging grammars. Cambridge, Mass.: M.I.T. Press.

Bowlby, J. (1983) Verlust, Trauer und Depression. Frankfurt/M.: Fischer.

Brickenkamp, R. (1972) Handbuch psychologischer und pädagogischer Tests. Bern: Hogrefe.

Bortz, J., Lienert, G.A. (1998) Kurzgefasste Statistik für die klinische Forschung. Berlin: Springer.

Bruner, J. (1982) The organization of action and the nature of adult infant transaction. In: Crach, M., Harré, R. (Eds.) The analysis of action: Recent theoretical and empirical advances. Cambrige, Mass.: Cambridge University Press.

Bruner, J.S. (1977) Wie das Kind lernt, sich sprachlich zu verständigen. Zeitschrift für Pädagogik, 23, 829-845.

Bühler, K. (1999) Sprachtheorie: Die Darstellungsfunktion der Sprache. Stuttgart: Urban & Fischer. (Original 1934).

Bundy, A.C. (1998) Spieltheorie und Sensorische Integration. In: Fisher, A.G., Murray, E.A., Bundy, A.C. (Hg.) Sensorische Integrationstherapie, Theorie und Praxis. Berlin: Springer.

Ciompi, L. (1981) Wie können wir die Schizophrenen besser behandeln? Eine Synthese neuer Krankheits- und Therapiekonzepte. Nervenarzt, 52, 506-515.

Clark, W. (1973) What's in a word? On the child's acquisition of semantics in his first language. In: Moore, T. (Ed.) Cognitive development and the acquisition of language. New York: Academic Press.

Clark, E. (1983) Meanings and concepts. In: Mussen, P. (Ed.) Handbook of child psychology. Vol. III. New York: Wiley.

Deneke, F.-W., Hilgenstock, B., Campenhausen, C.v. & Lamparter, U. (1996) Eine empirische Untersuchung zur Faktorenstruktur von Bedürfnissen. PPmP Psychother. Psychosom. med. Psychol., 46, 228-233.

Diederichs, M. (1992) Handbuch Psychologie & Seelsorge. Wuppertal: R. Brockhaus-Verlag.

Dornes, M. (1996) Margaret Mahlers Theorie neu betrachtet. Psyche, 11, 989-1018.

Dornes, M. (1997) Der kompetente Säugling. Frankfurt/M.: Fischer.

Dornes, M. (1998) Bindungstheorie und Psychoanalyse. Psyche, 4, 299-348.

Edwards, A.L. (1971) Versuchsplanung in der psychologischen Forschung. Weinheim: Beltz.

Emde, R.N., Kubicek, L., Oppenheim, D. (1999) Imaginative Realität in der Entwicklung frühkindlicher Sprache. Psyche, 3, 249-279.

Erikson, E.H. (1971) Kindheit und Gesellschaft. Stuttgart: Klett-Cotta.

Festinger, L.A. (1957) A Theory of Cognitive Dissonance. Stanford, Calif.: Stanford University Press.

Foa, E.B., Kozak, M.J. (1986) Emotional processing of fear: Exposure to corrective Information. Psychological Bulletin, 99, 20-35.

Fisher, A.G., Murray, E.A., Bundy, A.C. (Hg.) (1998) Sensorische Integrationstherapie: Theorie und Praxis. Berlin: Springer.

Franzke, E. (1977) Der Mensch und sein Gestaltungserleben. Bern: Huber.

Freud, S. (1890) Behandlungstechnische Überlegungen in der Frühzeit der Psychoanalyse (Psychische Behandlung (Seelenbehandlung). Frankfurt/M.: Fischer (Freud-Studienausgabe, Ergänzungsband).

Freud, S. (1920) Jenseits des Lustprinzips. Frankfurt/M.: Fischer (Freud-Studienausgabe).

Freud, S. (1923) Das Ich und das Es. Frankfurt/M.: Fischer (Freud-Studienausgabe).

Fröhlich, A. (1981) Wahrnehmungsstörungen und Wahrnehmungtraining bei Körperbehinderten. Rheinstetten: Schindele.

Frostig, M. (1974) Entwicklungstest der visuellen Wahrnehmung. Manual bearbeitet von O. Lockowandt. Weinheim: Beltz.

Frostig, M. (1979) Wahrnehmungtraining. Dortmund: W. Crüwell.

Frostig, M. (1985) Frostigs Test der Motorischen Entwicklung FTM. Stockholm: AOB Studium. (dt. Ausgabe von O. Bratfisch).

Grimm, H. (1982) Sprachentwicklung: Voraussetzungen, Phasen und theoretische Interpretationen. In: Oerter, R., Montada L. (Hg.) Entwicklungspsychologie. München: Urban & Schwarzenberg.

Grimm, H., Schöler, H. (1978) Heidelberger Sprachentwicklungstest, 2. Aufl. seit 1991. Göttingen: Testzentrale.

Grimm, H., Engelkamp, J. (1981) Sprachpsychologie. Berlin: Schmidt.

Heckhausen, H. (1965) Leistungsmotivation. In: Thomae, H. (Hg.) Handbuch der Psychologie, Bd. 2. Göttingen: Hogrefe.

Heider, F. (1977) Psychologie der interpersonalen Beziehungen. Stuttgart: Ernst Klett Verlag.

Hendrick, I. (1942) Instinct and ego during infancy. Psychoanalysis Quarterly, 11, 33-58.

Herrmann, T. (1985) Allgemeine Sprachpsychologie: Grundlagen und Probleme. München: Urban & Schwarzenberg.

Herrmann, T. (1991) Lehrbuch der empirischen Persönlichkeitsforschung. Göttingen: Hogrefe.

Hügel, W. (1998) Entwicklung und Behinderung des Körperschemas. Neue Reihe Ergotherapie, Reihe 2, Bd. 1. Idstein: Schulz-Kirchner.

Irle, M. (1975) Lehrbuch der Sozialpsychologie. Göttingen: Hogrefe.

Jung, C.G. (2001) Traum und Traumdeutung. München: dtv (Originale 1916 bis 1961).

Kaplan, L.J. (1998, Orig. 1978) Die zweite Geburt. München: Piper.

Kayser, A., Kayser, E. (1997) Körperschema, Körperbild, Objektbeziehungen: Die Bedeutung der Konzepte für die Ergotherapie. Praxis Ergotherapie, 3, 144-161.

Kayser, A., Kayser, E. (2001) Funktionelle Absicht und therapeutische Beziehung: Wenn eine SI-Stunde anders verläuft als geplant. Ergotherapie & Rehabilitation, 1, 15-24

Kayser, A., Kayser, E. (2001) Spiel, Spielen, Therapie. Eine Therapie des Spielens und ihre Anwendung auf das Spiel in der Ergotherapie. Idstein: Schulz-Kirchner.

Kayser, E. (1982) Alltagskonflikte zwischen zwei Personen: Vorschlag eines Analysemodells. Zeitschrift für Sozialpsychologie, 13, 278-286.

Kayser, E. (1999) Objektbeziehungen und Körperselbst in der Ergotherapie. Idstein: Schulz-Kirchner.

Kernberg, O. (1983) Borderline-Störungen und pathologischer Narzißmus. Frankfurt/M.: Suhrkamp.

Kernberg, O. (1996) Ein psychoanalytisches Modell der Klassifizierung von Persönlichkeitsstörungen. Psychotherapeut, 41, 288-296.

Kiesler, D.J. (1982) Interpersonal theory of personality and psychotherapy. In: Anchin, J.C., Kiesler, D.J. Handbook of interpersonal therapy. New York: Pergamon Press.

Klein, M. (1997) Das Seelenleben des Kleinkindes. Stuttgart: Klett-Cotta.

Knapp, G. (1988) Narzißmus und Primärbeziehung: Psychoanalytisch-anthropologische Grundlagen für ein neues Verständnis von Kindheit. Berlin: Springer.

König, K. (1997) Praxis der psychoanalytischen Therapie. Göttingen: Vandenhoeck & Ruprecht.

Kohut, H. (1976) Narzißmus. Frankfurt/M.: Suhrkamp.

Kohut, H. (1977) Die Heilung des Selbst. Frankfurt/M.: Suhrkamp.

Kohlberg, L. (1974) Zur kognitiven Entwicklung des Kindes. Frankfurt/M: Suhrkamp.

Krampen, G. (1991) FKK-Fragebogen zu Kompetenz- und Kontrollüberzeugungen. Göttingen: Hogrefe.

Kröner-Herwig, B. (1997) Psychologische Behandlung des chronischen Tinnitus. Weinheim: Beltz.

Kuhn, T.S. (1962) The structure of Scientific Revolution. Chicago, Ill.: University of Chicago Press.

Lang, J. v. (1982) Das Eichmann-Protokoll. Berlin: Severin & Siedler.

Lehr, U. (1968) Psychologie des Alterns. Wiesbaden: Quelle und Meyer.

Lienert, G.A. (1969) Testaufbau und Testanalyse. Weinheim: Beltz.

Maaser, R., Besuden, F., Bleichner, F., Schütz, R. (1994) Theorie und Methode der körperbezogenen Psychotherapie. Stuttgart: Kohlhammer.

Mahler, P.S., Pine, F., Bergman, A. (1980) Die psychische Geburt des Menschen. Frankfurt/M.: Fischer.

Margraf, J., Schneider, S. (1990) Panik: Angstanfälle und ihre Behandlung. Berlin: Springer.

157

Mentzos, S. (1997) Neurotische Konfliktverarbeitung. München: Fischer.

Meyer, W.-U. (1973) Leistungsmotiv und Ursachenerklärung von Erfolg und Mißerfolg. Stuttgart: Ernst Klett Verlag.

Milch, W.E., Hartmann, H.-P. (1966) Zum gegenwärtigen Stand der psychoanalytischen Selbstpsychologie. Psychotherapeut, 41, 1-12.

Milgram, S. (1974) Obedience to authority. New York: Harper & Row.

Miske-Flemming, D. (1980) Theorie und Methode zur Behandlung von perzeptionsgestörten Kindern. Schriftenreihe Ergotherapie. Dortmund: Verlag Modernes Lernen.

Miske-Flemming, D. (2000) Theorie und Methode zur Behandlung von perzeptionsgestörten Kindern. Neue Reihe Ergotherapie, Reihe 2, Bd. 4, 10. Auflage. Idstein: Schulz-Kirchner.

Moreno, J.L. (1946) Psychodrama. Beacon: Beacon House.

Muders, A. (1991) Wahrnehmungsstörungen bei Kindern. Beschäftigungstherapie und Rehabilitation, 4, 310-315.

Nelson, K. (1974) Concept, word and sentence: interrelations in acquisition and development. Psychological Review, 81, 267-285.

Nissen, G. (1999) (Hg.) Verfahren der Psychotherapie. Stuttgart: Kohlhammer.

Oerter, R., Montada, L. (1982) Entwicklungspsychologie. München, Wien, Baltimore: Urban & Schwarzenberg.

Oevermann, U. (1972) Sprache und soziale Herkunft. Frankfurt/M.: Suhrkamp.

Olbrich, E. (1982) Die Entwicklung der Persönlichkeit im menschlichen Lebenslauf. In: Oerter, R., Montada, L. Entwicklungspsychologie. München: Urban & Schwarzenberg.

Olson, D.R. (1970) Language and thought: Aspects of a cognitive theory of semantics. Psychological Review, 77, 257-273.

Oksaar, E. (1977) Spracherwerb im Vorschulalter. Stuttgart: Kohlhammer.

Osgood, C.E. (1966) Meaning cannot be rm? Journal of Verbal Learning and Verbal Behavior, 5, 402-407.

Pawlow, I.P. (1927) Conditioned reflexes. New York: Oxford University Press.

Perls, F.S., Hefferline, R., Goodman, P. (1951) Gestalt Therapy. New York: The Julian Press.

Perls, F.S. (1976) Gestalt-Therapie in Aktion. Stuttgart: Ernst Klett Verlag.

Petzold, H. (1980) (Hg.) Die Rolle des Therapeuten und die therapeutische Beziehung. Paderborn: Junfermann.

Petzold, H. (1981) (Hg.) Widerstand: Ein strittiges Konzept in der Psychotherapie. Paderborn: Junfermann.

Petzold, H. (1982) Modelle und Konzepte zu integrativen Ansätzen in der Psychotherapie. In: Petzold, H. (Hg.) Methodenintegration in der Psychotherapie. Paderborn: Junfermann.

Petzold, H., Orth, I. (1991) Körperbilder in der Integrativen Therapie. Integrative Therapie, 1-2, 117-147.

Petzold, H. (1994) (Hg.) Wege zum Menschen. 2 Bde. Paderborn: Junfermann.

Piaget, J. (1955) Die Bildung des Zeitbegriffs beim Kinde. Zürich: Rascher.

Piaget, J. (1976) Psychologie der Intelligenz. München: Kindler.

Piaget, J. (1979) Das moralische Urteil beim Kinde. Frankfurt/M.: Suhrkamp.

Piaget, J. (1983) Meine Theorie der geistigen Entwicklung. Frankfurt/M.: Fischer.

Piaget, J., Inhelder, B. (1979) Die Entwicklung des inneren Bildes beim Kind. Frankfurt/M.: Suhrkamp.

Poeck, K., Orgass, B. (1964) Über die Entwicklung des Körperschemas. Untersuchungen an gesunden, blinden und amputierten Kindern. Fortschritte der Neurologie und Psychiatrie, 32, 538-555.

Radebold, H. (1992) Psychodynamik und Psychotherapie Älterer. Berlin: Springer.

Riemann, F. (1999) Grundformen der Angst. München: Ernst Reinhardt.

Rogers, C.R. (1973) Die klient-bezogene Gesprächspsychotherapie. München: Kindler.

Rotberg, A.v. (1987) Die gezielte Anwendung flankierender Therapiemaßnahmen. Beschäftigungstherapie & Rehabilitation, 3, 159-162.

Rosch, E. (1975) Cognitive representations of semantic categories. Journal of Experimental Psychology, 104, 192-233.

Rupprecht-Schampera, U. (1997) Das Konzept der „frühen Triangulierung" als Schlüssel zu einem einheitlichen Modell der Hysterie. Psyche, 7, 637-664.

Pribram, K.H. (1986) The cognitive revolution and mind/brain issues. America Psychologist, 41, 507-520.

Sachs, L. (1973) Angewandte Statistik. Berlin: Springer.

Scharfetter, Chr. (1985) Allgemeine Psychopathologie. Stuttgart: Thieme.

Scheepers, C. (1993) Wahrnehmungsbehandlung schizophrener Ich-Störungen. Ergotherapie & Rehabilitation, 1, 27-32.

Schlegel, L. (1979) Grundriß der Tiefenpsychologie Bd. 5. München: UTB.

Schneider, S., Margraf, J. (1998) Agoraphobie und Panikstörung. Göttingen: Hogrefe.

Schönpflug, U. (1977) Psychologie des Erst- und Zweitspracherwerbs. Stuttgart: Kohlhammer.

Schulz von Thun, F. (1981) Miteinander reden (3 Bde.). Reinbek: Rowohlt.

Schuster, M. (1990) Die Psychologie der Kinderzeichnung. Berlin: Springer.

Seiler, Th.B., Wannenmacher, W. (1985) (Hg.) Begriffs- und Wortbedeutungsentwicklung. Berlin: Springer.

Seligman, M.E.P. (1975) Helplessness. On depression, development, and death. San Francisco: Freeman.

Sinclair, H. (1973) Language acquisition and cognitive development. In: Moore, T. (Ed.) Cognitive development and the acquisition of language. New York: Academic Press.

Skinner, B.F. (1957) Verbal behavior. New York: Appleton Century Croft.

Staats, A.W. (1968) Learning, language, and cognition. London: Holt, Rinehart & Winston.

Stern, D. (1992) Die Lebenserfahrungen des Säuglings. Stuttgart: Klett-Cotta.

Stern, W. (1928) Die Intelligenz der Kinder und Jugendlichen. (4. Aufl.) Leipzig: Quelle & Meyer.

Szagun, G. (1996) Sprachentwicklung beim Kind. München: Psychologie Verlags Union.

Tinbergen, N. (1966) Instinktlehre. Berlin: Paul Parey.

Uexküll, T.v., Wesiack, W. (1996) Wissenschaftstheorie: ein bio-psycho-soziales Modell. In: Uexküll, T.v., Adler, R.H. (Hg.) Psychosomatische Medizin. München, Wien, Baltimore: Urban & Schwarzenberg.

Vorländer, K. (1966) Philosophie des Altertums. Reinbek: Rowohlt.

Watson, J.B., Rayner, R. (1920) Conditioned emotional reactions. Journal of Experimental Psychology, 3, 1-14.192

Watzlawick, P., Beavin, J.H., Jackson, D.D. (1974) Menschliche Kommunikation. Bern: Huber.

White, R.W. (1959) Motivation reconsidered: The concept of competence. Psychological Review, 66, 297-333.

Willi, J. (1978) Therapie der Zweierbeziehung. Reinbek: Rowohlt.

Wyss, D. (1970) Die tiefenpsychologischen Schulen von den Anfängen bis zur Gegenwart. Göttingen: Vandenhoeck.

Wolf, E.S. (1988) Treating the self. Elements of clinical self psychology. New York: Guilford Press.

Wygotski, L.S. (1986) Denken und Sprache. Frankfurt/M.: Fischer.

Zimbardo, P.G. (1983) Psychologie. Berlin: Springer.